KB212001

벤저민 프랭클린의 자서전

The Autobiography of Benjamin Franklin

벤저민 프랭클린의 자서전

초판 1쇄 발행 2024년 9월 20일

원제 The Autobiography of Benjamin Franklin
지은이 벤저민 프랭클린
옮긴이 고승철
펴낸이 정명진
디자인 정다희
펴낸곳 도서출판 부글북스
등록번호 제300-2005-150호
등록일자 2005년 9월 2일
주소 서울시 노원구 공릉로63길 14, 101동 203호(하계동, 청구빌라)
(139-872)
전화 02-948-7289
전자우편 00123korea@hanmail.net
ISBN 979-11-5920-164-6 03190

*잘못된 책은 구입하신 서점에서 바꾸어 드립니다.

벤저민 프랭클린의 자서전

The Autobiography of Benjamin Franklin

벤저민 프랭클린 지음 고승철 옮김

하버드 클래식스에 대하여

찰스 W. 엘리엇(전 하버드 대학 총장)

하버드 클래식스에 포함시킬 책을 고르면서 염두에 두었던 목적은 주의 깊고 끈기 있는 독자에게, 관찰하고 기록하고 발명하고 상상해 온 인간이 역사 시대 초기부터 19세기 말까지 진보해 온 과정을 적절히 그릴 수 있는 그런 문학적 자료를 제공하는 것이었다. 약 22,000쪽에 달하는 50권[1] 안에, 20세기의 이상적인 교양인에게 근본적인 것으로 여겨지는, 고대와 현대의 문학에 관한 지식을 얻을 수단을 담는다는 계획이었다. 교양인의 최고의 습득은 자유주의적 마음의 틀 또는 사고방식이지만, 거기에 인류가 야만에서 문명으로 불규칙적으로 끊임없이 진보를 이루면서 획득하고 축적한 발견과 경험과 사상의 거대한 보고(寶庫)에 관한 지식이 보태져야 한다. 그 소중한 보물을 토대로, 나는 삶의 초기에 교육의 기회를 충분히

1　하버드 클래식스에는 여러 권의 책을 한 권에 담았지만, 국내 번역본은 각각의 책으로 분리했으며 또 편집자의 능력의 한계 때문에 시 작품을 제외시켰다.

누리지 못했을지라도 지적으로 열정적인 미국인 가족이라면 누구나 유익하게 이용할 수 있는 그런 선집을 만들자고 제안했다. 따라서 하버드 클래식스의 목적은 편집자가 세상에서 가장 훌륭한 100권 또는 50권의 책을 선택하는 식으로 꾸며지는 많은 선집들의 목적과 확연히 다르다. 하버드 클래식스의 목적은 세상의 사상의 흐름을 특징적으로 보여주는 기록을 넉넉히 제공함으로써 주의 깊게 읽는 독자의 마음이 지적으로 향상되고, 세련되고, 풍요로워지게 하는 것이나 다름없다.

그런 목적을 추구했기 때문에, 선집 전체가 영어로 되어야 하는 것은 불가피했으며, 영어로 국한되어야 하는 한계 때문에, 번역에서 원작의 문체와 글맛을 완벽하게 재현하는 것이 불가능하다는 사실에도 불구하고, 번역을 이용하지 않을 수 없었다. 이 선집의 독자는 호메로스와 단테, 세르반테스, 괴테의 영어 번역본에서 원작의 아름다움과 매력을 고스란히 발견할 수 있을 것이라고 상상해서는 안 된다. 이 같은 한계에도 불구하고, 번역본은 저자의 사상의 본질에 주의를 기울이는 학생에게 그야말로 순수한 교양을 많이 전할 수 있다. 당연히 그 학생은 원작의 원래 형태의 고상함과 아름다움 중 일부를 놓치고 있다는 사실을 언제나 알고 있다. 번역에서 시, 특히 서정시의 운율과 감미로움을 살리는 것은 불가능하기 때문에, 하버드 클래식스에 실린 시들의 절대 다수가 영어로 쓴 시라는 사실이 확인될 것이다.

극소수의 예외를 제외하고 이 시리즈에 포함된 모든 글은 그 자체로 완전하지만, 다시 말해 한 권의 완전한 책이거나 이야기, 문서,

에세이 또는 시이지만, 길이가 짧은 다수의 작품으로 이뤄진 책도 많다. 한 예로, 시리즈 중 3권은 200명 이상의 저자의 대표작으로 이뤄진 영시 앤솔로지이다. 또한 기억해 둘 가치가 있는 서문들로 이뤄진 책이 1권 있으며, 또 미국의 중요한 역사적 문서들로 이뤄진 책이 1권 있다. 5권은 여러 세기들과 여러 국가들을 대표하는 에세이들로 구성되어 있다.

이 시리즈가 다루는 중요한 주제들은 역사와 전기, 철학, 종교, 항해와 여행, 자연과학, 행정과 정치, 교육, 비평, 드라마, 서사시와 서정시, 픽션, 한 마디로 말해, 문학의 주요 분야들을 망라하고 있다. 이 선집에 비중 있게 담긴 문학은 고대 그리스와 로마, 프랑스, 이탈리아, 스페인, 잉글랜드, 스코틀랜드, 독일, 그리고 미합중국의 문학이지만, 중국과 인도, 히브리, 아라비아, 스칸디나비아, 아일랜드의 자료도 중요한 기여를 하고 있다. 시리즈 자체가 주로 미국 독자를 대상으로 하고 있기 때문에, 하버드 클래식스는 영국과 미국 문학, 그리고 미국 역사와 미국의 사회 및 정치 사상의 발달과 관계있는 문서와 논문을 조금 더 많이 포함하고 있다.

연대순으로 보면, 시리즈는 가장 오래된 종교들의 경전 일부로 시작해서, 그리스와 로마의 문학의 대표작으로 나아가며, 이어서 동양과 이탈리아, 프랑스, 스칸디나비아, 아일랜드, 잉글랜드, 독일, 로마 가톨릭교회의 중세 문학 중에서 선택하며, 이탈리아와 프랑스, 독일, 잉글랜드, 스코틀랜드, 스페인의 르네상스 문학의 대표작을 상당 부분 포함하고 있다. 이어 현대에 이르면서, 이탈리아와 3세기 동안의 프랑스, 2세기 동안의 독일, 3세기 동안의 잉글랜드, 그리고 1세기

넘는 기간의 미국에서 작품을 고른다.

문학적으로 좋은 형식을 갖추지 않은 작품은 시리즈에 하나도 포함되지 않았지만, 이 선집은 다양한 문학적 형식과 세기마다 다른 취향을 잘 보여주고 있다. 아울러 세월 속에서 산문과 운문 모두에서 다양한 형식의 문학적 표현이 큰 시차를 두고 정점을 맞는다는 사실을, 또 17세기와 18세기, 19세기 동안에 문학과 과학 양쪽 모두에서 그 영역이 놀랄 만큼 확장되었다는 사실을 보여준다.

이 작업을 시작하는 단계에서, 예상하지 않은 어려움이 다수 발생했다. 일부 어려움은 거의 기술적인 것이었지만 그래도 극복할 수 없는 것으로 확인되었다. 많은 유명한 책들이 너무 길어서 선집에 포함될 수 없었다. 말하자면, 그런 책들은 50권의 선집 안에 터무니없을 만큼 적게 포함되었다. 따라서 영어 '성경'은 너무나 긴 탓에 전체가 포함될 수 없었으며, 똑같은 이유로 셰익스피어의 작품도 선택되어야 했으며, '돈키호테'도 1부만 포함될 수 있었다. 많은 유명한 역사서들도 그 분량 때문에 배제되어야 했다. 생존 저자들의 작품들은 대체로 제외되었다. 그 작품들에 대한 지식인층의 평가가 아직 최종적으로 내려지지 않았기 때문이다.

마지막으로, 19세기의 픽션은 두 편의 작품을 제외하곤 모두 빠졌다. 부분적인 이유는 엄청난 분량 때문이고, 또 다른 부분적인 이유는 쉽게 접근 가능하기 때문이다. 그러나 작품 중에서 그 자체로 완전한 일부분을 선택함으로써 영어 '성경'과 셰익스피어, 그리고 최고 수준의 일부 다른 작품들을 소개하는 것이 가능하다는 사실이 입증되었다. 최고의 작품이 너무 길어서 이 시리즈에 포함시킬 수 없게 된 일부 저자들의 경우에는 보다 짧은, 한 편 또는 그 이상의 작품을 통해 합당한 위치를 차지할 수 있었다.

19세기의 과학적 사고를 적절히 대표하는 작품을 선정하는 것은 어려운 일이었다. 왜냐하면 결과물을 가장 많이 내놓은 과학 사상 중 많은 것이 아직 문학적 형식으로 정리되지 않았기 때문이다. 화학과 물리학, 지질학, 생물학에 관한 발견자들의 첫 논문은 대체로 일부 과학 단체에 제출되었으며, 자연히 전문적인 언어로 표현되거나 과학적 관점에서 보면 절대적으로 필요하지만 일반 대중에게는 인상적이지 않은 디테일로 채워져 있다.

하버드 클래식스가 제공하는 읽기의 상당 부분이 꽤 흥미로울지라도, 독서량이 많은 학생에게도 읽기 어려운 책들도 틀림없이 있다. 다른 시대의 문학이 다루는 일부 주제는 익숙하지 않으며, 더욱이, 그 저자들의 마음 상태가 현 세대에게는 이상할 수도 있다. 그 저자들이 표현하는 정서와 견해는 가끔 오늘날의 독자들에게 받아들여지기 어렵다. 그래서 그런 글을 읽는 독자들은 종종 혼잣말로 "이건 진실이 아니거나, 정확하지 않거나, 우리의 믿음과 일치하지 않아."라고 말하지 않을 수 없다. 그러나 교양인의 시야와 공감을 확장시키고 그 사람에게 위로 향하려는 인류의 경향을 확신시키는 것은 바로 다른 세대들의 마음 상태와의 그런 조우이다.

하버드 클래식스는 대체로 독자에게 세심한 주의와 단호한 결심을 요구한다. 그럼에도 불구하고 이 선집의 대부분은 틀림없이 기쁨을 주거나, 사람들에게 합리적인 쾌락을 얻는 방법을 보여주도록 구성되었다. 따라서 시리즈 속의 거의 모든 이야기와 드라마, 픽션, 시의 진정한 가치는 교훈적 가치가 아니라 미학적 가치에 있다. 관심 있는 독자는 그 작품들로부터 즐거움과 즐길 줄 아는 능력을 새롭게 얻을 수 있어야 한다.

하버드 클래식스를 이용하는 방법으로, 모든 독자들에게 최고인 그런 한 가지 방법은 절대로 없다. 이 시리즈를 마스터하겠다고 마음먹은 학생은 저마다 자신의 방법을 선택해야 한다. 일부 독자들은 연대순을 따를 수도 있지만, 그런 경우에도 가장 오래된 책부터 시작해서 세기들을 내려올 것인지, 아니면 거꾸로 가장 최근의 책부터 시작해서 세기들을 거슬러 올라갈 것인지를 결정해야 한다. 또 다른 방법은 분야별로 나누고, 각 분야 안에서 연대순으로 읽는 것이다. 이 방법으로 적합한 영역은 바로 항해와 여행과 관련 있는 책들이다. 세계의 경전들로부터 발췌한 문서를 읽을 때에도 연대기 순으로 읽는 것이 바람직하다.

또 다른 한 방법은 비교 또는 대조의 방법이다. 이 선집은 동시대의 저자들이 동일한 주제에 대해 품었던 관점을 서로 비교하거나, 같은 시대에 다양한 국가들 또는 다양한 사회 계층들에 팽배했던 의견들을 서로 대비시킬 기회를 풍부하게 제공한다. 예를 들면, 행정과 정치에서 거의 동시대인이면서 국적이 서로 다른 저자들의 의견을 비교하고, 같은 시기에 지리적으로 그리 멀리 떨어지지 않았으면서도 역사와 전통과 관습에서 뚜렷이 구분되는 국가들의 다양한 사회 계층들을 대조할 자료가 많다.

하버드 클래식스를 읽는 또 다른 방법은 먼저 어떤 주제에 관한 에세이를 한 편 또는 여러 편을 읽은 뒤에 이 선집을 두루 살피며 그 주제와 연결되는 자료들을 모두 찾아내는 것이다. 선집에 담긴 에세이는 아주 많으며, 오래 되었거나 새로운 주제들을 다양하게 다루고 있다. 선집 속의 에세이들의 다양한 안내를 따르는 사람은 누구나 최종적으로 50권에 달하는 선집의 대부분을 섭렵하게 될 것이다.

이 선집에 포함된 전기와 편지, 서문도 다른 자료를 가리키는 훌륭한 안내자의 역할을 할 것이다. 비교하는 방법을 선호하는 학생은 당연히 선집에 담긴 모든 희곡을 연속적으로 읽게 될 것이며, 그 학생이 어느 시대의 작품부터 읽기를 시작하는가 하는 문제는 별로 중요하지 않다. 왜냐하면 어떤 사람들은 셰익스피어에서 희곡의 정점을 발견하지만 다른 사람들은 그리스 비극에서 희곡의 정점을 발견하기 때문이다.

영어 시 앤솔로지는 이 선집의 가장 중요한 부분 중 하나이다. 이유는 그 시들이 독서에 열심인 독자에게 관습에 얽매이지 않는 문화를 접할 기회를 제공하기 때문이다. 그러나 그 앤솔로지들은 그냥 순서대로 읽을 것이 아니라 저자별로 읽어야 하며, 한 번에 조금씩 읽어야 한다. 존 밀턴(John Milton)과 로버트 번스(Robert Burns)의 시들은 전부 실렸다. 두 시인의 작품들이 다른 시인들의 작품과 달리, 현대 민주주의에 결정적 중요성을 지니는, 사회와 종교와 통치에 관한 가르침을 포함하고 있기 때문이다. 밀턴은 시민적 및 종교적 자유와 청교도의 신조와 영연방에, 번스는 민주주의에 관심이 많은 위대한 시인이었다. 두 시인은 자유로운 정부의 근본 원리들과 교육, 민주적인 사회 구조 등을 다루고 있으며, 이 선집에서 건드리고 있는 주제들에 대한 훌륭한 독서의 안내자 역할을 톡톡히 할 것이다. 호메로스에서 테니슨(Alfred Tennyson)에 이르기까지, 하버드 클래식스에 포함된 저자들의 시들은 그 자체로 감상력 있는 독자에게 인류의 영원하고 기본적인 정서와 열정을 생생하게 각인시킴과 동시에, 그 정서를 순화시키고 열정을 통제하기 위해 점진적으로 발달하게 된 도덕적 수단에 대해서도 그림을 선명하게 그리도록 할 것이다.

하버드 클래식스를 최대한으로 이용하기 위해서는, 젊은 독자가 재미있다고 판단한 책이나 단락을 거듭 다시 읽고, 가슴을 휘저어 놓거나 고양시키는 시들 중 많은 것을 외워두는 것이 바람직하다. 자신의 마음을 고고한 사상들과 아름다운 상상력이 두드러진 시적 표현들로 가득 채우는 것은 고상하고 영속적인 즐거움의 한 원천이다.

생계비를 벌기 위해 하루에 8시간 또는 10시간을 노동에 할애해야 하는 많은 독자들, 특히 초기 교육을 충분히 받지 못한 젊은 남녀들이 하버드 클래식스를 이용할 것 같다. 그런 처지의 사람들은 훌륭한 문학을 읽는 일에 여러 해 동안 하루에 몇 분씩 즐거운 마음으로 끈기 있게 투자함으로써 교양인의 위치에 올라설 수 있어야 하는데, 그 목표를 이루는 데 하버드 클래식스가 딱 안성맞춤이다.

이 선집의 주된 기능은 수많은 사람들이 하버드 클래식스 안에서뿐만 아니라 밖에서도 최고 수준의 진지한 독서를 즐기는 취향을 발달시키고 배양하도록 돕는 것이어야 한다.

아직 하버드 클래식스가 탄생하게 된 배경에 대한 설명이 남아 있다. 독서에 하루 15분밖에 할애할 수 없는 사람일지라도 몇 년 동안 헌신적으로 읽는다면, '5피트[2] 크기의 서가'에 꽂을 수 있을 정도의 책들로도 젊은 시절의 교양 교육을 훌륭하게 대체할 수 있다는 뜻을 나는 공개적으로 여러 번 언급했다. 그러던 중에 1년여 전에, P. F. 콜리어 앤 선(P. F. Collier & Son)이라는 출판사가 400쪽 내지 450쪽 분량의 책 50권으로 선집을 만들어 내가 가슴에 품고 있던 교육적 목적을 성취하도록 하자고 제안했다. 대략 5피트 길이인 나의 서가를 채울 정도의 분량으로.

나는 작품을 선택하는 일을 전적으로 책임지고 맡아달라는 부탁을 받았으며, 유능한 보조자 한 명을 직접 선택할 수 있었다. 1909년 2월, 나는 출판사의 제안을 받아들였으며, 보조자로 하버드 대학의 영어 교수인 윌리엄 닐슨(William A. Neilson) 박사를 선택했다. 나는 선집에 포함되어야 할 것들과 선집에서 제외되어야 할 것들을 결정했다. 닐슨 교수는 서문과 각주를 모두 썼고, 같은 작품의 다양한 판들을 놓고 선택하는 일을 맡았으며, 수록할 자료에 관해 많은 제안을 내놓았다. 선집에 담을 만한 작품이 분량의 측면에서 너무 긴지 여부를 결정하는 데 필요한 계산을 담당하는 것도 그의 몫이었다. 그의 역할 중에서 가장 힘든 부분은 우리 두 사람이 똑같이 끌리는 자료를 바탕으로, 50권의 책을 구성하는 작업이었다.

만약 하버드 대학의 다양한 도서관들의 보물들을 편하게 활용할 수 없었다면, 아마 그 작업을 만족스럽게 수행하는 것은 불가능했을 것이다. 선집에 담긴 주제들의 범위가 워낙 넓고, 포함시킬 책들의

2 1피트는 30.48cm.

언어도 너무나 다양했기 때문에, 일부 분야에서 전문가들의 조언이 수시로 필요했다. 이런 종류의 소중한 조언은 학자 친구들과 동료들로부터 얻었다.

우리가 감사해야 할 하버드 대학의 교수와 강사들의 수는 무수히 많다. 전문 분야에 대해 조언을 아끼지 않은 그들에게 깊은 감사를 전한다.

1910년 3월 10일

차례

2장

주경야독 청년 시절

3장

일인다역의 삶… 내 몸은 몇 개?

4장

끊임없는 혁신… 나의 소중한 가치

5장

쉼 없는 공직

들어가며

편집자의 소개 글

벤저민 프랭클린(Benjamin Franklin)은 1706년 1월 17일 미국 보스턴 밀크 가(街)에서 태어났다. 그의 아버지 조시아 프랭클린(Josiah Franklin)은 짐승 기름으로 양초를 만들어 파는 가내수공업자였다. 아버지는 두 번 결혼하였고 아버지 슬하엔 자녀가 17명이나 되었다. 15번째 아이인 벤저민은 아들로서는 막내였다.

벤저민은 10세까지만 정규 학교에 다녔고 12세 때엔 형 제임스(James)가 운영하는 인쇄소에 도제(徒弟)로 들어갔다. 제임스는 당시에 '뉴잉글랜드 커런트'(The New England Courant)란 신문을 발행하였다. 벤저민은 이 신문에 글을 쓰기도 하였고 나중에는 한때 이 신문의 명목상 편집장으로도 활동하였다.

제임스 형과 다툼이 생기자 벤저민은 고향에서 벗어나 처음엔 뉴욕으로 떠났다. 1723년 10월엔 필라델피아에 도착해서 곧 인쇄공 일자리를 얻었다. 몇 달 후 그는 윌리엄 키스(William

Keith)[3] 주지사의 권유에 따라 영국 런던으로 갔다. 그러나 런던에서는 키스의 말과는 달리 별다른 일자리가 없었다. 벤저민은 할 수 없이 런던에서 식자공(植字工)으로 일하다 필라델피아로 돌아와 덴먼(Denman)이란 상인의 점포에서 근무하였다. 얼마 후 덴먼이 별세하자 벤저민은 다시 인쇄공으로 일하다 곧 이어 자신의 인쇄소를 차려 '펜실베이니아 가제트'(The Pennsylvania Gazette)라는 신문을 창간하였다. 그는 이 신문에 자기가 쓴 여러 논설을 실었다. 이런 논설을 다양한 지역 개혁 사업을 추진하는 데 필요한 여론 형성의 매체로 활용하였다.

벤저민은 1732년엔 그 유명한 『가난한 리처드의 일력』(Poor Richard's Almanac)을 만들기 시작하였다. 이 일력(日曆)에 매일 되새겨야 할 격언을 담았다. 세상의 지혜를 모으거나 벤저민이 스스로 지어낸 말이었다. 이 일력이 인기를 끌면서 벤저민은 명성을 얻었다.

1758년 그는 일력 글쓰기를 중단하고 『아브라함 사제의 설교』(Father Abraham's Sermon)를 발간하였다. 이는 미국이 영국 식민지일 때의 가장 유명한 문학작품으로 평가되고 있다. 그러면서 프랭클린은 점점 공공 문제에 관심을 갖기 시작하였다. 그는 학교를 세울 구상을 실천하였으며, 이는 훗날 펜실베이니아 대학교로 발전하였다. 또 과학자가 발견, 발명한 내용을 공유하도록 하는 '미국철학학회'(American Philosophical Society)를 설립하였다.

그 자신도 이미 전기 연구를 비롯해 갖가지 과학 연구를 진행하

3 펜실베이니아 주지사를 1717년부터 10년간 지낸 정치인(1680-1749)

였다. 그는 일생 동안 생업과 정치 활동을 하면서도 짬을 내 과학 연구를 병행하였다. 그는 1748년에 인쇄소를 처분하였는데, 연구를 위한 시간을 확보하기 위해서였다. 이제 어느 정도 재산도 모았다. 몇 년 후 그는 유럽 학자에게도 널리 인정받는 성과를 낳았다.

그는 정치 활동을 하며 행정가로서나 논쟁가로서나 탁월한 능력을 발휘하였다. 그러나 공직자로서 지위를 이용하여 친척을 승진시켰다는 오점을 남겼다. 그의 내치(內治) 이력에서 가장 주목할 만한 일은 우편 제도의 개혁이었다.

그러나 정치가로서의 그의 명성은 주로 식민지 미국과 식민 통치국 영국 사이의 외교 문제에 관한 활약에서 두드러졌다. 그리고 후에는 미국과 프랑스의 우호 증진을 위해 활약하였다. 1757년 그는 식민지 통치에 펜(Penn) 가문[4]의 사람들이 영향력을 행사하는 데 항의하기 위해 영국으로 보내졌다. 그는 영국에 5년 동안 머물면서 영국인의 각성을 촉구하였고 영국 정부가 식민지 사정을 이해하도록 노력하였다.

벤저민은 미국으로 돌아와 팩스턴 사건(Paxton affair)[5]을 처리하는 데 중요한 역할을 하였고 이 때문에 오히려 의원직을 잃었다. 1764년엔 영국으로 식민지 대표로 다시 파견돼 영주들이 장악한 통치권을 미국에 이양해 달라고 영국 국왕에게 청원하였다. 런던에서

4 이 가문의 대표적인 인물은 식민지 시대에 펜실베이니아 식민지를 건설한 윌리엄 펜이다.

5 1763년에 팩스턴에서 정착민들이 비무장 인디언을 살해함에 따라 인디언들이 일으킨 폭동을 말한다.

그는 식민지 인지(印紙) 조례(Stamp Act)가 부당하다고 강력히 주장해 영국인의 눈총을 받았고 미국에서는 친구를 인지사무소 소장에 임명하는 바람에 구설에 올랐다.

인지 조례를 철폐하는 데 결정적인 일을 하였는데도 그는 여전히 주변으로부터 의심을 받았다. 이후에도 벤저민은 식민지 상황을 알리는 일에 열을 올렸다. 영국과 미국의 관계는 더욱 꼬여 혁명의 위기로 치달았다. 1767년에 그는 프랑스에 가서 환대를 받았다. 그러나 그는 1775년 귀국하기 전에 토머스 허친슨(Thomas Hutchinson)과 앤드류 올리버(Andrew Oliver)의 유명한 편지를 매사추세츠에 누설하는 사건에 연루돼 우정국장 자리를 박탈당하였다.

그는 필라델피아에 도착하자 대륙회의(Continental Congress)[6] 대표로 선출되었고 1777년엔 미국 사절단 대표로 프랑스로 갔다. 1785년까지 그는 프랑스에 머물며 프랑스 요인들과 두터운 친분을 쌓았다. 그가 귀국하였을 때는 조지 워싱턴(George Washington) 초대 대통령에 버금가는 독립 공적자로 추앙 받았다. 그는 1790년 4월 17일 별세하였다.

자서전의 앞부분은 1771년 영국에서 작성되었고 그 후 1784~1785년 작성분이 이어지다가 또 1788년 원고가 추가된다. 그는 출생 이후 1757년까지의 삶을 자서전에서 다루었다. 그의 육필 원고는 우여곡절 끝에 존 비글로우(John Bigelow)에 의해 인쇄되었다. 이 원고는 식민지 시절의 저명한 인사 가운데 한 인물의 진솔한 모습을 그렸다

6 미국 독립운동 무렵인 1774년, 1775년-1781년 두 차례에 걸쳐 열린 여러 주 대표자 회의.

는 점에서 세계 역사상 위대한 자서전의 하나로 인정받아 다시 출간된다.

1장

흙수저 도제 소년의 꿈

1.
가난한 집안에서 태어나

사랑하는 아들에게,

나는 오래 전부터 즐겨 우리 조상의 일화(逸話)를 모아 왔다. 아주 사소한 이야기까지. 너는 언젠가 나와 함께 영국에 갔을 때[7] 그곳에 남아 살던 친척에게 선조의 행적을 묻던 나를 기억하리라. 이야기를 수집하러 일부러 그곳에 가기도 하였다. 내가 그랬듯이 너도 이 애비의 삶이 어땠는지 궁금할 것이다. 지금은 1771년, 뜻밖에 1주일간 시골에서 별 일 없이 머물 기회가 생겨 너를 위해 차분히 앉아 네가 잘 모르는 애비의 행적을 써보기로 하였다. 여기는 성(聖) 에이삽(Asaph)[8] 교구가 있는 영국 트와이포드(Twyford)이다. 다른 집필 동기가 있기도 하다.

7 벤저민 프랭클린과 아들 윌리엄(William)은 1758년에 조상의 고향을 방문했다.

8 '모으는 사람'이란 뜻으로 구약성경에 나오는 음악가.

나는 가난하고 미천한 집안에서 태어나 자랐다. 지금은 풍요롭고 세상에 이름을 떨치며 살고 있으니 큰 복이 아니냐. 하나님의 은총 덕분이기도 하지만 내가 노력한 방식도 작용하였을 것이다. 나의 체험을 밝혀 후손들이 각자 상황에 맞추어 본 받아 실행할 수 있도록 하겠다. '인생을 처음부터 다시 한 번 더 살아보겠냐?'는 제안을 받는다면 나는 반대하지 않겠다. 책을 낸 저자가 초판의 오류를 재판(再版)에서 바로잡듯이 내 인생의 잘못을 수정하는 기쁨을 누릴 수 있기 때문이다.

잘못을 고칠 뿐만 아니라 내가 겪은 불행한 사건, 사고를 다른 사람을 위해 더 좋은 일로 바꾸기를 소망한다. 비록 불행을 뒤엎는 시도가 불가능하다 하더라도 인생을 다시 사는 제안은 받아들이고 싶다. 이런 제안은 사실상 기대할 수 없지만 과거를 반추하고 이를 기록으로 오래 남기는 일은 의의가 있다고 하겠다.

노인들은 흔히 왕년의 무용담을 열을 올려가며 이야기한다. 나도 마찬가지다. 젊은이는 노인의 이야기를 예의상 억지로 듣기 십상이다. 나는 이러면서까지 이야기하기는 싫다. 기록으로 남기면 젊은이가 읽든 말든 자기 알아서 판단할 것이기에 말보다는 낫다.

그리고 마지막으로 덧붙이자면(내가 부인해도 아무도 믿지 않겠지만 솔직히 털어놓으련다) 아마 나는 제 자랑에 나설 것이다. 나는 다른 사람들이 말 또는 글을 시작할 때 "자랑하려고 하는 말은 아닙니다만…"이라 밝히고는 곧바로 자기 자랑을 꺼내는 경우를 자주 봤다. 대부분 사람은 다른 이의 자화자찬을 듣기 싫어한다. 심지어 자기 자신이 관여한 자랑거리여도 그렇다. 나는 자랑쟁이가 주변의 지인들에게 도움이 되기도 한다고 믿는다. 그렇다면 자랑 행위는 하나님이 주신 축복이라 해도 과언은 아니리라.

하나님께 감사의 말씀을 드리려 한다. 내가 지난 인생에서 누린 행복과 성공은 하나님의 은총의 덕분임을 겸허하게 인정한다. 나는 하나님의 자비가 늘 나에게 미치듯이 내가 누린 행복이 다른 사람에게도 전파되기를 소망한다. 나에게 불행이 닥친다 하더라도 하나님께서 나에게 이를 이겨낼 의지를 주시기를 갈망한다. 물론 내 미래의 운명은 오로지 하나님만이 알고 하나님의 권능으로 우리는 축복 받거나 고통당한다.

나처럼 우리 조상의 일화를 수집하는 데 열중하셨던 친척 아저씨가 그 기록물을 내 수중(手中)에 넘겨주었다. 이 기록물에서 조상의 여러 특이한 이야기를 새로 알게 되었다. 여기서 나는 우리 조상이 영국 중부 노샘프턴셔(Northamptonshire)[9] 지방의 엑턴(Ecton) 마을에서 300여 년 동안 살았다는 사실을 알았다. 그 전에 어디에 살았는지는 아저씨도 모르셨다. 가문에 대한 개념은 프랭클린이라 불리던 사람들이 왕국 전체에서 성씨(姓氏) 제도가 시행하던 때부터 프랭클린 성씨를 달면서 생긴 듯하다. 우리 가문은 30에이커 면적의 토지와 대장간을 갖고 출발하였다. 대장간 일은 가업으로 장남에게 대대로 이어졌다. 이 풍습에 따라 그 아저씨와 내 아버지도 장남에게 가업을 물려주었다.

엑턴에서 호적대장을 살펴보니 1555년 이후 조상의 출생, 결혼,

9 영국에서 지명 끝에 shire가 붙으면 대체로 초원지대이다.

매장 날짜가 기록돼 있었다. 그 이전의 기록은 교회의 교인 명부에 없었다. 그 호적대장에서 나는 5대 위 할아버지의 막내아들에서 이어진 후손임을 알았다. 1598년생인 토머스(Thomas) 할아버지는 엑턴에서 태어나 평생 살다가 노년엔 일을 할 수 없게 되자 옥스퍼드셔(Oxfordshire) 지방의 밴베리(Banbury)에서 여생을 보냈다. 그곳엔 아들 존(John)이 염색 가게를 운영하고 있었다. 나의 아버지는 그 가게에서 존 큰아버지 밑에서 도제로 일하였다. 토머스 할아버지는 밴베리에서 별세해 그곳에 묻혔다. 윌리엄, 너와 이 애비는 1758년 할아버지의 묘소에 참배하였는데 기억이 나겠지? 토머스 할아버지의 장남인 토머스는 엑턴에 살았는데 토지를 무남독녀에게 물려주었다. 이 외동딸은 웰링버러(Wellingborough)의 피셔(Fisher) 가문에 시집갔는데 친정아버지에게서 물려받은 토지를 현재 영주인 이스테드(Isted) 씨에게 팔았다.

2. 아버지의 네 형제

토머스 할아버지는 아들 넷을 두었는데 토머스, 존, 벤저민, 조시아(Josiah) 등이다. 백부(伯父)들에 대한 이야기는 기록이 없어 너에게 자세히 들려줄 수가 없구나. 네가 상세한 기록을 찾으면 보충하도록 하여라.

토머스 백부는 할아버지 밑에서 대장장이로 자랐다. 그러나 워낙 총명해서 지역 유지인 파머(Palmer) 선생의 후원을 받아 학업을 할 수 있었다. 토머스뿐 아니라 아래 동생 셋도 파머 선생으로부터 도움을 받으며 공부하였다. 토머스 백부는 상업 공증인이 되어 그 마을에서 유력 인사로 활동하였다. 백부는 엑튼에서는 물론 노샘프턴(Northampton)에서도 공공 사업의 주도자가 되었다. 지역의 권력자 핼리팩스(Halifax) 경(卿)은 토머스의 활동을 지켜보다 성실성을 높이 평가해 후원해주었다. 토머스는 1702년 1월 6일, 내가 태어나기 4년 전에 작고하였다. 엑튼에서 여러 노인에게서 토머스의 삶과 성격에 관한 이야기를 들어보면 나와 매우 비슷함을 느껴 깜짝 놀란단다. 너도 놀라 이 애비에게 이렇게 말하였지?

"만약 토머스 큰할아버지께서 돌아가신 날에 아빠가 태어나셨다면 세상 사람들은 아빠가 큰할아버지의 환생자라고 여겼을 거예요."

존 중부(仲父)는 염색공으로 일하였는데 주로 모직물을 맡았단다. 벤저민 삼촌은 런던에서 견직물 염색 장인 밑에서 도제로 일하였단다. 벤저민은 매우 총명하였지. 내가 어릴 때 벤저민 삼촌이 보스턴에 있는 우리 아버지 집에 와서 몇 년 동안 함께 살았기에 내가 잘 기억하지. 벤저민은 장수하셨는데 그의 손자인 새뮤얼 프랭클린(Samuel Franklin)은 지금 보스턴에 살고 있다. 벤저민은 4절판 시집 2권을 남겼는데 친구나 친지 앞에서 가끔 낭송하던 자작시를 담은 책이었지. 나에게도 그 시집을 보내주셨단다.

벤저민은 자신의 속기술을 고안해서 나에게 가르쳐주었는데 내가 계속 연습하지 않아서 지금은 잊고 말았다. 우리 아버지는 내 이름을 벤저민 삼촌의 이름을 따라 지었다. 그만큼 벤저민 삼촌과 아버지는 좋은 사이였다. 벤저민 삼촌은 신앙심이 매우 깊어 유명한 목사가 집전하는 예배에 참석하였고 설교를 속기로 받아 적어 설교집 몇 권을 만들기도 하였다. 벤저민 삼촌은 정치에도 지나칠 정도로 관심을 가졌다. 벤저민 삼촌이 공공 문제에 관한 소(小)논문을 모아 만든 책자를 최근에 내가 런던에서 입수하였다. 1641년부터 1717년 사이에 나온 자료인데 일련번호가 매겨져 있어 여러 권 되는 듯하다. 몇 권이 빠졌지만 큼직한 2절판 8권, 4절판 및 8절판이 24권이나 남아 있다. 내가 가끔 들르는 중고 서점 주인이 벤저민 삼촌의 이 책자들을 발견하고는 나에게 보내주었다. 이 책자는 벤저민 삼촌이 미국으로 건너가면서 두고 간 것인 모양인데 그렇다면 50년 이상 된 책이다. 책 여백에는 벤저민 백부의 친필 글씨가 곳곳에 남아 있다.

한미(寒微)한 우리 집안은 일찍이 종교개혁에 참여하였고 메리(Mary) 여왕 통치 이후에 신교 신앙을 지속하였다. 조상들은 가톨릭 체제에 열렬히 저항하다 때때로 위험에 빠지기도 하였다. 영어판 성경을 안전하게 보관하려고 등받이 없는 조립식 둥근 의자 안에 숨겨 끈으로 묶어 놓았다.

내 고조부께서는 가족에게 성경을 읽어줄 때는 의자를 뒤집어 무릎 위에 올려놓고는 끈에 매달린 성경을 집어 들고 페이지를 펼쳤다. 그럴 때면 아이 하나가 문 앞에 서서 종교재판소 감시원이 오는지를 살폈다. 감시원이 오면 고조부는 의자를 뒤집어 그 위에 태연히 앉아 아무 일도 없었던 것처럼 행동하였다. 그렇게 해서 성경을 보존하였다. 이런 일화는 내가 벤저민 삼촌에게서 직접 들었다.

찰스(Charles) 2세 통치 말기엔 우리 가문 대부분은 영국 국교도가 되어 있었다. 그때 영국 국교로 개종하지 않아 파문당한 목사 몇몇이 노샘프턴셔에서 비밀 예배를 지속적으로 열었는데 벤저민 삼촌과 아버지(조시아)도 그 모임에 늘 참가하였다. 일부 가족은 영국 성공회 신자였다.

아버지 조시아는 젊은 나이에 결혼해 1682년 무렵에 아내와 세 자녀를 데리고 미국 땅 뉴잉글랜드로 이주하였다. 영국에서는 국법으로 금지된 비밀 예배를 하다가 단속에 걸리는 일이 잦았다. 영국 국교도가 아닌 아버지 지인들은 신앙의 자유를 찾아 줄지어 신대륙으로 건너갔다. 아버지도 그들의 권유에 따라 자유로운 신앙 생활을 꿈꾸며 그곳으로 갔다.

3.
나는야
골목대장

아버지는 뉴잉글랜드로 건너온 후 조강지처(糟糠之妻)와의 사이에서 아이 넷을 더 낳았다. 그 후 두 번째 부인과의 사이에서 아이 열을 낳아 슬하에 모두 17명의 자녀를 두었다. 어느 날엔가 모두 장성하여 결혼한 자녀 13명과 함께 식탁에 둘러앉은 아버지 모습을 기억한다. 나는 뉴잉글랜드의 보스턴에서 15번째 아이로 태어났다. 아들 가운데서는 내가 막내이고 내 아래로는 여동생 둘이 있다.

아버지의 둘째 부인인 나의 어머니 아비아 폴저(Abiah Folger)는 뉴잉글랜드의 초기 이주자 피터 폴저(Peter Folger)의 딸이었다. 코튼 매더(Cotton Mather)[10]는 『미국에서 그리스도의 위업』(Magnalia Christi Americana)이란 뉴잉글랜드 교회 역사서에서 피터 폴저를 '신앙심과 학식이 깊은 영국인'이라고 기술하였다. 나의 외할아버지

10 미국의 청교도 목사이자 역사가(1663-1727).

피터 폴저는 짧은 글을 여러 편 썼는데 그 가운데 단 한 권만 출판되었다. 그 책은 나도 오래 전에 본 적이 있다. 1675년에 작성된 그 글은 당시 시대 상황과 인물에 대해 쓴 소박한 운문체로 그곳 정부 관계자에게 보내졌다.

그 글은 양심의 자유를 지지하고 침례교도, 퀘이커교도, 탄압 당하는 여러 교파를 옹호하였다. 인디언과의 전쟁이나 다른 여러 국난(國難)은 교회 탄압 때문에 하나님이 내리는 응징이라고 기술하였다. 그래서 이런 무자비한 법은 폐기해야 한다고 청원하였다. 나는 그 운문 전체에서 담담한 품격과 사나이다운 기개를 느꼈다. 첫 2개 행(行)은 잊었지만 나머지 6개 행은 기억하고 있다. 마지막 6개 행의 요지는 그의 격렬한 비판이 선의에서 비롯되었기에 저자 이름을 당당하게 밝힌다는 것이다.

남을 헐뜯는 인간으로
숨어 지내기는 진정 싫으니
셔번(Sherburne) 마을에 살고 있는
내 실명을 밝히려 한다
악의가 없는 귀하의 진실한 친구
그 이름은 피터 폴저

내 형들은 모두 여러 분야에서 도제 수련을 받았다. 나는 8세 때 라틴어 문법학교에 입학하였다. 아버지는 십일조(十一租)를 내는 심정으로 여러 아들 가운데 나를 성직자로 키워 하나님께 바칠 작정이었다. 나는 아주 어려서부터 글을 읽을 줄 알았는데(너무 어린 나이여서 정확히 몇 살인지 기억이 가물가물하지만) 아버지 친구들은 이런 나를 보고 "학자로 대성할 녀석이야!"라고 입을 모았다고 한다. 아버지는 친구의 격려에 힘입어 나를 그렇게 키우기로 결심하였다.

벤저민 삼촌도 이에 동의하여 자신이 속기로 받아 쓴 설교집 모두를 나에게 주겠다고 하셨다. 내가 그 속기법을 익혀 사용하면 평생 자산이 될 것이라고 믿었던 듯하다. 그러나 나는 라틴어 문법학교에 채 1년도 다니지 못하였다. 나는 입학할 때는 성적이 중간이었는데 점점 향상돼 1등이 되었다. 바로 위 학년에 올라갔고 연말엔 또 3학년으로 월반하기로 돼 있었다. 그러나 아버지는 많은 식구를 먹여 살리다 보니 내 학비가 부담스러웠다.

"돈 들여 공부하고도 가난하게 살아가는 사람이 수두룩하지!"

아버지는 주변 지인에게 이렇게 둘러대곤 나에게 문법학교를 그만두게 하였다. 살림이 쪼들리다 보니 아버지의 초심이 변한 것이다. 아버지는 나를 문법학교 대신에 작문, 산수를 주로 가르치는 학교에 보냈다. 그 학교는 조지 브라우넬(George Brownell)이란 교육자가 세웠는데 학생들의 사기를 부드럽게 높여주는 교육법으로 탄탄한 자리를 잡았다. 나는 그 유명한 조지 브라우넬 선생님에게서 작문을 배워 글쓰기 실력이 크게 늘었다. 하지만 산수는 늘 젬병이었다. 10세 때는 그 학교마저 그만두고 집에서 아버지 사업을 도와야 하였다.

아버지 사업이란 짐승 기름으로 양초와 비누를 만들어 파는 일이었다. 영국에서 원래 염색공이었던 아버지는 신대륙 뉴잉글랜드로 이사 온 후에 염색 일거리가 거의 없어 처자식 입에 풀칠조차 하기 어렵게 되자 양초 제조업에 뛰어든 것이다.

나는 양초 만드는 틀에 짐승 기름을 부어 굳을 즈음엔 잘라 놓은 심지를 박는 작업을 거들었다. 가게를 지키거나 배달 심부름을 하기도 하였다. 나는 이런 자질구레한 일을 하기가 싫었다. 동네 가까이에 바다가 있기에 나는 망망대해(茫茫大海)를 동경하였다. 내 야심을 알아차렸는지 아버지는 가끔 나에게 엄명을 내렸다.

“바다는 꿈도 꾸지 마라!”

나는 바다에 들락거리며 일찌감치 수영을 익혔고 배도 몰 줄 알게 되었다. 친구 녀석들과 보트나 카누를 함께 탈 때면 나는 으레 선장 노릇을 하였다. 바다에서 풍랑을 만나면 내 지휘로 곤경에서 벗어나곤 하였다. 다른 놀이에서도 나는 늘 골목대장이었다. 친구들과 더불어 가끔 엉뚱한 일을 벌였는데 그 가운데 한 사례를 털어놓겠다. 이는 내가 어려서부터 공적(公的)인 일에 관심이 많았음을 보여준다. 이런 일은 제대로 이뤄지지 않은 경우가 허다하였다.

우리 동네에는 물레방아를 돌릴 물을 저장하는 연못이 있었다. 연못 옆에는 늪지가 있었고 늪지 옆에는 바다가 있어 만조(滿潮) 때는 바닷물이 넘쳐 늪지로 흘러들어왔다. 거기엔 물고기도 함께 들어왔다. 우리 친구들은 늪지 가장자리에 서서 피라미 따위를 잡았다. 그 진흙탕에서 첨벙거렸으니 온몸이 뻘투성이가 되었다. 낚시터 자리에 석축(石築)을 쌓으면 뻘밭에 빠지지 않을 것 아닌가, 하는 아이디어가 떠올랐다. 마침 인근에 부두를 구축할 반듯한 돌덩이들이 산더미처럼 쌓여 있었다. 나는 친구들에게 그 돌덩이를 보여준 다음 부두 공사 인부들이 퇴근하기를 기다렸다. 밤이 되자 친구와 함께 그

돌덩이를 개미처럼 부지런히 날랐다. 무거운 돌덩이는 두셋이 달라붙어 옮겼다. 드디어 근사한 석축을 완성하였다.

이튿날 아침에 일꾼들은 석재가 사라졌음을 알고 깜짝 놀랐다. 그들은 마을을 샅샅이 뒤진 끝에 우리가 쌓은 요새를 발견하였다. 그들은 탐문 끝에 우리 일행의 소행을 알아냈다. 우리는 그들과 각자 아버지에게서 큰 꾸중을 들었다.

“도대체 어떻게 된 거냐?”

“쓸모 있는 석축을 우리가 만들었어요.”

“아무리 유용한 일이라도 절차가 정직하지 않으면 소용없어!”

4.
건강한 부모님, 모두 80대 장수

아들아! 너는 할아버지의 성품과 특징에 대해 궁금해 할 것이다. 그는 허리가 꼿꼿하고 중키에 탄탄한 몸매를 지니셨고 힘은 장사였다. 그는 창의성이 뛰어났고, 그림을 잘 그렸으며, 음악 재능도 있었다. 그는 맑은 목소리를 가져 그가 바이올린을 연주하며 찬송가를 부르면 듣는 이들은 큰 행복감을 느꼈지. 일이 끝난 후 이따금 저녁에 할아버지는 이렇게 음악 재주를 발휘하였단다.

네 할아버지는 또한 기계를 다루는 재주도 가히 천재적이었다. 가끔 다른 업자에게서 도구를 빌려 썼는데 그때마다 어려움 없이 척척 다루었다. 그러나 그의 위대한 장점은 개인적 또는 공적인 일에서 신중하게 결정을 내려야 할 때 건전한 통찰력과 굳건한 결단성을 발휘하는 데 있었다. 그는 공적인 업무에 한 번도 종사하지 않았다. 먹여 살리고 공부시켜야 하는 수많은 식솔 때문에 생업에 매달릴 수밖에 없었던 것이다. 나는 지역 지도자가 마을이나 교회의 일을 논의할 때 아버지의 고견을 들으려 우리 집을 자주 방문하던 광경을 잘 기억한다. 그들은 아버지의 판단과 충고에 대해 깊은 존경심을 표하였다. 아버지는 개인으로부터도 골칫거리에 대해 자문을 자주 받았다. 이웃은 분쟁이 생기면 아버지에게 중재를 부탁하곤 하였다.

아버지는 현명한 친구나 이웃을 식탁에 초대해 함께 밥을 먹으며 대화 나누기를 즐겼다. 그 자리에서 그는 으레 독창적이고 유용한 주제를 꺼냈는데 아마도 자식들이 이런 대화를 옆에서 들으며 사고력을 키우게 하려고 그랬던 것 같다. 이런 방법으로 아버지는 자식들이 삶에서 선(善), 정의, 신중함이 무엇인지 관심을 갖도록 유도하셨다. 그러다 보니 식탁 위에 오른 음식에는 신경을 거의 쓰지 않았다. 간이 맞는지 안 맞는지, 제철 음식인지 아닌지, 맛이 좋은지 나쁜지, 이 요리가 저 요리보다 더 나은지 그렇잖은지 상관이 없었다. 나도 그런 환경에서 자랐기에 음식에 무관심한 편이어서 저녁 식사를 마치고 몇 시간 후에 내가 무엇을 먹었는지 누가 묻는다면 거의 대답하지 못한다. 여행을 하면 이런 태도가 편리하다. 산해진미에 입맛이 길들여져 까다로운 미식가 친구들은 음식 맛이 나쁘면 투덜거리기 일쑤이다.

나의 생모도 건장하셔서 열 아이들을 모두 모유로 길렀다. 나는 부모님이 어디 아프다고 말씀하시는 것을 들어본 적이 없다. 아버지는 89세, 어머니는 85세까지 사셨다. 부모님은 보스턴에 나란히 묻혔다. 얼마 전에 나는 부모님 묘소에 대리석 비석을 세웠다. 그 비석엔 다음과 같은 글을 새겼다.

조시아 프랭클린과 그의 아내 아비아

여기에 잠들다

그들은 서로 사랑하는 결혼생활

55년 동안

큰 재산이나 높은 자리를 얻지는 못하였으나

끊임없는 노력과 부지런함,

그리고 하나님의 은총에 힘입어

대가족을 안락하게 건사하였고

아들딸 열 셋과 손자 일곱을

훌륭하게 키워냈다

이 비문을 읽는 이들이여

용기를 얻어 귀하의 소명(召命)에 충실하라

그리고 신의 섭리를 의심하지 말라

그는 경건하고 신중한 남편

그녀는 현명하고 정숙한 아내

그들의 막내아들이

부모를 추모하며 여기에 이 비석을 세우다

조시아 프랭클린 1655년생, 1744년 몰(歿), 향년 89세.

아비아 프랭클린 1667년생, 1752년 몰, 향년 85세.

5.
인쇄소 도제…
나의 첫 직업

내 이야기가 엉뚱한 곳으로 흘러간 걸 보니 나도 늙긴 늙었나 보다. 왕년에는 조리 있게 글을 썼는데 말이야. 친근한 사람끼리 모이는 자리에 굳이 정장 차림일 필요가 없는 것처럼 글도 그렇다고 이해해라. 물론 요즘 내가 나이가 들면서 게을러져서 그럴 수 있지.

다시 본론으로 돌아가자. 나는 아버지 사업을 2년 더, 그러니까 내가 12세 될 때까지 도왔다. 아버지 밑에서 양초 사업을 배우던 존(John) 형은 결혼하며 독립하여 로드 아일랜드로 떠났다. 그러자 내가 아버지의 사업을 물려받아야 할 분위기가 조성되었다. 나는 그럴 마음이 눈곱만큼도 없었다. 아버지는 내 마음을 눈치 채고 내가 좋아할 만한 일을 찾아주지 않으면 바다로 떠나버리지 않을까 하고 걱정이 태산이었다.

아버지는 나를 데리고 육지에서 내가 할 만한 일을 찾아 나섰다.

가구 만드는 소목(小木), 벽돌공, 도자기 만드는 녹로공(轆轤工), 놋그릇 만드는 놋갓장이 등의 공방을 둘러보았다. 아버지는 내가 어떤 일에 관심을 쏟는지 관찰하면서 육상 작업 직업을 갖도록 하려고 애를 태우셨다. 나는 장인들이 도구를 능수능란하게 다루며 물건을 만드는 과정을 살펴보니 흥미진진하였다. 그곳에서 일손이 모자랄 때는 나도 거들며 어깨 너머로 기술을 배웠다. 덕분에 우리 집에서 잡다한 물건들이 필요할 때 내가 어설프게나마 만들 수 있게 되었다. 나는 뭘 만드는 데 재미를 붙여 우리 집 한 구석에 작은 공방을 설치하였다. 자그마한 기계 장치를 만들어 새로운 실험에 도전하였다. 내 마음은 가뿐하고 푸근해졌다.

아버지는 마침내 나를 칼 만드는 장인으로 키우기로 결심하였다. 그 무렵에 벤저민 삼촌의 아들인 새뮤얼이 영국 런던에서 칼 만드는 기술을 배워 와 보스턴에서 공방을 개업하였다. 나는 사촌 형 새뮤얼의 공방에 가서 그 일이 적성에 맞는지 알아볼 겸해서 머물렀다. 하지만 새뮤얼이 교습료를 요구하자 아버지는 마음이 상해서 나를 도로 집으로 데려왔다.

나는 코흘리개 때부터 책 읽기를 좋아하였다. 잔돈푼이라도 내 손에 들어오면 그걸로 책 사는 데 몽땅 썼다. 존 번연(John Bunyan)[11]의 『천로역정』(Pilgrim's Progress)을 너무나 재미있게 읽었기에 번연의 여러 책을 낱권으로 사 모았다. 이것이 나의 첫 책 수집이었다. 나중엔 번연 책을 팔아 R. 버튼(Burton)의 『역사 전집』(Historical

11 17세기 영문학의 대표하는 작가이자 설교자(1628-1688).

Collections)을 행상에게서 샀다. 이 전집은 책값이 싼 자그마한 문고본이었는데 모두 40~50권쯤이었다.

아버지의 자그마한 서재에는 주로 신학 논설 책이 있었고 나는 이들 대부분을 읽었다. 지식에 목말라 하던 그 시기에 나에게 더 적절한 책을 읽지 못한 점이 지금 생각하면 아쉽다. 나는 목사 되기를 포기하였기에 신학 논설은 나에겐 별 소용이 없는 책인 셈이다. 아버지 서재에 있던 『플루타르크 영웅전』(Plutarch's Lives)은 내가 탐독한 책이고 매우 유용하기도 하였다. 디포(De Foe)의 저서 『사업계획론』(An Essay on Projects)과 코튼 매더 박사의 저서 『선행론』(Essays to do Good)도 읽었다.

이 책은 나의 사고방식을 크게 바꾸었고 훗날 내 인생에서 두고두고 중요한 고비마다 영향을 주었다. 나의 책벌레 기질을 알아챈 아버지는 마침내 나를 인쇄공으로 키우기로 결심하였다. 인쇄공으로는 다른 아들 하나(제임스)가 있는데도 말이다.

1717년 제임스 형은 런던에서 인쇄기와 활자를 갖고 와 보스턴에서 인쇄업을 시작하였다. 나는 인쇄업이 아버지의 양초 제조업보다는 훨씬 마음에 들었다. 그러나 나는 여전히 바다에 대한 동경심을 품고 있었다. 아버지는 나의 '바다 병(病)'이 도지지 못하도록 제임스 형에게 붙들어 매려 한 것이다. 나는 한동안 버텼으나 마침내 아버지에게 설득당하여 12세 나이에 도제 계약서에 서명하고 말았다. 도제로 무(無)보수로 일하다가 21세에 도제 과정을 마치는 해엔 1년간 직공 임금을 받는다는 조건이었다.

얼마 지나지 않아 나는 손놀림이 빨라져 형에게 필요한 일꾼이 되었다. 인쇄소에서 일하다 보니 좋은 책을 읽는 기회도 가졌다. 거래 서점의 도제 점원들과 친해지면서 책을 빌려볼 수 있게 된 것이다. 조심스레 깨끗이 읽고 곧 되돌려 주었다. 나는 저녁에 빌려온 책을 읽으며 내 방에서 밤을 꼬박 새곤 하였다. 아침 일찍 그 책을 돌려주기 위해서였다. 서점 주인이 재고를 점검할 때 나에게 빌려준 사실을 들키지 않도록 하기 위해서 그랬다. 얼마 후 우리 인쇄소의 단골 손님인 사업가 매튜 애덤스(Matthew Adams) 씨가 나를 눈여겨 보다가 자신의 서재로 초대하였다. 엄청난 분량의 장서가 있었다. 그는 호기롭게 말하였다.

"자네가 읽고 싶은 책을 마음껏 빌려가게!"

나는 그 무렵에 시작(詩作)에 재미를 붙여 몇 편을 지었다. 제임스 형은 혹시 돈벌이가 될까 기대하며 나에게 유행가 가사를 지어보라고 부추겼다. 그래서 지은 시가 '등대의 비극'(The Lighthouse Tragedy)인데 두 딸과 함께 바다에 빠져 숨진 워틸레이크(Worthilake) 선장 이야기였다. 또 '티치'(Teach) 또는 '검은 수염'(Blackbeard)이라는 별명의 해적을 잡는 선원들의 무용담도 지었다. 둘 다 조잡한 3류 졸시였다. 그래도 제임스 형은 인쇄해 나에게 시내를 돌아다니며 팔아보라고 등을 떠밀었다.

'등대의 비극'은 얼마 전에 세상을 떠들썩하게 만든 실화여서 그런지 불티나게 팔렸다. 나는 우쭐해져 허영심에 부풀었다. 그러나 아버지는 나에게 따끔한 일침을 놓으셨다.

"같잖은 시 썼다고 뽐내지 마라. 시인들은 거개가 거렁뱅이 아닌가?"

나는 시인이 되기를 포기하였다. 시를 계속 썼더라면 아마 3류 시인이 되었을 게다. 산문(散文)을 쓴 경험은 내 인생에서 두고두고 유용하였고 나의 성공에 주요한 몫을 하였다. 그러니, 아들아, 너에게 내가 그런 열악한 상황에서 어떻게 글쓰기를 익혔는지 알려주고 싶구나.

우리 마을에는 나 말고도 또 책벌레가 있었는데 존 콜린스(John Collins)라는 청년이 그였다. 우리는 자주 만나 책 이야기를 나누었고 때로는 논쟁을 벌이기도 하였다. 서로 논쟁에서 이기려 목청을 돋우었는데 이런 태도는 상대방의 감정을 상하게 하기 마련이다. 상대방과 반대되는 의견을 내세우기 일쑤여서 대화를 망치게 하고 우정에 금이 가기도 한다. 혐오감과 적의(敵意)까지 남길 수 있다. 나는 아버지가 모은 종교에 관한 논쟁집을 읽으면서 이런 사실을 간파하였다. 훗날 관찰해 보니 상식을 가진 사람은 이런 악습에 빠지지 않았다. 논쟁 버릇을 지닌 인간은 주로 변호사, 학자, 에든버러(Edinborough)[12] 출신이다.

어느 날 콜린스와 대화를 나누다 '여성은 교육 받을 권리가 있는가', '여성은 학습 능력이 있는가' 하는 주제로 논쟁을 벌이게 되었다. 콜린스는 여성 차별주의자였다.

"여편네들은 천성적으로 학업에 어울리지 않아. 여성 교육은 부적절하다고!"

"무슨 소리야? 여성도 배워야지. 네 엄마는 여자 아니야?"

12 스코틀랜드의 수도 Edinburgh를 지칭.

그는 천부적인 말재주를 지녀 입만 열면 청산유수(靑山流水)처럼 말을 쏟아냈고 어휘도 풍부하였다. 나는 때때로 그의 논리력보다 말솜씨 때문에 밀리곤 하였다.

여성 교육 논쟁을 벌이던 날, 우리는 결론을 내리지 못하고 헤어졌다. 한동안 그와 만나지 못해 나는 나의 논지를 편지로 써서 그에게 보냈다. 그는 답장을 보내왔고 나도 답장을 보냈다. 이처럼 편지가 서너 차례 오갔을 때 아버지가 우연히 내 글을 보게 되었다. 아버지는 우리의 논쟁에 끼어들지는 않으면서 내 글쓰기 방법에 대해 언급하는 기회로 삼았다.

"벤저민! 네 글은 철자법이나 구두점에서는, 네가 인쇄소에서 일한 덕분에, 상대방에 비해 훨씬 정확하다. 그러나 표현의 세련됨이나 체계적인 논리 전개 방법에서는 미흡하다."

아버지는 몇 가지 사례를 지적하였다. 아버지의 지적이 옳음을 깨닫고 글을 쓸 때 전개 방식에 신경을 쓰고 글쓰기 향상에 진력하였다.

이 즈음 나는 '스펙테이터'(The Spectator)라는 이색적인 잡지 3호를 보게 되었다. 처음 보는 잡지였는데 내용이 하도 재미있어서 구입해서 읽고 또 읽었다. 잡지 기사의 문장이 워낙 유려하기에 그 문장을 모방해서 써보고 싶었다. 나는 먼저 기사 몇 개를 골라 요점을 정리하였다. 며칠 후엔 그 요점만 보고 단어를 덧붙여서 가능한 한 원문대로 되살리도록 하는 글쓰기 연습을 하였다. 내가 쓴 글과 원문을 대조하여 나의 결점을 찾고 보완하였다. 나는 어휘력이 모자라 적확(的確)한 단어를 적절한 곳에 사용하지 못함을 알았다. 시를 계속 썼다면 이런 능력을 얻었으리라 짐작하기도 하였다. 시를 지을 때는 길이와 운율을 맞추기 위해 다양한 동의어를 찾아야 하는데 그런 과정에서 어휘력이 늘고 단어를 적재적소에 배치하게 된다.

그래서 잡지에 실린 몇몇 이야기를 운문으로 바꾸었다. 그리고 시간이 좀 지난 후 원문을 잊어버릴 무렵에 운문을 보고 이야기로 되살려 보았다. 어느 때는 요점 정리 메모를 일부러 흩트리고 몇 주 후에 이를 보며 가능한 한 논리정연하게 배열하여 문장을 완성하는 연습을 하였다. 이렇게 하니 체계적인 사고(思考)를 정리하는 데 도움이 되었다. 원문과 내 글을 대조하면서 내 결점을 찾고 고쳤다. 작으나마 작문 솜씨가 늘고 어휘력이 강화될 때는 희열을 느꼈다.

'혹시 내가 갈망하는 괜찮은 작가가 되지 않을까?'

어떤 때는 이런 기대감에 가슴이 부풀기도 하였다. 글쓰기 연습과 독서는 직장 일을 마친 후인 밤이나 출근 전인 아침 또는 일요일에나 가능하였다. 아버지 슬하에 있을 때는 일요일 예배에 빠질 수 없었다. 예배 참가는 의무였다. 나는 불참할 구실을 찾아 가끔은 인쇄소에 혼자 남아 글쓰기 연습에 몰두하였다.

6.
채식…
건강에 좋고 식비 덜 들어

나는 16세 때 우연히 채식을 권유하는 트라이언(Tryon)[13]의 책을 읽고 이를 실천해 보기로 하였다. 그때 제임스 형은 미혼이어서 집이 없기에 자취를 하고 있었다. 다른 도제들은 다른 집에서 자취하였다.

"형! 나는 고기를 안 먹을래."

"뭐? 녀석, 까탈스럽기는! 그래 뭘 먹으려고?"

"트라이언이 소개한 요리법대로 감자와 쌀을 익히거나 즉석 푸딩 따위를 만들어 먹을 거야."

"별 이상한 짓을 다 하는군."

"내 몫 식비 가운데 절반만 나에게 줘. 내가 알아서 식사를 해결할 거야."

"그래라."

13 17세 젊은 나이에게 이름을 떨친 채식주의자(1634-1703).

나는 그 돈으로 식료품을 사서 스스로 요리를 해 먹었다. 이 돈의 절반이면 끼니를 채울 수 있기에 나머지 돈으로 책을 샀다. 혼자서 식사하니 좋은 점이 또 있었다. 형과 다른 도제들이 밥 먹으러 나간 사이에 혼자 인쇄소에 남아서 비스킷이나 빵 한두 조각, 건포도 한 움큼, 제과점에서 사 온 과일 파이 따위를 먹고 물 한 잔을 마셨다. 간단하게 식사를 마치고 다른 도제들이 돌아올 때까지의 자투리 시간엔 책을 읽었다. 그렇게 오래 지속하니 실력이 제법 늘어난 듯하였다. 가볍게 먹고 마시니 머리가 맑아져 책을 이해하는 속도가 빨라졌다.

나는 숫자 감각이 모자라 계산에 서툴렀다. 학교에서도 산수 과목에서 두 번이나 낙제한 적이 있다. 나는 코커(Cocker)[14]가 쓴 『산수』(Arithmetick)를 찬찬히 읽어보았다. 끝까지 읽었는데 웬일인지 그 책이 어렵지 않았다.

나는 셀러(Seller)와 셔미(Shermy)가 쓴 항해술 서적을 읽고 거기에 소개된 기하학(幾何學)에 관해서도 조금 알게 되었다. 그러나 기하학을 깊이 있게 이해하는 수준은 아니었다. 그리고 나는 존 로크(John Locke)[15]의 『인간 오성론』(On Human Understanding)과 포르 롸얄 학파(Messrs. du Port Royal)[16]의 『사고(思考)의 예술』(Art of Thinking)도 읽었다.

14 영국 수학자(1631-1675).

15 경험철학의 원조인 영국 철학자(1632-1704).

16 프랑스 파리 수도원에서 연구한 수도사 학자들.

언어 능력을 키우려고 노력하던 과정에 그린우드(James Greenwood)의 저서로 기억하는 영문법 책을 읽었다. 그 책 끝부분에 수사학(修辭學)과 논리학을 간략하게 소개한 글 2편이 있었다. 논리학 부문에서는 소크라테스 산파술[17]을 예로 들며 끝을 맺었다.

그리고 나는 크세노폰(Xenophon)[18]의 『소크라테스에 관한 비망록』(Memorable Things of Socrates)도 읽었는데 여기에도 소크라테스 산파술의 여러 사례가 있었다. 나는 소크라테스 방식의 토론법에 매료되어 즐겨 사용하기로 작정하였다. 토론할 때 반대 의견을 불쑥 꺼내거나 내 의견을 우기지 않고 겸허하게 상대방의 의견을 듣고 조심스레 의문을 던지는 방식이다.

섀프츠베리(Shaftesbury)[19]와 내 토론 친구 콜린스의 글을 읽으면서 기독교 교리에 많은 의문을 품게 되었다. 나는 교리 토론을 벌일 때 소크라테스 산파술을 쓰면 나에겐 가장 안전한 반면 상대방을 꼼짝하지 못하게 한다는 것을 깨달았다. 나는 이 방식을 연마해서 상대방을 제압하는 쾌감을 누렸고 여기에 능숙해지자 나보다도 훨씬 학식이 높은 상대방도 두 손을 들게 하는 경지에 이르렀다. 그들이 미처 예견하지 못한 결론으로 곤경에 빠진 나머지 스스로 빠져나오지 못하면 나는 과분한 승리를 거두곤 하였다.

나는 몇 년 동안 이 방법으로 재미를 보다가 점차 여기에서 벗

17 상대방이 무지를 깨달아 스스로 답을 찾도록 유도하는 토론 방식.

18 소크라테스의 제자인 장군 겸 역사가.

19 영국의 정치철학자로 존 로크의 제자(1671-1713).

어났다. 그러나 겸손한 말투로 표현하는 습관은 유지하였다. 즉, 논쟁의 소지가 있는 주제를 꺼낼 때는 '확실히', '의심할 여지없이' 등의 단정적인 말은 결코 쓰지 않았다. 대신에 '제 생각엔 그럴 것 같습니다만', '제가 상상해 보니 틀리지 않았다면 아마도 이럴 겁니다' 같은 표현을 썼다. 이런 말버릇은 상대에게 내 견해를 설득하거나 내가 추진하는 일에 상대방을 끌어들일 때 큰 도움을 주었다. 대화의 주요한 목적은 정보를 주고받거나, 서로 즐기거나, 설득하기 위해서이다. 아무리 선의를 가진 재담꾼이라도 자기만 옳다고 우기거나 독단적인 언행을 하면 상대방에게 반감을 불러일으켜 대화가 진행되지 않을 것이다. 그러면 대화의 목적이 퇴색하여 정보를 주고받지도 못하고 즐거운 시간을 갖지도 못한다. 네가 정보를 제공하면서 고집불통 태도를 보인다면 상대방은 진솔하게 경청하지 않을 것이다. 네가 정보를 원하고 다른 사람에게서 지식을 얻어 자기 향상을 도모한다면서도 네 의견만 주장한다면 점잖고 분별력 있는 상대방이라도 네 오류를 지적하지 않고 모른 체하며 떠날 것이다. 그런 매너로 상대방을 즐겁게 하거나 그들을 설득해 너에게 동의하도록 하는 경우는 거의 없다. 포프(Alexander Pope)[20]는 아래와 같은 명언을 남겼다.

> 남들을 가르칠 때엔 가르치지 않는 것처럼 해야 한다
> 그들이 모르는 사안은 잊어버려서 그런 것처럼 대우해 줘야 한다

20 몸이 불편해 정규학교에 다니지 못한 영국 고전주의 시대의 대표 시인(1688–1744).

포프는 한 술 더 떠서 다음과 같이 조언하였다.

분명히 알고 있는 사안도 망설이듯 말해야 한다.

그리고 포프는 이 문장과 연결시켰으면 좋았을 다음 문장을, 다소 부적절하게 다른 문장과 결합시켰다.

겸손의 결여는 사리 분별력의 결여를 뜻하니까.

왜 부적절하냐고 네가 묻는다면 다음과 같이 원래 구절을 반복하겠다.

거만한 말은 어떤 변명도 허용되지 않는다.
겸손의 결여가 사리 분별력의 결여를 뜻하니까.

이제 보자. 사리 분별력이 모자라는 것이 겸손하지 못함에 대한 변명이 될 수 있을까? 그래서 다음과 같이 그 구절을 바꿔야 적절하지 않을까?

거만한 말에는 오직 이런 변명만 허용될 뿐이다.
겸손의 결여는 곧 사리 분별력의 결여다.

하지만 이 문제는 더 훌륭한 사람에게 판단을 넘기겠다.

7.
16세 소년, 신문 발행인 되다

제임스 형은 1720년엔가 1721년엔가 신문을 발행하기 시작하였다. '뉴잉글랜드 커런트'라는 이 신문은 미국에서 두 번째로 나온 신문이다. 미국 최초의 신문은 '보스턴 뉴스레터'(The Boston News-Letter)이다. 형 친구들이 형의 신문 창간 소식을 듣고 말린 기억이 난다. 그들의 판단으로는 미국에 신문이 하나면 충분한데 또 발행한다면 성공 가능성이 낮다는 것이다. 세월이 흐른 1771년 지금, 25종 이상의 신문이 나오고 있지 않으냐. 제임스 형은 주위 만류를 뿌리치고 신문을 창간하였고 조판, 인쇄가 끝나면 나는 길거리에 신문을 들고 나가 팔아야 하였다.

형 친구 가운데 지적(知的)인 분이 여럿 있었는데 그들은 신문에 짧은 글을 즐겨 기고하였다. 이 글이 독자에게서 신뢰를 얻어 신문 부수는 점점 늘었다. 이 필자들은 자주 인쇄소 겸 신문사를 방문하였다. 그들의 대화를 들어보니 자신들의 글이 호평을 받는단다. 나도 덩달아 가슴이 뛰며 그들 틈에 끼고 싶었다. 그러나 나는 아직 어린 소년에 불과하였기에 내가 글을 쓴다 해도 형이 신문에 실어주지 않을 게 뻔하였다. 그래서 나는 궁리 끝에 필체를 바꿔 익명으로 쓴 원고를 밤중에 문 아래에 슬며시 밀어 넣어 두었다. 아침에 원고를 발견한 제임스 형은 평소처럼 신문사에 들른 친구들에게 그 원고를 보여주었다.

"와! 아주 잘 쓴 글인데!"

찬사가 쏟아졌다. 옆에서 듣고 있던 나는 기분이 짜릿하였다. 그들은 이 글의 집필자가 누구일 것이라는 둥 추측하였다. 학식과 지성이 돋보이는 유명인사의 이름이 들먹여졌다. 내가 심사위원을 잘 만났는지 모르겠다. 그러나 어쩌면 그들은 내가 짐작한 것만큼 뛰어난 심사위원이 아닐 수도 있겠다. 아무튼 나는 이런 찬사에 고무되어 글을 몇 편 더 썼다. 같은 방법으로 투고해 신문에 몇 차례 실렸다. 이 글도 마찬가지로 좋은 반응을 얻었다.

이를 나 혼자만의 비밀로 간직하려 하였으나 훌륭한 글을 쓰기 위한 밑천이 바닥나는 바람에 이실직고(以實直告)할 수밖에 없었다. 형의 친구들은 이제 나를 예우해주는 눈치였다. 형은 내가 우쭐해 할까봐 그런지 별로 탐탁하지 않은 듯 대하였다.

이 무렵에 나는 형과 서먹하게 되었는데 이 일도 한 요인이 된 듯하다. 형은 내가 도제이므로 다른 도제와 같이 복종하기를 기대한 반면에 나는 아무리 그래도 그렇지 형이 가혹하다고 여기며 좀 관대하게 대해주기를 바랐다. 형과의 다툼은 아버지 앞에서도 자주 벌어졌다.

아버지는 대체로 내 편을 들어주었는데 내 주장이 옳거나 아니면 내가 자기변호를 잘 해서 그랬을 것이다. 형은 성미가 급해서 걸핏하면 나에게 주먹질을 하였다. 나는 그런 폭력에 진절머리가 났고 도제 일도 따분해졌다. 내가 평생 권력 전횡에 대해 혐오감을 가진 것도 형이 어린 시절에 나에게 폭군처럼 횡포를 부렸기 때문이리라. 나는 도제 일을 그만둘 기회를 호시탐탐 노렸다. 마침내 그 기회가 찾아왔다.

우리 신문의 어느 기사가 정치적인 관점에서 주(州) 의회를 비판하였다. 지금은 그 내용도 잊었지만…. 형은 의장의 직권에 의해 체포돼 검열을 받았으며 1개월 동안 구금되었다. 아마 형은 필자를 보호하려고 누구인지 밝히지 않은 모양이었다. 나도 연행되어 의회에서 심문을 받았다. 나는 제대로 대답하지 않았는데도 훈방 조처로 풀려났다. 내가 '장인(匠人)의 비밀을 지킬 의무'를 지닌 도제였기 때문이다.

형과 내가 사적인 갈등을 빚긴 하였지만 형이 구금된 기간에 나는 의회 처사에 분통을 터뜨리며 신문 발행을 떠맡았다. 나는 권력자를 신랄하게 비판하는 논조로 신문을 제작하였다. 형은 그들에게 오히려 관대한 편이었다. 풋내기 재주꾼인 내가 권력자를 질타하고 풍자하고 나서자 그들은 나를 껄끄럽게 여겼다.

권력기관에서는 형을 석방하면서 "제임스 프랭클린은 '뉴잉글랜드 커런트'를 더 이상 발행할 수 없다"고 판시하였다. 우리 인쇄소에서 형 친구들은 머리를 맞대고 형이 이 상황에 어떻게 대처해야 할지를 논의하였다. 어떤 친구가 형에게 제의하였다.

"신문 제호(題號)를 바꾸어 발행하면서 판결을 피하면 어떻겠나?"

"그럴 경우에 여러 불편한 일이 생길 수 있어 곤란하네."

궁리 끝에 신문 발행인을 벤저민 프랭클린으로 바꾸기로 결정하였다. 도제의 이름으로 여전히 발행한다는 사실을 의회가 들추어낼지 모르므로 한 가지 묘수를 부리기로 하였다. 내 고용계약서 뒷면에 해약서를 작성하고 필요할 경우에 이를 제시하기로 한다는 것이다. 그런 한편 형은 도제 계약의 남은 기간에 나를 계속 부려 먹으려고 별도의 고용계약서에 서명하도록 하였다. 물론 이 새로운 계약은 나와 형 사이의 비밀로 부치기로 하였다. 이런 엉성한 꼼수를 바탕으로 한 대책이 즉시 실행되어 신문은 내 이름으로 몇 달 동안 발간되었다.

시일이 흐르자 나와 형 사이에 또 의견 충돌이 생겼다. 나는 형에게 선언하였다.

"나는 형에게서 독립할 거야!"

"뭐? 이 건방진 놈!"

형은 불같이 화를 내며 내 얼굴에 주먹을 날렸다. 이렇게 툭하면 분노의 손찌검을 하는 형 아래에서 더 머물 수가 없었다. 내가 서명한 새 계약서를 형이 내밀지 못할 것으로 믿었다. 내가 형의 그런 약점을 이용한 것은 온당치 못함을 안다. 그래서 나는 이것을 내 인생의 첫 오점으로 여긴다. 그러나 상습적으로 폭행을 당하던 당시에는 내가 정당치 못함을 따질 겨를이 없었다. 형은 주먹을 휘두르지만 않는다면 그리 고약한 사람은 아니었다. 아마 내가 건방지고 까칠하였기에 화를 자초한 면이 있었으리라.

형은 내가 자신의 품에서 벗어난다고 밝히자 동네방네 다른 인쇄소를 돌아다니며 떠들었다.

"제 동생 벤저민, 그 배은망덕한 놈이 여기 나타나서 일자리를 구하면 받아주지 마시오!"

다른 인쇄소 주인은 형의 부탁대로 나에게 일자리를 주지 않았다. 나는 뉴욕으로 갈 궁리를 하였다. 그곳은 인쇄소가 있는 가장 가까운 도시이기도 하였다. 보스턴을 떠나고 싶은 이유는 내가 여기에서 집권 세력을 비판해 밉살스레 보인데다 형의 사례에서 보듯이 의회의 횡포가 심각하였기 때문이다. 나도 더 머물다간 형처럼 곤욕을 치러 만신창이가 될 게 뻔하였다. 더욱이 나는 종교계를 비판하는 필봉을 휘둘렀기에 선량한 신앙인조차 나를 이단자, 무신론자라고 손가락질하며 으름장을 놓았다.

8.
제임스 형의 그늘에서 탈출

"아버지! 제임스 형의 손아귀에서 벗어날까 합니다."

"뭐라고? 어림없는 소리, 하지 말앗!"

아버지는 형을 편들었다. 내가 떠난다고 떠벌리면 아버지와 형은 나를 못 가도록 발목을 잡을 것이리라. 나는 콜린스 친구에게 도움을 청하였다.

"멀리 떠나려 하는데 무슨 좋은 수가 없을까?"

"그래? 뉴욕으로 오가는 범선(帆船) 선장을 만나 구워삶을 게."

"어떻게?"

"나에게 계략이 있어, 걱정 마!"

나중에 콜린스에게 들었는데 그 녀석은 선장에게 다음과 같이 둘러댔다고 한다.

"선장님! 얼간이 친구 하나가 꽃뱀 계집애를 만나 덜컥 임신을 시켰어요. 이를 구실로 여자 친구들이 둘을 억지로 결혼시키려 한답니다. 내 친구가 다른 사람 눈길을 피해 줄행랑을 놓아야 하는데 제발 배를 태워주세요."

나는 책을 팔아 소액의 여비를 변통하였다. 나는 승객이 붐비지 않는 선실에 앉아 떠났다. 순풍 덕분에 사흘 만에 300마일 떨어진 뉴욕에 순조롭게 도착하였다. 그때 내 나이는 불과 17세였다. 추천장 하나 없이, 아는 사람 하나 없는 곳에 몇 푼 부스러기 돈만 지닌 채 도착한 것이다.

이 무렵에 바다로 떠나려는 동경(憧憬)이 사라져버렸다. 그렇지 않았다면 내 갈망을 이루려 바다로 떠났으리라. 하지만 이젠 인쇄 기술도 익혔고 나 스스로 쓸 만한 일꾼이라 자부하였기에 그곳 인쇄소를 수소문하여 일자리를 구하러 돌아다녔다. 윌리엄 브래드퍼드(William Bradford)[21] 어르신이 경영하는 인쇄소를 찾아갔다. 그는 펜실베이니아 주의 원조 인쇄업자였다. 그 어르신은 동업자 조지 키스(George Keith)와 다툼 끝에 뉴욕으로 인쇄소를 옮겼다. 브래드퍼드 노인은 나를 측은하게 바라보며 말하였다.

"뉴욕엔 일자리가 거의 없다네. 이 인쇄소도 일손이 충분히 있어 자네 자리가 없네."

"어떻게 자리를 찾을 수 없을까요?"

"필라델피아에 내 아들의 인쇄소가 있는데 거기서 일하던 아킬라 로즈(Aquila Rose)라는 직공이 얼마 전에 죽었어. 일손이 모자랄 테니 거기로 가보게."

21 뉴욕에서 인쇄업을 주도한 인물(1663-1752).

필라델피아는 100마일이나 떨어진 곳이었다. 하지만 나는 앰보이(Amboy)로 가는 소형 선박을 탔고 짐은 뒤에 오는 배편에 맡겼다. 내가 탄 배는 뉴욕 만(灣)을 건너다 돌풍을 만나 낡은 돛이 갈기갈기 찢어졌다. 그래서 킬(Kill) 해협으로 못 들어가고 롱아일랜드로 밀려갔다. 이 와중에 술에 취해 곤드레만드레 상태인 승객이 바다로 떨어졌다. 그가 막 가라앉으려 할 때 나는 팔을 뻗어 그의 정수리 머리채를 가까스로 붙잡았다. 그를 끌어당겨 배에 다시 태웠다. 그는 물에서 허우적거린 후 술이 좀 깼는지 주머니에서 책 한 권을 꺼냈다.

"이것 좀 말려 주시오."

그는 나에게 부탁하고는 잠에 빠져들었다. 그 책은 내가 오래 전부터 좋아하던 작가 존 번연의 대표작 『천로역정』 네덜란드어 판이었다. 양질의 종이, 정교한 인쇄, 동판 삽화 등이 돋보였다. 장정도 내가 그때까지 본 어느 책보다도 훌륭하였다. 알고 보니 이 책은 유럽 대부분의 언어로 번역돼 성경 다음으로 많이 익히는 고전이었다.

내가 알기로는 저자 번연은 서술과 대화를 섞어 집필한 최초의 작가였다. 이런 글쓰기 방식은 독자들을 끌어당기는 힘을 가졌다. 이야기가 한창 흥미진진해질 때면 독자들은 작품 속으로 빠져들어 작중 인물들과 대화를 나누는 듯한 느낌을 받는다. 다니엘 디포는 『로빈슨 크루소』, 『몰 플랜더스』, 『신성한 구혼』, 『가정교사』등의 작품에서 이 방식을 구사하여 성공하였다. 새뮤얼 리처드슨(Samuel Richardson)[22]도 『파멜라(Pamela)』등에서 같은 방식을 도입하였다.

22 영국 런던의 식자공 출신 소설가(1689-1761).

배가 섬 가까이 갔는데 정박할 곳이 보이지 않았다. 해안이 바위투성이인데다 파도가 거세게 치솟았다. 하는 수 없이 닻을 내리고 해안 부근에서 머물렀다. 그때 해안에 주민 몇몇이 나타나 우리에게 뭐라고 고함쳤고 우리도 뭐라고 대답하였지만 바람이 거세고 파도소리가 너무 시끄러워 서로 알아듣지 못하였다. 해안에 소형 통나무배 몇 척이 보였는데 우리를 태우고 가달라고 신호를 보냈지만 못 알아들었는지, 아니면 불가능하다고 판단하였는지 그냥 지나가 버렸다.

어느덧 어둠이 닥쳤다. 우리가 할 수 있는 일이라곤 바람이 잠잠해질 때까지 기다리는 것밖에 없었다. 선원과 나는 가능하다면 그동안 잠을 자기로 하였다. 여전히 물에 젖어있는 네덜란드인 승객을 데리고 현창(舷窓)을 통해 객실로 들어갔는데 뱃머리에 물보라가 덮치면서 선원과 나도 네덜란드인 승객처럼 흠뻑 젖고 말았다. 이러다 보니 우리는 거의 눈을 붙이지 못하고 밤을 꼴딱 새웠다.

날이 새니 바람은 멎었고 우리 배는 그날 해가 지기 전에 앰보이에 겨우 도착하였다. 30시간가량을 바다 위에서 지저분한 럼주 한 병을 나누어 홀짝거린 것 외엔 물도 못 마시고 아무것도 먹지도 못하고 지냈다. 저녁이 되자 온몸이 불덩이처럼 뜨거워져 침대 속으로 들어갔다. '냉수를 많이 마시면 열을 가라앉힐 수 있다'는 말을 어느 책에서 읽은 기억이 나서 그 처방대로 하였다. 밤새 땀을 엄청나게 많이 흘리고 아침에 일어났더니 열이 떨어졌다. 나는 나루터에서 벌링턴(Burlington)까지 50마일을 걸어가기로 하였다. 그곳에 가면 필라델피아에 가는 배를 탈 수 있다 했다.

그날은 온종일 폭우가 쏟아졌다. 나는 비에 흠뻑 젖어 한낮에 이

미 탈진하였다. 그래서 걷기를 멈추고 어느 허름한 여인숙에서 하룻밤을 보내기로 하였다. 이러니 집을 떠난 일이 슬슬 후회스럽기 시작하였다. 내 몰골이 너무 초라하였기에 사람들은 나에게 이것저것 질문을 던졌는데 도망친 하인쯤으로 의심하는 눈치였다. 하마터면 도망자로 체포될 뻔도 하였다. 그러나 나는 다음날도 계속 걸었고 저녁무렵에 벌링턴에서 8~10마일쯤 떨어진 마을의 여인숙에서 묵었다.

여인숙의 주인은 브라운(Brown)이라는 의사였다. 내가 허기를 없애려 빵부스러기를 먹는 동안 브라운은 나에게 이런저런 말을 걸어왔다. 그는 내가 글줄깨나 읽었다는 사실을 알고는 매우 다정하게 다가왔다. 그 후 나는 그가 별세할 때까지 교유하게 된다. 그는 아마 순회 의사인 듯하였다. 그는 영국의 크고 작은 도시는 물론 유럽 여러 나라의 도시에 대해 통달해 있었다. 그는 문학적 소양이 풍부하고 명석한 인물이었지만 철저한 무신론자였다. 몇 년 후 그는 찰스 코튼(Charles Cotton)[23]이 베르길리우스(Vergilius)[24]의 작품으로 그랬던 것처럼 성경을 괴상한 패러디 시로 바꾸는 심술을 부리기도 하였다. 그는 이런 비틀림 방식으로 사실을 왜곡 풍자하였기에, 만약 그의 글이 출간되었더라면, 순진한 독자들에게 해를 끼쳤을지 모른다. 다행히도 그의 글은 출판되지 않았다.

그날 밤은 브라운의 여인숙에서 자고 이튿날 아침에 벌링턴에 도착하니 정기선은 방금 출발한 뒤였다. 그날은 토요일, 다음 배편은

23 영국의 시인이자 저술가(1630-1687)

24 고대 로마의 시인(B.C. 70- B.C. 19).

화요일에나 있었다. 배에서 먹으려고 항구로 가는 길에 행상 할머니에게서 생강빵을 샀는데, 배를 못 타게 되었기에, 다시 그 할머니에게 가서 사정을 털어놓았다.

"어찌 할까요?"

"다음 배 편 때까지 우리 집에 머무셔."

"아이고, 감사합니다!"

걷느라 지친 나는 쾌재를 부르며 할머니를 따라갔다.

"총각은 직업이 뭐유?"

"인쇄공입니다."

"멀리 갈 것 뭐 있수? 이 동네에다 작은 인쇄소를 차려 자리 잡으면 될 것 아녜유?"

"인쇄소를 개업하는 데 밑천이 얼마나 많이 드는데요. 아직 저는 엄두도 내지 못해요."

나는 할머니로부터 칙사 대접을 받았다. 할머니는 쇠고기 요리를 비롯한 성찬을 차려주셨다. 나는 극진한 대접을 받고서도 답례로 맥주 한 병밖에 드리지 못하였다. 나는 화요일까지 할머니 집에 머물 작정이었다.

그러나 저녁에 강변을 걷다가 승객 몇몇이 탄 배를 발견하였다. 필라델피아로 간단다. 태워달라고 하니 순순히 허락하였다. 바람이 불지 않아 돛은 소용없고 선원과 승객이 노를 저어야 하였다. 자정이 되어서도 필라델피아 도시가 보이지 않자 어느 승객이 외쳤다.

"벌써 목적지를 지나친 것 아니오? 노를 그만 저어야 하오!"

아무도 그곳이 어디인지 모르기에 우왕좌왕하다 해안 쪽으로 뱃머리를 돌려 수로(水路)를 따라 들어갔다. 낡은 울타리 부근에 배를 댔다. 10월이어서 밤이 되면 추위가 닥친다. 울타리 나무 빗장을 뜯어 불을 피우고 동이 틀 때까지 기다렸다. 날이 밝자 일행 가운데 한 사람이 말하였다.

"이곳은 필라델피아 바로 위쪽인 쿠퍼(Cooper) 강 지류요!"

이 지류를 벗어나자 필라델피아 도시가 보였다. 우리는 일요일 오전 8~9시 무렵에 마침내 필라델피아에 도착해 마켓 가 부두에 내렸다. 지금까지 필라델피아에 이르는 여정을 자세히 밝혔다. 이제부터는 그곳에 도착한 후 있었던 일들을 역시 자세히 설명하려 한다. 초라한 출발에 비해 내가 얼마나 큰일을 이루었는지 알 수 있으리라.

9.
신천지
필라델피아

좋은 옷은 배편으로 부쳤기에 나는 작업복 차림이었다. 오랜 여행 탓에 행색이 꾀죄죄하였다. 주머니마다 셔츠나 양말을 쑤셔 넣어 불룩 튀어나왔고 아는 사람도, 잘 곳도 없었다. 걷고, 노 젓느라 녹초가 되었기에 쭉 뻗고 누워 쉬고 싶을 따름이었다. 배도 무척 고팠다. 호주머니 속에 든 돈이래야 1달러 정도인 네덜란드 지폐 한 장과 1실링 정도의 동전 한 닢뿐이었다. 그나마 그 동전은 뱃삯으로 주어버렸다. 선원들은 내가 노를 저었으니 뱃삯 몫을 하였다면서 처음엔 받으려 하지 않았다. 나는 기를 쓰고 돈을 주었다. 사람이란 돈 여유가 있을 때보다 궁핍할 때 더 씀씀이가 후한 편이다. 남의 눈에 초라해 보일까봐 그렇다.

나는 길을 따라 걸어갔다. 시장 부근까지 두리번거리며 갔는데 빵을 든 사내아이 하나를 만났다.

"그 빵, 어디서 샀어?"

"2번가에 있는 빵집에서요."

나는 빵집으로 부리나케 달렸다. 우락부락하게 생긴 주인이 나를 맞았다.

"보스턴에서 먹던 비스킷을 찾는데요."

"필라델피아에는 그런 비스킷이 없소."

"그럼… 3페니 짜리 빵을 주세요."

"그런 빵도 없소."

"예? 그럼… 아무 빵이나 3페니어치를 주세요."

나는 필라델피아에서는 화폐 가치가 보스턴과 얼마나 차이 나는지, 빵 값이 얼마나 비싼지, 어떤 빵이 팔리는지도 모른 채 그렇게 주문하였다.

주인은 큼직한 빵 세 덩어리를 주었다. 양이 너무 많아 놀랐지만 그냥 받았다. 주머니에는 자리가 없어 양팔 겨드랑이 사이에 하나씩 끼고 나머지 하나는 먹으면서 걸었다. 그렇게 해서 마켓 가에서 4번가까지 걸어갔고 훗날 내 장인이 될 리드(Read) 씨 집 앞을 지나게 되었다. 그때 마침 미래의 내 아내가 될 데보라 리드(Deborah Read) 양이 문 앞에 서 있다가 내 모습을 보곤 괴상하고 우스꽝스럽다고 생각한 모양이다. 하기는 그럴 만도 하였다.

나는 방향을 돌려 채스넛(Chesnut) 가와 월넛(Walnut) 가로 걸어갔다. 줄기차게 빵을 뜯어먹으며 이리저리 돌아다니다 보니 다시 마켓 가 부두에 와 있었다. 내가 좀 전에 내렸던 배로 가서 강물을 한 모금 마셨다. 빵 하나를 다 먹었기에 배가 불러진 나는 아까 함께 배를 탔던 여성과 그녀의 아이에게 남은 빵 2개를 주었다. 그들은 더

먼 곳으로 가느라 기다리는 중이었다.

이렇게 해서 기운을 차린 나는 또 거리를 거슬러 올라갔다. 이 무렵에 말쑥한 옷차림의 사람들이 무리를 지어 어느 방향으로 몰려갔다. 나도 그들 틈에 끼어 따라갔다. 그들이 도착한 곳은 시장 부근의 퀘이커 교도 예배당이었다. 안으로 들어가니 신도가 가득 차 있었고 그들 틈에 앉아 잠시 주위를 둘러보았다. 아무 소리도 들리지 않았다. 그때 고생하며 돌아다닌 데다 전날 밤에 제대로 쉬지 못한 탓에 졸음이 몰려왔다. 나는 잠에 빠졌고, 예배가 끝난 후 누군가가 친절하게 나를 깨울 때까지 잤다. 그러니까 그 예배당이 내가 필라델피아에서 처음으로 들어간 집, 처음으로 잔 집이 되었다. 강 쪽으로 다시 걸어 내려오면서 행인의 얼굴을 살피다가 퀘이커 신자 청년을 만났다. 인상이 부드러운 그에게 다가갔다.

"여기가 초행이어서 지리를 전혀 모릅니다. 외지인이 머물 만한 곳이 있을까요?"

마침 그 부근에 '선원 셋'(Three Mariners)이라는 간판이 눈에 띄었다.

"저곳도 외지인을 받기는 하는데 평판이 좋지는 않아요. 저를 따라오시면 더 나은 곳을 보여드리지요."

그는 워터(Water) 가에 있는 '찌그러진 숙소'(Crooked Billet)란 자그마한 여인숙으로 안내하였다. 그곳에서 점심을 먹었는데 내가 밥을 먹는 동안 주변 사람들이 나에게 뭘 꼬치꼬치 물어보았다. 어려 보이는 나이에 남루한 행색이니 어디서 도망친 녀석이라 짐작하는 모양이다. 점심을 먹고 나자 다시 졸음귀신이 찾아왔고 나는 침실로 들어가자마자 옷을 입은 채 잠에 빠졌다. 오후 6시에 저녁밥을 먹으라고 나를 깨울 때까지 잤다. 저녁 식후에도 침대에 쓰러졌고 이튿날 아침까지 한 번도 깨지 않았다.

아침에 일어나서는 최대한 단정한 차림새를 하고 앤드류 브래드퍼드(Andrew Bradford)[25] 인쇄소를 찾아갔다. 들어가 보니 뉴욕에서 그곳을 알려주었던 그 브래드퍼드 어르신이 와 있었다. 그분은 말을 타고 이곳에 왔기에 나보다 먼저 도착해 있었다. 어르신은 아들에게 나를 소개하였다. 아들은 나를 정중하게 대하며 아침 식사를 대접하였다.

"많이 드세요. 그런데… 얼마 전에 사람을 구하였기에 이젠 인쇄공이 더 필요하지 않아요."

"아! 그런가요."

"새뮤얼 키머(Samuel Keimer)[26]라는 분이 최근에 인쇄소를 개업했어요. 혹시 거기에 가면 일자리가 있을지 모르겠네요. 만일 거기에서 일자리를 잡지 못하면 저희 집에서 하숙을 하며 기다리는 게 좋겠군요. 인쇄 기술자라 하니 온전한 일자리를 구할 때까지 우리 인쇄소에서 소소한 일감을 줄게요."

뉴욕에서 온 브래드퍼드 어르신은 키머 인쇄소까지 나를 데려다주었다. 어르신은 키머 씨에게 말하였다.

"이웃사촌님! 내가 인쇄 기술을 가진 젊은이를 데려왔소. 필요한

25 필라델피아의 인쇄업자 겸 출판인(1686-1742)으로 주로 영주들의 이익을 대변했다.

26 영국 런던에서 인쇄업을 하다 1722년 필라델피아에 와서 인쇄소를 경영한 업자(1688-1742).

사람일 것이오."

키머는 나에게 몇 가지를 묻더니 식자(植字)용 막대기를 내 손에 쥐어주고 작업 모습을 지켜보았다. 내가 마음에 드는 모양이었다.

"당장은 할 일이 없지만 그래도 채용하겠소."

키머는 브래드퍼드 어르신을 처음 봤기에 그저 마음씨 좋은 동네 할아버지쯤으로 여기고 현재 사업 상황과 장래 전망을 밝혔다. 어르신은 자기 아들이 인쇄업자라는 사실을 밝히지 않고 키머가 곧 인쇄업계를 주름잡을 것이라 말하는 야심을 묵묵히 듣고 있었다. 어르신은 교묘한 질문을 던지기도 하고 맞장구를 쳐가며 키머가 사업 전략을 털어놓게 하였다. 키머는 어르신의 정체를 모르기에 자금을 어떻게 조달할지, 영업 방식은 어떻게 운용할지에 대해 소상하게 말하였다. 나는 옆에서 그들의 대화를 전부 들었다. 어르신은 노회한 술수꾼이고 키머는 물탱이 풋내기라는 사실을 대번에 알 수 있었다. 브래드퍼드 어르신이 인쇄소를 나간 후 나는 키머에게 그의 정체를 밝혔다.

"앤드류 브래드퍼드 인쇄소, 아시지요?"

"물론이오."

"방금 그 영감님은 앤드류 브래드퍼드 씨의 아버님이랍니다."

"그래요? 허허허… 나는 그것도 모르고…."

키머의 인쇄소에는 구닥다리 인쇄기 한 대와 닳아빠진 활자 한 벌밖에 없었다. 키머는 이 설비를 갖고 자신이 아킬라 로즈를 추모하는 애가(哀歌)를 조판하고 있었다. 아킬라 로즈는, 앞에서 이미 언급하였듯이, 인품이 훌륭하고 영특한 청년으로 그 마을에서 평판이 좋았다. 주 의회에서 서기로 일하였으며 출중한 시인이기도 하였다. 키머도 시인이기는 하였으나 변변치 못하였다. 키머는 종이에 시 원고를 쓴 다음 활자를 뽑아 조판하는 방식 대신에 시상(詩想)이 머리에 떠오르는 대로 바로 조판하였다. 그러니 운율도 맞지 않는 엉터리 시가 나왔다. 더욱이 활자가 한 벌밖에 없어 애가를 온전히 조판할 수 없었다. 누가 도우려 해도 도울 수가 없는 셈이다.

나는 키머의 인쇄기가 제대로 작동하도록 손질하였다. 키머는 그때까지 인쇄기를 한 번도 사용한 적이 없었고 인쇄기에 대해 아는 게 아무것도 없었다.

"애가 원고를 완성하시면 제가 다시 와서 인쇄 작업을 해드리겠습니다."

"그렇게 합시다."

나는 브래드퍼드 인쇄소로 돌아왔다. 브래드퍼드 사장은 임시 일거리를 주었고 나는 그 벌이로 그 집에서 숙식을 해결하였다. 며칠 후 키머에게서 애가를 인쇄해 달라는 연락이 왔다. 키머는 그동안 활자를 한 벌 더 구하였고 다시 찍어야 할 소책자도 있어 그 일을 나에게 맡긴 것이다.

내가 보기엔 브래드퍼드, 키머 모두 인쇄업을 영위하기엔 능력이 모자랐다. 브래드퍼드는 인쇄 기술을 배우지 못한데다 무식꾼이었다. 키머는 시인입네 하고 글을 읽고 썼으나 일개 식자공일 뿐 인쇄 공정은 몰랐다. 키머는 과거에 '프랑스 예언자들'(French Prophets)[27]의 신자였고 그 교파에서 행해지는 열렬한 몸동작도 할

27 프랑스에서 영국으로 망명 온 광신적인 신교파.

줄 알았다. 그러나 이제는 어느 특정 종교에 얽매이지 않고 그때그때 상황에 따라 교회를 선택하였다. 키머는 세상일에 무관심하였고, 나중에 알았지만, 성격도 엄청나게 괴팍하였다.

키머는 내가 자기 인쇄소에서 일하면서 브래드퍼드의 집에 하숙하는 것을 못마땅하게 여겼다. 그도 방을 가지긴 하였지만 세간살이가 변변찮아 나를 데리고 살 수는 없었다. 대신에 앞서 말한 리드 씨 집에서 하숙을 하도록 주선해 주었다. 리드 씨는 키머의 집 주인이었다. 그 무렵에 내 짐과 옷가지들이 도착해 나는 리드 양에게 그런대로 남루하지 않은 옷차림을 보여줄 수 있었다. 빵을 뜯어 먹으며 길거리를 걷다가 리드 양을 만났을 때보다는 훨씬 나았다.

얼마 후에 그 동네에서 책 읽기를 좋아하는 청년을 하나 둘 알게 되었다. 저녁이면 그들과 어울리며 즐거운 시간을 보냈다. 부지런히 일하고 알뜰하게 살림을 꾸린 덕분에 돈도 좀 모아 남부럽지 않게 살게 되었다. 보스턴은 잊어버리려 애썼고 내가 사는 곳을 누구에게도 알리고 싶지 않았다. 하지만 내가 몰래 보스턴을 떠나도록 돕고 비밀을 지켜준 친구 콜린스에게만은 편지로 안부를 전하였다.

그런데 뜻밖의 일이 생겨 예상보다 훨씬 일찍 보스턴으로 돌아가게 되었다. 내 누나의 남편인 로버트 홈즈(Robert Holmes) 자형은 보스턴과 델라웨어를 잇는 해상 노선의 무역선 선장이었다. 홈즈 자형이 필라델피아 남쪽 40마일에 있는 뉴캐슬(Newcastle)에 들렀다가 내 소식을 듣고는 편지를 보내왔다.

'보스턴의 처남 친구들이 처남이 갑자기 사라져 크게 놀라 걱정하고 있네. 그들은 모두 처남 편이 되려 하니 처남이 돌아오기만 하

면 만사형통할 것일세.'

나는 자형에게 답장을 보냈다.

'자형의 조언에 감사드립니다. 제가 보스턴을 떠난 이유가 자형이 짐작하듯 무슨 잘못 때문이 아닙니다. 새로운 도전을 위해서이지요.'

홈즈 선장이 내 편지를 받을 때 마침 뉴캐슬을 방문한 윌리엄 키스 주지사가 그 자리에 함께 있었던 모양이었다. 홈즈 자형은 내 편지를 주지사에게 보여주며 나에 대해 이야기하였다. 주지사는 편지를 읽고 내 나이를 듣더니 깜짝 놀랐다고 한다. 그리곤 다음과 같이 말하였단다.

"이 청년은 장래성이 있으니 격려해 주어야겠소. 지금 필라델피아에는 얼치기 인쇄업자밖에 없으니 이 청년이 그곳에서 인쇄소를 차리기만 하면 반드시 성공할 것이오. 그러면 나도 정부 문서와 관련한 일감을 알선해 주겠소. 그리고 뭐든 도와 드리리다."

나는 이런 사연을 전혀 모르다가 훗날 보스턴에서 자형으로부터 들었다.

어느 날 키머 씨와 내가 창가에서 일하다 바깥을 내다보니 멋지게 차려 입은 주지사와 또 다른 신사(뉴캐슬의 프렌치(French) 대령임을 나중에 알았다)가 길을 건너 곧장 우리 인쇄소로 걸어오는 게 아닌가. 문 두드리는 소리가 들렸다.

키머는 자기 손님인 줄 알고 얼른 뛰어 나가 문을 열었다. 그러나 주지사는 나를 찾았다.

"여기 벤저민 프랭클린 씨, 계시지요?"

"예. 아직 나이 어린 소년입니다만…."

"대단한 청년이라고 들었습니다만…."

주지사가 얼마나 정중하게 예의를 갖추는지 그런 대우를 처음 받는 나는 민망함을 느낄 정도였다. 내가 주지사 앞으로 다가가서 인사하자 그는 활짝 웃으며 말하였다.

"프랭클린 씨! 앞으로 귀하와 친교하고 싶네요. 필라델피아에 오시자마자 왜 저에게 오지 않았나요?"

주지사는 나를 점잖게 나무라기도 하였다.

"경황이 없어서…."

"지금 여기 동행한 프렌치 대령과 함께 고급 마데이라(Madeira)[28]를 마시러 술집에 가는 길입니다. 동행하지 않으시겠습니까?"

나도 적잖이 놀랐지만 키머도 '독약을 들이켠 돼지'처럼 눈을 휘둥그레 뜨고 우리를 쳐다보았다. 나는 그 두 사람과 함께 3번가에 있는 술집에 갔다. 마데이라를 마시며 주지사는 나에게 직접 인쇄소를 차리라면서 성공이 분명한 이유를 쭉 열거하였다.

"내가 앞장서고 프렌치 대령도 도와 주정부의 공공문서 인쇄 작업을 프랭클린 씨가 맡도록 힘써주겠어요."

"저희 아버지가 이 사업을 도와주지 않을지도 모릅니다. 저 혼자서는 창업하기가 벅차답니다."

"프랭클린 씨의 춘부장께 아드님 사업을 지원하시라 촉구하는

28 대서양에 위치한 포르투갈 영인 마데이라에서 생산되는 포도주.

편지를 쓰겠습니다. 인쇄소의 예상 수익을 잘 설명 드리면 춘부장께서도 호응할 것입니다. 걱정 마세요."

"감사합니다!"

나로서도 좋은 기회여서 주지사가 아버지에게 보내는 추천사를 갖고 보스턴 행 다음 첫 배편으로 내가 가기로 하였다. 이런 와중에 나는 시치미를 뚝 떼고 평소처럼 키머 인쇄소에서 일하였다. 주지사는 가끔 나를 식사 자리에 초대하였는데 나로서는 더없는 영광이었다. 그는 매우 다정하게, 허물없이 나에게 많은 이야기를 해주었다. 1724년 4월말쯤 보스턴에 가는 배편이 생겼다.

"키머 씨! 보스턴에 있는 친구들을 만나러 가야 하니 휴가를 좀 주세요."

"그래? 고향 잘 다녀오시오."

주지사는 아버지에게 보내는 두툼한 편지를 주었다. 주지사는 그 편지에서 온갖 화려한 말로 나를 칭찬하고는 내가 필라델피아에서 인쇄업을 시작하면 대성할 것이라 장담하였다. 그런데 내가 탄 작은 배가 만(灣)을 타고 내려가다가 모래톱에 부딪치면서 배 밑바닥이 긁혀 물이 새어 들어왔다. 바다로 나가니 물이 콸콸 들어와 선원, 승객 모두가 거의 쉬지 않고 교대로 물을 퍼내느라 난리법석이었다. 고생 끝에 2주일 만에 보스턴에 도착하였다. 가출한 지 7개월만이었다.

친구들은 내 소식을 전혀 듣지 못하고 있었다. 홈즈 자형이 아직 돌아오지 않은 데다 내 근황을 편지로도 알리지 않았기 때문이다. 내가 불쑥 나타나자 가족들은 깜짝 놀랐다. 모두가 기뻐하면서 반갑게 맞아주었다. 단 한 사람, 제임스 형만은 떨떠름한 표정이었다.

나는 형을 만나러 인쇄소에 갔다. 나는 형 아래에서 일할 때에 비해서는 옷차림이 훨씬 근사하게 바뀌었다. 머리끝에서 발끝까지 고급스런 새 양복을 입고, 손목시계도 차고, 주머니에는 은화로 거의 5파운드 가까운 돈이 들어 있었다. 형은 시큰둥하였다. 나를 얼른 아래위로 쭈욱 훑어보고는 별다른 말도 없이 하던 일을 계속하였다. 직공들은 나에게 꼬치꼬치 물었다.

"벤저민! 신수가 훤해졌구만! 어디에 가 있었나?"

"필라델피아!"

"거기는 어때? 살기 좋아?"

"좋다마다요. 거기서 사는 게 행복하답니다."

"그럼 거기로 돌아가겠네?"

"그래야죠."

어느 직공이 필라델피아에서는 어떤 돈을 쓰느냐고 묻기에 나는 은화 한 움큼을 꺼내 그들 앞에 펼쳐 보였다. 보스턴에서는 지폐만 사용되었기에 은화는 그들에게 좋은 구경거리가 되었다. 나는 내 친김에 회중시계도 꺼내 보여주었다. 형은 내내 떫은 표정으로 눈을 부라렸다.

"술이나 사 마셔요."

나는 직공들에게 8달러짜리 지폐를 주고는 인쇄소를 나왔다. 이 일 때문에 형은 두고두고 부아가 난 모양이었다. 얼마 후에 어머니는 우리 형제를 불러 화해하라고 종용하였다.

"형제끼리 의좋게 지내는 모습을 보는 것이 내 소원이야!"

"어머니! 무슨 말씀을 그렇게 하세요? 벤저민, 이 녀석이 제 직공

앞에서 저를 모욕하였습니다. 저는 결코 잊을 수 없고 저 녀석을 평생 용서하지도 않을 겁니다!"

"형! 모욕이라니? 그건 오해야!"

아버지는 주지사의 친필 편지를 읽고는 놀라는 기색이었다. 그러나 며칠 동안 묵묵부답이셨다. 홈즈 자형이 돌아오자 아버지는 편지를 보여주며 질문하셨다.

"자네, 키스 주지사를 잘 아는가?"

"가끔 만나는 사이이지요."

"어떤 인물인가?"

"자상한 분이지요."

"아무리 그래도 그렇지 주지사라는 고위층이 벤저민에게 이렇게 자상하니 이상하지 않은가? 성년이 되려면 아직 3년이나 더 있어야 하는 소년에게 사업을 권장하는 것을 보니 주지사가 신중하지 못한 인물이 아닌가?"

"벤저민 처남이 워낙 총명하고 성실하니 성공 가능성을 예상하셔서 그렇겠지요."

"아무리 주지사 부탁이라지만 안 되겠네."

"장인 어르신! 벤저민을 믿고 투자하시면 좋겠습니다. 주지사도 발 벗고 나서서 돕는다고 하지 않습니까?"

"아니야. 정치인의 사탕발림 약속을 믿을 수 있어야지…."

아버지는 윌리엄 주지사에게 정중한 필치로 거절하는 편지를 쓰셨다.

'제 아들에게 과분한 호의를 베풀어 주셔서 감사합니다만 그렇게

중요하고 자본도 많이 드는 사업을 영위하기에는 아들이 너무 어려 저로서는 허락할 수 없습니다.'

우체국 직원인 내 친구 콜린스는 미지의 세계에 대한 이야기를 듣고 귀가 솔깃하였다.

"벤저민! 나도 자네를 따라 필라델피아로 가겠네!"

내가 아버지의 결심을 기다리는 동안 콜린스는 육로로 나보다 먼저 로드아일랜드로 출발하였다. 그는 떠나기 직전에 적잖은 수학 및 자연과학 분야의 책을 나에게 맡겼다. 나는 그의 책과 내 책을 갖고 뉴욕으로 가서 그와 만나기로 하였다.

아버지는 주지사의 제안을 거절하였지만 자기 아들이 타향에 가서 유명인사에게서 인정을 받았다는 사실에 무척 흡족해 하셨다. 내가 부지런하고 신중하게 처신하였기에 단기간에 자립하였다고 판단하셨다. 형과 내가 화해할 기미가 보이지 않자 아버지는 내가 필라델피아로 돌아가도록 허락하셨다.

"사람들에게 정중하게 행동하고 모든 분에게서 존중받도록 노력하라. 타인을 헐뜯거나 비꼬지 말라."

아버지의 조언이었다. 아버지는 내가 툭하면 남을 비방하는 성벽이 있다고 여기는 듯하였다.

"언제나 부지런히 일하고 알뜰하게 살면 스물 한 살쯤이면 사업자금을 마련할 수 있을 것이야! 그때가 되어 혹 자금이 조금 모자라면 그 정도는 도와주겠다."

10.
뉴욕 행 배에서 만난 여인들

부모님이 사랑의 징표로 주신 조그만 선물을 제외하고, 내가 받은 것은 그것이 전부였다. 나는 뉴욕 행 배를 탔는데 이번이 두 번째인 셈이다. 이번에는 부모님의 허락과 축복을 받으며 떠났다. 배가 로드아일랜드의 뉴포트에 도착하자 나는 몇 년 전 결혼해서 그곳에 살고 있는 존(John) 형을 찾아갔다. 형은 원래 나를 사랑하였기에 아주 반갑게 맞아주었다. 형의 친구 가운데 버논(Vernon)이라는 분이 나에게 부탁하였다.

"내가 펜실베이니아 주의 어떤 사람에게서 35파운드를 받을 게 있는데 그 돈을 벤저민 자네가 대신 받아 갖고 있다가 나중에 내가 연락하면 보내 주게."

버논 씨는 그러면서 채무자에게 보여줄 지급 명령서를 써주었다. 훗날 나는 이 일 때문에 꽤 곤욕을 치렀다.

뉴포트에서 뉴욕으로 가는 배엔 승객 여럿이 더 탔다. 친구 사이로 보이는 젊은 여성 둘과 몸종까지 거느린 우아하고 기품 있어 보이는 퀘이커 신자 부인이 있었다. 나는 그 부인의 잔심부름 몇 가지를 흔쾌히 해주었다. 부인은 이것 때문에 나를 좋게 보았는지 살갑게 대해 주었다. 젊은 여성 둘도 나에게 친근하게 다가왔다. 우리 셋은 점점 친해졌다. 이런 모습을 본 부인이 어느 날 나를 불러 조용히 충고하였다.

"젊은 양반! 내가 걱정이 되어서 하는 말인데 젊은이가 옆에 친구도 없고, 보아하니 세상 물정을 잘 모르는 것 같아요. 유혹에 빠지기 쉬운 때이기도 하고요. 내가 보기엔 저 여자들은 질이 나쁜 사람이에요. 행동거지만 봐도 알 수 있어요. 정신을 바짝 차리지 않으면 위험해질 수 있어요. 젊은이는 저 여자들을 잘 모르잖아요. 당신의 행복을 위해 진심으로 충고하는데 저 여자들과 가까이 지내지 말아요."

나는 그 여성들이 부인의 걱정만큼 그리 나쁜 사람이라고 느끼지 못하였다. 부인은 자신이 직접 목격한 일과 다른 승객에게서 들은 이야기를 전해 주었다. 듣고 보니 내가 미처 알지 못하는 일이 있었고 부인의 말이 맞는 것 같았다.

"부인! 친절한 충고에 감사드립니다. 저 여자들을 가까이 하지 않겠습니다."

뉴욕에 도착하자 그 젊은 여성들은 주소를 알려주며 한번 놀러 오라고 말하였다. 그러나 나는 가지 않았다. 훗날 알고 보니 가지 않기를 잘하였다. 뉴욕 도착 다음날 선장은 선실에 둔 은수저와 다른 물건 몇 개가 사라졌음을 알았다. 선장은 그 여성들이 매춘부라는 사실을 알고는 수색 영장을 발부받아 그녀들의 짐을 뒤져 도난당한 물건을 찾았다. 그 도둑들은 처벌을 받았다. 항해 도중에 배가 아슬아슬하게 암초를 피하기도 하였지만 이보다는 그 매춘부를 피한 게 나에게는 더 다행이었다.

뉴욕에서 나보다 먼저 도착한 친구 콜린스를 만났다. 우리는 어릴 때부터 절친하였고 책도 돌려가며 함께 읽었다. 콜린스는 독서 시간이 나보다 많았고 수학에 천재성을 가져 나는 수학 분야에서는 도저히 그를 따라가지 못하였다. 보스턴에 살 때는 짬이 나면 주로 콜린스와 이야기하며 지냈다. 당시만 해도 콜린스는 진지하고 부지런한 녀석이었다. 여러 목사와 어른들이 콜린스의 학식에 감탄하였다.

"콜린스는 장래에 큰 인물이 될 거야!"

그런데 내가 보스턴을 떠난 동안 콜린스는 술독에 빠져 살았다. 콜린스가 나에게 고백하기도 하고, 다른 사람들이 말하기도 해서 알았는데 콜린스는 여기 뉴욕에 온 후에도 매일 술을 퍼마셨고 때때로 괴이한 행동을 하였다. 또 노름에 손을 대 돈을 몽땅 잃는 바람에 숙박비는 물론 필라델피아 행 여비와 필라델피아에서의 생활비까지 내가 다 물어야 하였다. 그 친구는 나에게 큰 골칫거리가 돼버렸다.

당시 뉴욕 주지사이던 버넷(William Burnet, 버넷 주교의 아들)도 내가 탄 배에 함께 승선하였다. 선장이 버넷 주지사에게 어느 젊은 승객이 책을 아주 많이 가지고 있다고 말한 모양이었다. 그러자 주지사는 그 젊은이를 만나고 싶다면서 자기 객실로 초대하였다. 나는 어리둥절해 하며 주지사 객실로 갔다. 콜린스도 함께 가야 하였으나 그때 고주망태 상태여서 그러지 못하였다.

"어서 오시오. 책 애호가라면서요? 제가 가진 책들도 구경하시오.”

그의 방에는 엄청난 분량의 책들이 쌓여 있었다. 주지사와 나는 책과 저자에 대해 한참 신나게 얘기하였다. 버넷은 영광스럽게도 나를 알아봐준 두 번째 주지사였다. 나처럼 개천에서 가재나 붕어처럼 놀던 소년에게는 ‘용’(龍)같은 명사를 뵙는 게 감지덕지한 기회였다.

2장

주경야독(晝耕夜讀) 청년 시절

1.
주정뱅이 친구 콜린스

콜린스와 나는 필라델피아로 갔다. 가는 길에 버논 씨가 받아달라는 돈을 찾았는데 그 돈이 없었더라면 필라델피아까지 못 갈 뻔하였다. 콜린스는 회계사무소에 취업하고 싶어 하였는데 그의 날숨에서 풍겨 나오는 술 냄새 때문인지 좀 특이한 행동 때문인지 회계사무소 관계자들은 꺼려하였다. 콜린스는 추천서를 갖고 갔는데도 지원하는 족족 떨어졌다. 그러다 보니 내 하숙방에서 함께 지낼 수밖에 없었고, 그 비용도 내가 모두 부담해야 하였다. 내가 버논 씨의 돈을 갖고 있음을 알기에 콜린스는 툭하면 돈을 빌려 달라 하였다.

"취직하면 곧바로 갚을 테니 걱정 마!"

이렇게 빌린 돈이 점점 불어나자 나는 버논 씨가 돈을 부치라고 할까 봐 바늘방석에 앉은 기분이었다. 콜린스는 술버릇을 고치지 못하였고 이 때문에 우리는 자주 다투었다. 콜린스는 조금만 취해도 매우 난폭해졌다. 언젠가 여러 친구들과 함께 노 젓는 보트를 타고 델

라웨어에 간 적이 있었다. 콜린스는 자기 차례가 되어도 노를 저으려 하지 않았다.

"노를 저어서 나를 집까지 모셔라!"

그는 이렇게 고함치며 주사(酒邪)를 부렸다.

"콜린스! 자네 왜 이래? 자네를 위해 노를 저을 수는 없어."

"노를 젓든지, 밤새도록 물 위에 있든지 맘대로 하라구!"

다른 친구들이 나를 옹호하였다.

"우리가 저으면 돼. 그게 뭐 대단한 일이야?"

그러나 나는 콜린스의 평소 행동거지가 못마땅하였기에 끝까지 고집을 부렸다. 그러자 콜린스는 고함치며 배를 가로질러 내 쪽으로 다가왔다.

"벤저민! 네 놈이 노를 젓지 않으면 바다에 던져버릴 거야!"

그가 나를 때리려 하는 순간 나는 그의 사타구니 안으로 손을 넣어 그를 번쩍 들어 거꾸로 물속에 처넣었다. 콜린스가 수영을 잘 한다는 사실을 알기에 별로 걱정하지 않았다. 콜린스가 배를 잡으려 손을 뻗으면 노를 얼른 저어 그를 따돌렸다.

"콜린스, 이제 노를 저을 거냐?"

내가 이렇게 물었더니 화가 난 콜린스는 발악하였다.

"절대 젓지 않을 테다!"

하지만 그가 점차 지쳐가자 우리는 그를 배 위로 끌어올렸다. 몸에서 물이 뚝뚝 떨어지는 그를 저녁이 되어서야 집으로 데려왔다. 그 후 콜린스와 나는 입만 열면 험악한 말을 주고받았다.

이러구러 몇 날이 지난 어느 날 서인도 제도에서 온 선장이 바베이도스(Barbadoes)에 사는 어느 신사에게서 아들의 가정교사를 구해달라는 부탁을 받고 사람을 물색하다 콜린스를 만났다. 선장은 콜린스를 그 신사에게로 데려가기로 하였다. 콜린스는 떠나면서 나에게 우물거리며 약속하였다.

"첫 월급을 받으면 자네에게 빌린 돈을 갚겠네."

그러나 그 후 감감 무소식이었다. 버논 씨의 돈을 유용한 것은 내 인생에서 큰 과오였다. 이는 내가 중요한 사업을 벌이기에는 너무 어리다고 한 아버지의 판단이 틀리지 않음을 보여주었다. 윌리엄 주지사는 아버지 편지를 읽고는 아버지가 지나치게 소심하다고 말하였다. 사람마다 개성이 있게 마련이며 나이가 많다고 꼭 신중한 것도 아니고 젊다 해서 분별력이 없는 것은 아니라 지적하였다. 그러면서 주지사는 덧붙였다.

"귀하의 부친이 인쇄소를 차려 주지 않겠다면 내가 해주겠소. 필요한 물품 목록을 나에게 주면 영국에 주문해 주겠소. 나중에 형편이 될 때 갚으면 되오. 나는 이곳에 훌륭한 인쇄업자를 양성하겠다고 결심하였으니 귀하가 내 꿈을 이룰 것이라 확신하오."

주지사는 매우 진지한 표정으로 말하였다. 나는 그의 진정성을 조금도 의심치 않았다. 그때까지 나는 필라델피아에서 인쇄소를 개업할 계획을 아무에게도 발설하지 않았다. 내가 주지사의 후원을 받는다는 사실을 주지사 지인이 알았다면 그 지인은 나에게 "주지사의 말을 믿지 말라"고 조언하였으리라. 왜냐하면 훗날 알고 보니 주지사는 지킬 수 없거나 지킬 의지도 없는 약속을 마구 떠벌리는 것으로 유명한 인물이었다. 하지만 당시로서는 내가 부탁도 하지 않았는데 호의를 베풀었으니 나로서는 그렇게 믿을 수밖에 없었다. 나는 그가 이 세상에서 가장 자상한 인물이라고 믿었다.

나는 소규모 인쇄소를 차리는 데 필요한 물품 목록을 정리해 주지사에게 건넸다. 내 어림짐작으로는 은화 100파운드쯤이 들 것 같았다. 주지사는 목록을 살펴보곤 흡족해 하면서 말문을 열었다.

"귀하가 영국에 가서 활자도 고르고 다른 물품들도 좋은 걸로 사면 어떻겠소? 거기서 사람들도 사귀고 서적, 문구류 거래처도 개척하면 좋겠소."

"좋은 제안입니다. 저도 영국에 가고 싶습니다."

"그러면 애니스(Annis) 호를 타고 떠날 준비를 하시오."

애니스 호는 런던과 필라델피아 노선을 1년에 한 번씩 오가는 유일한 정기선이었다. 애니스 호가 출발할 때까지는 몇 달의 여유가 있기에 나는 키머 인쇄소에 계속 출근하였다. 그러는 동안 콜린스가 빌려간 돈을 받을 수 있을까 안달하였고 버논 씨가 연락을 할까 봐 매일 불안해하였다. 그러나 그 후 몇 년이 흘러도 버논 씨에게서는 아무런 연락이 없었다.

깜박 잊고 앞에서 빠뜨린 얘기가 있다. 보스턴을 처음 떠나올 때였다. 바람이 불지 않아 돛을 펼칠 수 없어 내가 탄 배는 블록(Block) 섬 부근에 정박하였다. 승객이나 선원들이 대구를 낚았는데 엄청나게 많이 잡혔다. 그때까지 나는 생선을 먹지 않는다는 소신을 지켜왔다. 채식주의 스승 트라이언처럼 나도 물고기를 잡는 것은 명분 없는 살상이라 여겼다. 물고기는 우리 인간에게 아무런 악행을 하지 않고 할 수도 없기에 살상은 정당화될 수 없었다. 이는 지당한 말씀이었다. 나는 원래 물고기를 매우 좋아하였기에 그날따라 프라이팬에서 요리되는 대구가 지글거리는 소리를 내며 맛있는 냄새를 풍기기에 식욕을 참기 어려웠다. 소신과 식욕 사이에서 한참 갈등하다가 얼마 전에 대구 배를 갈랐을 때 뱃속에서 작은 생선들이 나왔던 광경이 얼핏 떠올랐다. 그때 이런 생각이 들었다.

"생선끼리도 서로 잡아먹는데 나라고 너를 먹지 못할 이유가 없지?"

그래서 나는 대구를 실컷 맛있게 먹었다. 그 후로도 나는 다른 사람들과 있을 때는 생선을 먹었고 나 혼자서는 주로 채식을 하였다. '합리적인 인간'이 되는 것은 아주 편리한 일이어서 하고 싶은 일이 있으면 이를 정당화하는 그럴듯한 명분을 찾아내거나 만들 수 있다.

인쇄소 주인 키머와 나는 사이가 좋았고 배짱도 잘 맞았다. 그도 그럴 것이 그는 내가 인쇄소를 따로 차리려는 계획을 전혀 모르기 때문이었다. 키머는 청년 시절의 열정을 여전히 지니고 있어 토론을 즐겼다. 그래서 우리는 자주 토론을 벌였다. 나는 소크라테스 방식의 논법으로 그를 갖고 놀았다. 처음엔 토론 주제와 별 상관없는 질문으로 변죽을 울리다 점차 핵심으로 접어들면서 그를 궁지에 몰아넣었다. 그러면 그는 자기모순에 빠져 쩔쩔맸다. 그는 계속 그렇게 당하다 보니 나중엔 지나칠 만큼 소심해져서 아주 평범한 질문을 던져도 이렇게 묻곤 하였다.

"그 질문 의도가 뭐요?"

키머는 나의 토론 능력을 높이 평가하면서 엉뚱한 제안을 하기도 하였다.

“내가 새로운 종파를 창시할 참인데 동참하지 않겠소?”

“뭐라고요?”

“내가 설교를 맡을 테니 당신은 반대자를 물리쳐 주시오.”

키머의 교리를 들어보니 내가 받아들이기 곤란한 내용이 있었다.

“그런 교리에 동조할 수 없네요. 제 의견을 반영하지 않으면 동참하지 않겠습니다.”

키머는 턱수염을 길게 기르고 있었다. 모세의 율법 어딘가에 ‘수염 끝을 자르지 말지어다’라는 구절이 있기 때문이란다. 키머는 제7일(토요일)을 안식일로 지켰다. 수염 기르기, 토요일 안식, 이 두 가지를 그는 철칙으로 내세웠다. 나는 이 두 가지가 내키지 않았다.

“교리 중에 육식을 금하는 조항을 넣는다면 나도 이 두 가지를 받아들이겠습니다.”

“글쎄, 내 체격에 고기를 먹지 않고 배겨낼 수 있겠소?”

“충분히 견딜 수 있어요. 그러면 오히려 더 건강해져요.”

키머는 평소에 엄청난 대식가였다. 그가 고기를 먹지 않고 허기져 쩔쩔매는 꼴을 상상하니 웃음이 나왔다.

“좋소! 당신도 나와 함께 채식을 한다면 나도 해보겠소.”

“좋습니다.”

이렇게 하여 우리는 석 달 동안 함께 채식을 하였다. 우리의 끼니는 이웃집 부인이 요리를 해서 시간에 맞추어 갖다 주기로 하였다. 나는 40여 종류의 음식 리스트를 그녀에게 건네주며 매번 다른 메뉴를 마련해 달라고 부탁하였다.

"생선, 쇠고기, 닭고기 등은 전혀 넣지 마세요."

이런 일시적인 채식 덕분에 식비가 1주일에 18펜스밖에 들지 않았다. 나는 그 후로도 몇 년 동안 사순절 기간이면 수칙을 엄격히 지켜 고기를 끊고 채식만 하였다. 그러다 어느 날부터 고기를 먹기도 하였다. 이런 사례를 보면 '변화는 서서히 이루어가야 한다'는 말은 별로 타당하지 않는 듯하다. 나는 즐거운 마음으로 채식을 지속하였는데 키머는 보기에 안쓰러울 만큼 허덕거렸다. 마침내 그는 두 손을 들었다.

"채식에 진절머리가 나네요. 고기를 배부르게 먹고 싶으니 이집트 식 미식(美食)과 돼지고기 구이를 주문하겠소."

키머는 나와 여자 친구 둘을 초대하였다. 구운 돼지고기가 나오자 키머는 우리가 도착하기도 전에 혼자서 고기 요리를 몽땅 먹어치우고 말았다.

이 무렵에 나는 리드 양을 자주 만나 구애하였다. 나는 그녀를 매우 존중하고 사랑하였다. 그녀도 나에게 같은 감정을 느꼈을 것이다. 하지만 나는 곧 먼 곳(영국)을 다녀와야 하는 데다 우리 둘 다 18세를 갓 넘긴 젊은이라 리드 양의 어머니는 우리 사이가 더 가까워지기를 바라지 않았다. 그리고 혹시 결혼하려 한다면 내가 돌아와서 확실히 자리를 잡은 후에야 가능하다는 입장이었다. 내 의지와는 달리 리드 양의 어머니가 보기엔 내가 미덥지 않은 모양이었다.

당시에 내가 주로 만난 친구들은 찰스 오스본(Charles Osborne), 조지프 왓슨(Joseph Watson), 제임스 랠프(James Ralph)였다. 그들은 모두 책벌레들이었다. 찰스와 조지프는 찰스 브로그덴(Charles

Brogden)이라는 유명한 공증인 사무실에서 서기로 일하였다. 랠프는 어느 상점의 점원이었다. 조지프 왓슨은 신앙심이 깊고 총명하고 성실한 젊은이였다. 찰스 오스본과 제임스 랠프는 종교 교리에 그리 얽매이지 않았다. 특히 제임스 랠프는 과거에 콜린스가 그랬던 대로 나 때문에 동요되었고 나도 혼란스러웠다. 찰스 오스본은 재치가 있고 하고 싶은 말을 직설적으로 내뱉었다. 그는 친구들에겐 진실하고 다정하게 대하였지만 문학을 논할 때면 남의 작품을 가차 없이 비판하였다.

제임스 랠프는 재능이 풍부하고 의젓하였으며 달변가였다. 나는 랠프만큼 청산유수로 말하는 사람을 본 적이 없다. 오스본과 랠프는 모두 시를 좋아해 낭송뿐 아니라 시작(詩作)에 나서기도 하였다. 우리 '4총사'는 일요일이면 슈일킬(Schuylkill) 부근의 숲속을 걸으며 서로 책을 읽어주거나 감상평을 나누며 휴일을 즐겼다. 랠프는 시를 배우고 싶어 하였다.

"훗날 유명한 시인이 되어 돈도 많이 벌 것이야! 정상급 시인들도 처음엔 나처럼 실수를 많이 저질렀을 거야."

오스본은 랠프에게 직언하였다.

"자네는 시인 자질이 없으니 다른 데 눈 돌리지 말고 지금 하는 일이나 성실하게 하시게. 점원 일을 하다 보면 밑천이 없다 해도 성실하고 철저하니 월급쟁이 사장이라도 할 수 있고 그러다 보면 자기 점포를 개점하는 날도 오겠지."

나도 맞장구를 쳤다.

"랠프 자네가 가끔 취미로 시를 지으며 표현력을 늘리는 것은 좋지만 그 이상은 안 하는 게 좋겠네."

이런 대화를 나누다 우리는 다음에 만날 때는 각자 시 한 편을 지어오기로 하였다. 함께 감상하고 비평하며 교정(校訂) 능력을 키우자는 취지였다. 우리가 지향하는 목적은 어휘력 향상, 표현력 증진이었기에 새로운 창작은 배제하였다. 그래서 하나님의 강림을 묘사한 '시편' 18장을 개작하기로 하였다. 회합일이 가까운 어느 날 랠프가 나를 찾아왔다.

"시를 다 지었어!"

"와! 대단한데! 나는 요즘 바쁘고 마음이 내키지 않아 한 줄도 못 썼다네."

"읽어보고 감상을 이야기해 주게나"

찬찬히 살펴보니 꽤 잘 쓴 시였다.

"훌륭해!"

"그래? 그렇다면 내 부탁을 좀 들어 주게. 오스본은 내 작품이라면 무작정 헐뜯을 것 아냐? 질투심 때문에 흠을 천 가지나 들추어낼 거야. 오스본은 벤저민 자네에게는 별로 질투심을 느끼지 않는 것 같으니 이 시를 자네가 쓴 작품이라며 보여 주게나. 나는 시간이 없어서 못 쓴 체할 테니까. 그 녀석이 뭐라고 하는지 보자고!"

나는 고개를 끄덕이곤 내 작품처럼 보이도록 당장 다른 종이에 내 글씨로 옮겨 적었다. 드디어 만나는 날이 왔다. 1번 타자로 왓슨이 나서서 자작시를 낭송하였다. 잘 짓기는 하였지만 엉성한 곳도 많았다. 다음은 오스본이 낭송하였다. 왓슨보다 훨씬 나았다. 랠프는 공정하게 평가하였다. 몇 가지 결점을 지적하긴 하였지만 잘 쓴 부분은 칭찬하였다. 랠프 자신은 쓰지 못하였다고 말하였다.

내 차례가 되자 나는 일부러 우물쭈물하였다.

"시간이 없어 제대로 퇴고하지 못하였는데…."

이렇게 너스레를 떨고 나서 마지못해 낭송하는 체하였다.

"잘 썼는데! 다시 한 번 읽어보시게!"

왓슨과 오스본은 내가 경쟁자라는 사실을 잊고 이구동성으로 칭찬하였다. 랠프만이 이것저것 결점을 지적하며 고칠 부분을 들먹였다. 나는 랠프에게 반박하였다.

"자네 지적보다는 원문이 낫지 않나?"

그러자 오스본이 랠프를 나무랐다.

"자네는 시도 제대로 못 쓰더니 평론도 별 볼 일 없이 하는군."

랠프는 입을 다물었다. 훗날 랠프에게서 들은 얘기인데 그날 집으로 돌아가는 길에 랠프는 오스본과 동행하였는데 오스본이 내 작품(사실은 랠프의 글)을 극찬하였다고 한다.

"벤저민 앞에서 너무 칭찬하면 아첨으로 들릴까 봐 자제할 정도였다니까! 벤저민이 그런 명시를 쓸 줄이야 누가 짐작이라도 하였겠어? 그 묘사, 그 역동성, 그 열정을 봐! 원작보다 훨씬 낫잖아? 그 친구, 평소 말할 때는 어휘 선택을 제대로 못해 우물쭈물하더니 원 세상에! 그런 멋진 글을 쓰다니!"

다음에 만났을 때 랠프는 우리가 장난삼아 그렇게 하였다고 털어놓았다. 이 일 때문에 오스본은 놀림을 적잖이 받았다.

아무튼 이를 계기로 랠프는 시인이 되겠다는 결심을 더욱 굳게 다졌다. 나는 어떻게 해서든지 그를 말리려 하였으나 그는 아랑곳 않고 계속 시를 끼적거렸다. 시인 알렉산더 포프가 따끔하게 지적하고 나서야 랠프는 시에 대한 미련을 접었다. 대신에 랠프는 훌륭한 산문 작가가 되었다. 랠프에 관해서는 앞으로도 더 언급할 기회가 있을 것이다. 하지만 나머지 두 친구에 관해서는 이야기할 기회가 없을지 모르니 여기서 짧게나마 언급하겠다. 왓슨은 몇 년 후에 내 품에 안겨 숨을 거두었다. 우리 가운데 가장 멋진 친구의 죽음이어서 비통하였다.

오스본은 서인도제도(諸島)로 가서 변호사로 이름을 떨쳐 돈도 많이 벌었지만 그 친구도 젊은 나이에 숨졌다. 오스본과 나는 굳게 약속한 게 하나 있었다. 둘 가운데 먼저 죽는 사람이 살아남은 친구를 다정하게 찾아와 저승에서 본 것들을 얘기해 주기로 하였다. 그러나 그 친구는 약속을 지키지 않았다.

2.
영국 런던에 처음 가다

주지사는 나와 함께 있기를 좋아해 자기 집으로 나를 자주 초대하였다. 그럴 때면 으레 자기가 나에게 인쇄소를 차려줄 것처럼 말하였다. 나는 영국에 가서 주지사의 지인들에게 제시할 주지사 추천장이 필요하기에 이를 얻으려 하였다. 또 인쇄기, 활자, 종이 등을 구입할 자금을 빌리는 데 필요한 신용장도 주지사에게서 얻기로 하였다. 나는 주지사가 추천장이나 신용장을 작성하는 대로 하나씩 받기로 하였다.

하지만 내가 찾아갈 때마다 주지사는 바쁘다는 이유로 미루기만 하였다. 배도 출항 일정을 몇 번이나 미루다가 겨우 출발하게 되었다. 주지사는 그때까지도 서류를 주지 않았다. 출발 직전에 인사도 하고 서류를 받을 겸하여 주지사 사무실에 들렀더니 비서실장인 바드(Bard) 박사가 얼굴을 내밀며 말하였다.

"지사님은 지금 여러 문서를 작성하시느라 매우 바쁘신데 며칠 후 뉴캐슬에 가실 것이오. 당신이 탄 배보다 먼저 가 계실 터이니 뉴캐슬에서 서류를 받으시오."

랠프는 결혼해서 아이도 하나 있었지만 나와 동행하기로 하였다. 나는 랠프가 영국 사람들과 안면을 넓혀 위탁 판매할 물품을 받으러 가는 줄 알았다. 그러나 나중에 알고 보니 아내와 관계가 나빠져 그녀의 손아귀에서 벗어나 도망치는 길이었고 결코 돌아오지 않을 작정이었다. 나는 친구들과 작별 인사를 나누고 리드 양에게 몇 가지 약속의 말을 하곤 배에 올라탔다. 필라델피아를 떠나 뉴캐슬에 도착해 보니 주지사는 그곳에 와 있었다. 그의 숙소를 찾아가니 이번에도 비서가 나를 맞았다. 비서는 주지사의 정중한 답변을 대신 전해 주었다.

"지금 너무나 중요한 업무를 처리하느라 만나지 못하지만 약속한 추천장과 신용장은 배로 보내주겠소. 편히 여행하시고 이른 시일 안에 다시 만나기를 진심으로 바라오."

나는 좀 당황스러웠지만 여전히 아무런 의심도 하지 않고 배로 돌아왔다. 내가 탄 배에는 필라델피아의 저명한 변호사인 앤드류 해밀턴(Andrew Hamilton: 1676-1741) 씨가 아들과 함께 타고 있었다. 퀘이커 신자인 상인 데넘(Denham) 씨, 메릴랜드의 철강업자 어니언(Onion) 씨와 러셀(Russel) 씨가 널찍한 1등 선실에 있었다. 나와 랠프는 3등 선실에 자리 잡았다. 3등 선실에는 우리가 아는 사람이 아무도 없었다.

그런데 해밀턴 변호사는 압류당한 선박을 되찾겠다는 소송을 의뢰받는 바람에 뉴캐슬에서 내려 필라델피아로 돌아가게 되었다. 거액의 수임료가 기대되었기에 그는 아들 제임스(James, 훗날 주지사가 됨)와 함께 하선하였다. 출항 직전에 프렌치 대령이 배에 올라 나를 찾았다. 그가 나를 아주 정중하게 대하자 다른 승객들이 나를 눈여겨보기 시작하였다. 1등 선실의 신사들이 거기에 빈 자리가 있다며 나와 랠프를 초청한 덕분에 1등 선실로 옮겼다.

나는 프렌치 대령이 윌리엄 키스 주지사의 서류를 전해주려 잠시 승선한 거라고 짐작하였다. 나는 선장에게 가서 직접 말하였다.

"주지사가 나에게 편지를 보냈을 것이니 찾아봐 주십시오."

"문서들이 모두 화물 속에 있어서 당장은 찾기가 어렵소. 영국에 도착하면 하선하기 직전에 꺼내 주겠소."

그 말에 나는 아무 걱정 없이 선실로 돌아왔다. 1등 선실 승객들은 모두 우리를 환대하였다. 더욱이 해밀턴 변호사가 음식을 모두 두고 갔기에 먹을 게 풍족하였다. 나는 특히 데넘 씨와 친근하게 지냈는데, 이때 맺은 우정은 그가 별세할 때까지 지속되었다. 배를 타고 가는 동안 일기가 내내 고약해서 항해 자체는 안락하지 않았다. 배가 영국 해협에 들어서자 선장은 약속대로 화물을 뒤져 주지사가 나에게 보낸 서류를 찾아보게 하였다. 그런데 내가 수신인인 편지는 한 통도 없었다. 그래서 필체로 보아 나에게 보낸 것으로 추정되는 편지 예닐곱 통을 골랐다. 그 중 하나는 왕실 인쇄업자 배스킷(Basket)이 수신인이고, 또 다른 하나는 어떤 서적상이 수신인이었다.

우리는 1724년 12월 24일 런던에 도착하였다. 나는 먼저 서적상을 찾아가 키스 주지사가 보낸 거라며 편지를 건네주었다. 서적상은 처음에 키스라는 사람을 모른다고 말하였다. 그는 편지를 뜯어보고는 뜻밖의 말을 하였다.

"리들스덴(Riddlesden)이란 작자가 보낸 편지네요. 나도 최근에 안 사실인데 이 사람은 아주 치사한 인간이라 합니다. 이런 인간하고는 엮이기가 싫으니 편지도 안 받겠소."

서적상은 편지를 내 손에 돌려주고는 등을 휙 돌려 다른 손님들을 응대하였다. 나는 그 편지가 주지사의 친필 서한이 아님을 알고 깜짝 놀랐다. 그때서야 앞뒤 상황을 곰곰이 따져보곤 주지사의 진실성이 의심스러웠다. 나는 배에서 사귄 데넘 씨를 찾아가 모든 사정을 털어놓았다. 데넘 씨는 주지사에 대해 얘기해 주었다.

"주지사가 프랭클린 씨를 위해 편지를 써주었을 가능성이 거의 없겠는데요. 주지사 주변 인물들은 아무도 그를 믿지 않아요. 신용이라곤 전혀 없는 사람이 무슨 신용장을 써주겠어요. 허허허…."

"그럼, 앞으로 저는 어떡해야 하지요?"

"인쇄업체에 일자리를 알아봐요. 이곳 인쇄소에서 일하다 보면 기술이 늘 것이고 나중에 미국으로 돌아가면 개업할 때 매우 유용할 것 아니겠소?"

내가 잘못 알고 가져온 그 편지 때문에 그 서적상의 말대로 리들스덴이라는 변호사가 악질이라는 사실을 알게 되었다. 리들스덴은 리드 양의 아버지에게 동업을 하자고 꼬드겨서 거의 파산에 이르게 한 장본인이었다. 그 편지를 훑어보니 우리와 함께 배를 탔던 해밀턴 변호사를 리들스덴이 함정에 빠뜨리려는 음모를 꾸미는 듯하였다. 이 음모에는 리들스덴은 물론 키스 주지사도 관련된 것 같았다. 해밀턴 변호사의 친구인 데넘 씨는 내 손을 잡고 말하였다.

"해밀턴 변호사에게 이 음모를 알려야 하오!"

얼마 후 해밀턴 변호사가 영국에 도착하였을 때 나는 키스 주지사에 대한 배신감, 리들스덴에 대한 적의, 해밀턴에 대한 호의 때문에 해밀턴 변호사를 만나 편지를 넘겼다. 해밀턴 씨는 중요한 자료에 감사해 하며 그 이후 나와 절친해졌고 내내 나에게 큰 도움을 주었다.

주지사라는 인간이 어떻게 그처럼 장난을 치고 나 같은 불쌍한 젊은이를 비열하게 속였을까. 그게 그의 본성이었다. 모든 사람에게 잘 보이고는 싶지만 정작 줄 게 없으니 번드르르한 말솜씨로 기대감을 주는 방식이다. 그런 허풍만 없으면 그 사람 자체는 머리가 잘 돌아가고 문필력도 좋은 인재였다. 그는 영주들의 훈령을 종종 무시해서 애를 먹일 만큼 강단이 있었고 시민에게는 괜찮은 주지사였다. 주지사는 우리 주의 훌륭한 법안 다수를 임기 중에 입안해서 통과시키기도 하였다.

나는 런던에서 랠프와 단짝 친구가 되었다. 우리는 리틀 브리튼(Little Britain)에서 1주일에 3실링 6펜스짜리 싸구려 하숙집에서 함께 묵었다. 우리 형편으로는 그런 집밖에 구할 수 없었다. 랠프는 영국 친척 몇몇을 찾아갔지만 그들 모두가 빈털터리여서 도움을 얻지 못하였다. 랠프는 나에게 고백하였다.

"영국에서 눌러 살 작정이네. 필라델피아엔 결코 돌아가지 않아."

랠프 수중엔 땡전 한 푼이 없었다. 필라델피아에서 가져온 돈 몇 푼은 뱃삯으로 모두 썼다. 나는 금화 15피스톨(pistole)[29]을 갖고 있었

29 피스톨은 1537년 이후에 통용된 스페인 금화.

다. 랠프는 일자리를 찾으러 다녔다. 생활비는 나에게서 빌려 썼다. 랠프는 스스로 배우 재능이 있다고 믿어 극단에 들어가려 하였다. 그러나 랠프가 지원한 극단의 단원 윌크스(Wilkes)는 진심어린 충고를 하였다.

"랠프 씨! 귀하에겐 배우로 성공할 가능성이 희박하니 그만 포기하시오."

랠프는 패터노스터 로우(Paternoster Row) 스트리트의 출판업자 로버츠(Roberts)에게 찾아가 '스펙테이터' 같은 주간 잡지에 기고하게 해 달라고 부탁하면서 몇몇 조건을 내걸었다. 로버츠는 일언지하에 거절하였다. 랠프는 법률학교 부근의 출판사, 변호사 사무실에서 서기 일자리를 찾았으나 허탕을 쳤다.

나는 바솔로뮤 클로스(Bartholomew Close)에서 제법 이름난 파머(Palmer) 인쇄소에 곧 일자리를 얻어 1년 가까이 근무하였다. 부지런히 일하였으나 랠프와 더불어 이곳저곳 놀러 다니고 연극 구경을 하느라 번 돈 대부분을 탕진하였다. 마침내 갖고 있던 금화마저 다 써버려 하루살이 인생이 되었다.

랠프는 아내와 아이를 완전히 잊은 듯하였다. 나도 리드 양에게 한 약속을 점차 잊어갔다. 그녀에게 편지 한 통 보낸 것이 전부였다. 그것마저 '당분간은 돌아가기 어렵다'는 허접한 내용일 뿐이었다. 이는 내 인생에서 또 하나의 크나큰 실책이었다. 다시 청춘 시절로 돌아간다면 그런 실책은 결코 저지르지 않으리라. 랠프와 어울리며 돈을 너무도 헤프게 썼기에 고향으로 돌아갈 뱃삯조차 없었다.

파머 인쇄소에서는 영국의 논리학자 윌리엄 월라스턴(William

Wollaston)[30] 의 『자연의 종교』(The Religion of Nature) 재판을 찍고 있었고 내가 식자를 맡았다. 월라스턴의 논증 가운데 불분명한 부분이 보였다. 나는 그 점을 파헤치는 짧은 형이상학적 소논문 하나를 썼다. 제목으로 '자유와 필연, 쾌락과 고통에 관한 소고(小考)'(A Dissertation on Liberty and Necessity, Pleasure and Pain)라고 붙였다. 그리고 '내 친구 랠프에게 헌정하다'라는 글을 넣어 몇 부를 찍었다. 인쇄소 주인 파머 씨는 이 소논문을 읽고 나를 매우 총명한 청년으로 여기면서도 내 글에서 몇몇 허술한 점을 찾아내 날카롭게 비평하였다. 이 소논문을 인쇄한 것은 나의 또 하나 실책이었다.

리틀 브리튼에서 하숙할 때 나는 인근 서점의 주인 윌콕스(Wilcox) 씨와 알게 되었다. 그 서점엔 중고 서적이 산더미처럼 쌓여 있었다. 당시엔 순회도서관도 없었다. 나는 그 서점의 책을 빌려 보고 돌려주기로 계약을 맺었다. 몇 가지 조건을 걸고 계약하였는데 어떤 조건이었는지는 지금 기억이 나지 않는다. 그때는 나에게 유리한 계약이라 여겨 적극적으로 이용하였다.

나의 소논문이 어떤 경로에 의해 『인간 판단의 정확성』(The Infallibility of Human Judgement)이라는 책의 저자인 외과의사 라이언스(J. Lyons) 씨의 손에 들어갔다. 이 인연으로 라이언스와 친하게 되었다. 라이언스는 나를 칭찬하면서 자주 인쇄소를 방문해 내 소논문을 주제로 한 토론을 즐겼다. 언젠가 라이언스 의사는 치프사이드(Cheapside) 가에 있는 '혼즈(Horns)'라는 소박한 주점에 나를

30 영국 계몽시대에 활동한 철학자 겸 신학자(1659-1724).

데려가 『꿀벌의 우화』(Fable of the Bees)를 지은 버나드 드 맨더빌(Bernard de Mandeville)[31] 박사를 소개해 주기도 하였다. 맨더빌은 그 주점에서 모이는 어느 클럽의 주도자인데 유머가 풍부한 인물이었다. 라이언스는 뱃슨(Batson)의 커피하우스에서 펨버턴(Pemberton) 박사도 소개해 주었다. 팸버튼은 나에게 호기롭게 말하였다.

"언제 기회가 닿으면 아이작 뉴턴(Issac Newton)[32] 경을 만나게 해주겠소."

나는 들뜬 기분에 사로잡혀 그런 기회가 오기를 학수고대하였다. 그러나 그런 일은 결코 일어나지 않았다.

나는 영국에 갈 때 몇몇 진기한 물건을 갖고 갔다. 그 가운데 가장 특이한 물건은 불 가까이 가면 번쩍거리는 석면 지갑이었다. 한스 슬론(Hans Sloan)[33] 경은 소문을 듣고 나를 찾아와 블룸스베리(Bloomsbury) 광장에 있는 자기 집으로 초청하였다. 슬론 경은 나에게 갖가지 진귀한 물건을 구경시켜 주었다.

"프랭클린 씨! 귀하의 석면 지갑도 수집하고 싶소이다. 값은 섭섭하지 않게 챙겨 주겠소."

우리 하숙집에는 젊은 부인 T가 있었다. 클로이스터스(Cloisters)에서 모자 점포를 운영하는 여성이었다. 좋은 가정에서 자라 행동거지가 조신하고 두뇌도 명석하였다. 성품도 활달해서 대화가 잘 이루

31 네덜란드 태생의 의사 겸 풍자 작가(1670-1733).

32 만유인력 법칙을 규명한 대학자(1643-1727).

33 영국의 의사 겸 박물학자(1660-1753)로 박물관에 자료 71,000점 기증.

어졌다. 랠프가 그녀에게 저녁마다 희곡을 읽어주더니 두 사람은 어느새 친근한 사이가 되었다. 어느 날 T가 하숙을 옮기자 랠프도 그녀를 따라갔다. 그들은 한동안 함께 살았다. 그때도 랠프는 무직이었기에 T의 수입만으로 아이까지 세 사람이 빠듯하게 먹고 살았다.

마침내 랠프는 런던을 떠나 시골 동네에서 학교를 운영하기로 결심하였다. 작문, 산수에 능숙하니 아이들을 가르치는 교사가 적절하다고 판단하였다. 그러나 랠프는 교직이 자기 수준에 걸맞지 않은 비천한 일이라 여겼다. 나중에 틀림없이 그럴 듯한 일을 맡을 텐데 그때 교직 경력이 알려지면 부끄러워질까 봐 이름까지 바꾸었다. 그는 영광스럽게도 내 이름을 자신의 가명으로 썼다. 랠프는 시골로 떠난 지 얼마 후 나에게 편지를 보냈다.

'작은 마을(아마 버크셔)에 정착해 10~12명의 학생들에게 읽기와 쓰기를 가르치고 있다네. 수업료는 1인당 1주일에 6펜스. 자네가 T 부인을 잘 돌봐 주게. 나에게 편지를 보내려면 어디 어디의 프랭클린 선생 앞, 이라 쓰면 된다네.'

랠프는 계속 나에게 편지를 보냈는데 그때마다 창작 중인 거창한 서사시를 소개하며 나에게 비평이나 수정을 부탁하였다. 나는 때때로 비평을 보내기도 하였지만 격려는커녕 랠프에게 시 쓰기를 포기하기를 종용하였다. 그 무렵에 마침 영국시인 에드워드 영(Edward Young)[34]의 풍자 시집이 출판되었다. 나는 그 시집의 대부분 내용을 옮겨 써서 랠프에게 보냈다. 뮤즈의 힘으로 출세하려고 뮤

34 영혼 불멸을 노래한 영국 시인(1683-1765).

즈의 꽁무니를 쫓아다니는 예술가들의 어리석음을 날카롭게 비판한 시였다.

하지만 허사였다. 랠프는 줄기차게 나에게 편지를 보낼 때마다 자작시를 동봉하였다. 그러는 사이에 랠프 때문에 친구도, 일자리도 날린 T부인은 살림이 쪼들리자 나에게 찾아와 돈을 빌려가곤 하였다. 나는 그녀와 함께 있는 것이 점차 좋아졌다. 그때만 해도 나는 특정 종교 신자도 아니었고 T부인에게는 내가 꼭 필요한 물주였기에 이를 빌미로 그녀에게 치근댔다. (이는 나의 또 하나의 실수였다) 그녀는 분통을 터뜨리며 나를 거부하였고 랠프에게 이 사실을 일렀다. 이 일 때문에 랠프와 나 사이의 우정은 깨졌다. 랠프는 런던으로 허겁지겁 달려와 고래고래 고함쳤다.

"자네가 자초한 일이네. 내가 자네에게 진 빚도 갚을 필요가 없게 되었네."

그렇게 해서 나는 랠프에게 빌려준 돈을 떼였다. 어차피 랠프는 갚을 능력이 없었기에 나로서는 별로 달라질 일은 없었다. 랠프와 우정을 끝낸 것이 오히려 무거운 짐을 벗은 듯하여 홀가분하였다. 이제부터는 돈을 차근차근 모아야겠다고 결심하였다. 벌이가 조금 더 나은 일자리를 찾아 파머 인쇄소를 떠나 링컨스 인 필즈(Lincoln's Inn Fields) 부근의 와츠(Watts) 인쇄소에 취직하였다. 파머 인쇄소보다 훨씬 큰 곳이었다. 나는 런던을 떠날 때까지 이곳에서 근무하였다.

3.
술힘으로 일하는 인쇄공

와츠 인쇄소에서 처음 맡은 업무는 인쇄였다. 미국에서는 식자 작업과 인쇄 작업이 함께 이루어지지만 영국에서는 따로따로 진행되었다. 인쇄 작업이 더 힘들었는데 나는 오히려 운동 삼아 이를 활용하였다. 작업 도중에 다른 직공들은 맥주를 엄청나게 마셨다. 나는 물만 마셨다. 나는 커다란 활자판을 오른손, 왼손에 각각 하나씩 들고 계단을 오르내렸지만 50명 가까운 다른 직공들은 대부분이 두 손으로 활자판 하나를 겨우 들었다. 그들은 나를 보고 '물만 마시는 미국 친구'(그들은 나를 이렇게 불렀다)가 진한 맥주를 마시는 자기들보다 힘이 더 센 것을 이상하게 여겼다.

인쇄소에는 맥주 양조장 직원이 늘 대기하고 있다가 직공들에게 맥주를 갖다 주었다. 인쇄소 동료 직원 하나는 매일 1파인트(Pint, 약 568cc) 짜리 맥주 6잔을 마셨다. 아침 식사 전, 아침 식사로 치즈 바른 빵을 먹으며, 아침 식사와 점심 사이에, 점심 식사 때, 오후 6시쯤,

하루 일과를 마치고 각각 1잔씩 들이켰다. 아주 나쁜 습관으로 보였다. 그에게 내가 충고하였으나 듣지 않았다.

"힘든 작업을 지치지 않고 하려면 든든한 '술힘'이 있어야 해!"

"맥주를 마셔서 얻은 힘이래야 맥주 안에 녹아 있는 맥아 분량만큼일 뿐이에요. 빵 1페니어치에 든 밀가루 양만큼도 안 돼요. 맥주 1쿼터를 마시는 것보다 물 1파인트와 빵을 먹는 게 나아요."

그렇게 설명해도 그 동료는 맥주를 줄곧 마셨고 토요일 밤엔 주급에서 맥주 값으로 4~5실링을 공제 당하였다. 나는 그렇게 돈을 허투루 쓰지 않았다. 직공들은 그렇게 술값을 날리니 가난에서 벗어날 수 없었다.

인쇄소 주인 와츠 씨가 몇 주 후에 나를 식자 작업장으로 보내는 바람에 나는 인쇄 작업장을 떠났다. 식자 작업장에 처음 출근한 날에 식자공들은 나를 반겼다.

"당신을 환영하는 술자리를 갖겠소. 회식비 5실링을 내시오."

"인쇄 작업장에서 이미 신입 명목으로 돈을 냈어요. 2중으로 낼 수 없잖아요?"

와츠 씨도 내 입장에 동의하며 돈을 내지 말라고 하였다. 나는 2~3주 동안 돈을 내지 않고 버텼다. 그러자 식자 직공들은 나를 '왕따'시켰다. 내가 잠깐 자리를 비우면 내가 뽑아놓은 활자들을 헝클어뜨리거나 페이지를 바꾸는가 하면 활자판을 부수기도 하였다. 갖은 심술을 부려놓고는 황당한 변명을 둘러댔다.

"인쇄소 귀신이 한 짓인데 이 귀신은 뒷문으로 들어온 직공에게 붙어다니지!"

상황이 이렇다 보니 와츠 씨가 나를 봐준다 해도 한계가 있었다. 함께 일할 동료들과 불편한 관계라면 현명하지 못하다고 판단해 마침내 그들이 바라는 대로 5실링을 냈다. 그러고 나니 그들도 나를 동료로 인정하였다. 나는 곧 직공들 사이에서 꽤 영향력을 행사하게 되었다. 직공들은 인쇄소를 '예배당'이라 부르며 나름의 '예배당 규약'을 갖고 있었다. 내가 보니 이 규약이 너무도 허술해 고칠 필요가 있었다. 내 수정안에 다른 직공들이 처음엔 모두 반대하였으나 차근차근 설득해 고쳐나갔다.

직공과 도제 대다수는 그때까지 맥주, 빵, 치즈 등으로 이뤄진 허접한 아침 식사를 먹고 있었다. 나는 버터와 후추를 넣은 큼직한 오트밀 죽 한 사발, 따끈따끈한 빵을 맥주 1파인트 값인 3.5 펜스를 주고 이웃 가정에 주문해서 먹었다. 다른 동료들에게 이를 권유하였다.

"이렇게 아침밥을 먹으면 돈이 적게 들고 뱃속도 편안해지고 머리도 맑아져요."

나를 따라 아침 식사를 바꾼 동료는 개선 효과를 보았다. 변함없이 하루 내내 맥주를 입에 달고 사는 직공들은 술집 외상을 갚지 못해 출입을 제지당하면 나에게 달려왔다.

"돈 좀 빌려주게. 이자는 붙여줄 터이니!"

'돈이 떨어졌다'는 뜻으로 그들은 '불이 꺼졌다'라는 은어를 썼다. 나는 봉급날인 토요일 밤이면 경리 직원 책상 옆에 있다가 직공들로부터 빚을 받아냈다. 어떤 때는 1주일에 30실링 가까이나 될 때가 있었다. 동료 직공들은 나를 익살꾼으로 여겨 인쇄소에서 내 존재감은 컸다. 월요일에 쉬면 오히려 몸이 아프다면서 나는 1주일 내내 출근하였다. 이렇게 부지런한 나를 주인은 좋아하였다. 나의 식자 속도는 유난히 빨랐다. 급히 처리할 작업은 으레 내 차지가 되었고 그런 작업의 수당은 더 많았다. 나는 매우 흡족한 마음으로 하루하루를 보냈다.

리틀 브리튼의 하숙집에서 인쇄소까지 거리가 너무 멀어 듀크(Duke) 가의 천주교 성당 건너편에 새 하숙집을 정하였다. 이탈리아 식료품 가게가 든 건물의 3층 뒤편에 내 방이 있었다. 하숙집 주인 여성은 딸 하나와 도우미 여성을 데리고 살았다. 식료품 가게의 점원은 다른 집에서 하숙을 하였다. 하숙집 주인은 내 옛 하숙집에 내가 어떤 성품을 지녔는지 알아본 모양이었다. 하숙비는 옛 하숙집과 같은 금액인 1주일에 3실링 6펜스를 요구하였다.

"젊은 남자가 하숙생으로 있으면 마음이 든든하지요. 그래서 하숙비를 싸게 받는답니다."

하숙집 주인은 노년에 접어든 부인으로 남편은 오래 전에 별세하였단다.

"친정아버지가 목사여서 어릴 때는 개신교 신자였지요. 그러나 결혼 후엔 남편을 따라 천주교를 믿게 되었답니다."

주인은 남편과의 추억을 간간이 털어놓았는데 이를 아주 소중하게 여기는 듯하였다. 과거엔 여러 명사(名士)들과 교유하며 살았단다. 그래서 찰스 2세 때부터 시작되는 왕가의 비화를 많이 알고 있었다. 주인은 통풍이 심해 걸을 때면 다리를 절뚝거렸다. 그녀는 방 바깥으로 자주 나가지 않아 답답할 때면 나를 불러 말벗으로 대화하였다. 말재주가 좋은 주인과 이야기를 나누면 흥미진진하였다. 그녀는 가끔 저녁 대화를 하다가 "함께 저녁식사를 하자"고 제의하였다. 저녁밥이래야 생선 반 토막, 버터 바른 조그마한 빵 한 조각, 맥주 반 파인트가 전부였지만 그녀의 화려한 이야기 덕분에 식탁은 푸짐한 분위기였다. 내가 언제나 시간을 잘 지키고 점잖게 지내니 주인은 내가 그 집에 계속 있어주기를 기대하였다. 어느 날 나는 하숙집을 옮기겠다는 말을 꺼냈다.

"인쇄소에서 아주 가까운 곳에 하숙집이 있다고 해요. 하숙비도 1주일에 2실링밖에 안 된다네요. 그 돈만큼 절약해도 꽤 도움이 되겠지요?"

"1주일에 2실링을 깎아줄 테니 옮기지 마세요."

나는 런던에 체류하는 동안 그 집에서 내내 1주일에 1실링 6펜스만 내고 지냈다. 하숙집 다락방에는 70세 할머니가 살고 계셨다. 독신인 그분은 속세와 거의 인연을 끊고 지내셨다. 주인의 말에 따르면 할머니는 천주교 신자이며 젊은 때에 수녀가 되려고 외국의 수녀원에 갔다. 하지만 그 나라 풍토에 적응하지 못해 영국으로 돌아왔다. 영국에는 천주교 수녀원이 없었기에 현실 속에서 수녀원 비슷한 환경 아래 살려고 하였다. 그녀는 모든 재산을 자선 단체에 기부하고 자기 몫으로 1년치 생활비 12파운드만 남겼다. 이 돈마저 굶주린 사람들을 돕는 데 대부분 썼다. 그녀는 희멀건 죽을 먹으며 연명하였고 불을 때는 것도 죽을 끓일 때만 하였다. 그녀는 우여곡절 끝에 그 집 다락방에서 살게 되었고 다행히 그 집 가족 모두가 천주교 신자여서 할머니를 성녀(聖女)처럼 모셨다. 집세는 받지 않았다. 신부가 자주 찾아와 그녀를 위해 고해 성사를 하였다. 어느 날 주인이 할머니에게 물었다.

"할머니처럼 거룩하게 사시는 분이 고해를 어찌 그리 자주 하세요?"

"잡념이 자꾸 생겨서 그렇게 고해한답니다."

나는 할머니 다락방에 딱 한번 들어가 보았다. 그녀는 활달하고 정중하며 유쾌하게 말하였다. 방은 깨끗이 정돈되어 있었다. 가구라고는 매트리스 하나, 십자상과 책이 얹힌 탁자 하나, 나에게 앉으라고 권한 의자 하나가 전부였다. 또 성 베로니카(St. Veronica)가 손수건을 펼쳐 든 그림 1점이 난로 위에 걸려 있었다.

"참 신기해요. 이 손수건에서는 피 흘리는 예수 얼굴이 나타난답니다."

할머니는 진지하게 말하였다. 할머니는 얼굴빛이 창백하긴 해도 딱히 병든 곳은 없었다. 적은 돈으로도 얼마든지 건강하게 살 수 있음을 할머니가 보여주셨다.

와츠 인쇄소에서 일하면서 와이게이트(Wygate)라는 영명한 젊은이와 친하게 지냈다. 부자 친척 덕분에 와이게이트는 다른 직공들보다 학력이 좋았다. 라틴어가 능숙하였고 프랑스어도 웬만큼 구사하였다. 책 읽기도 좋아하였다. 내가 와이게이트와 그의 친구에게 수영을 가르쳐 주었다. 그들은 두 번 만에 강에서 능숙하게 수영을 하였다. 이 두 젊은이가 나에게 신사 몇 분을 소개하였다. 시골에서 배편으로 첼시(Chelsea)에 온 신사들이었는데 여기 대학과 돈 살테로(Don Saltero)[35]의 골동품을 구경하기 위해 오셨다. 구경 후 돌아오는

35 1695년에 생긴 런던의 유명한 커피하우스 겸 사교장이었다.

도중에 와이게이트가 나의 수영 실력을 그분들에게 자랑하였다.

"정말 궁금하네요. 프랭클린 씨가 얼마나 수영을 잘 하는지…."

신사들이 재촉하는 바람에 나는 옷을 훌훌 벗고 강물로 뛰어들었다. 나는 첼시 부근에서 블랙프라이어(Blackfryar)까지 수영하면서 물 위로 치솟거나 잠수하는 등 갖가지 묘기를 부렸다. 그들은 이런 물 재주를 처음 보는지 신기해하며 박수를 쳤다. 나는 코흘리개 때부터 헤엄을 좋아하였다. 글을 읽을 줄 알 때부터는 프랑스 작가 테브노(Thévenot)의 수영법 책에 나온 수영 동작을 유심히 보고 따라하였다. 나중엔 여기에다 내가 고안한 매끄러운 영법(泳法)을 추가하였다. 그날 나는 신사들에게 내가 익힌 모든 영법을 보여주었다. 그들은 찬사를 보냈고 나는 우쭐해졌다. 와이게이트는 나와 관심사가 비슷하였고 수영도 좋아해 이날 이후 나와는 더욱 가까운 사이가 되었다.

"벤저민! 우리 둘이서 유럽 여행을 해보면 어때?"

"유럽 대륙으로? 프랑스, 이탈리아…, 좋긴 하지만 경비는?"

"현지 인쇄소에서 일을 하면서 돈을 벌면 되지."

나는 귀가 솔깃해졌다. 그때 짬이 생기면 자주 만나던 데넘 씨에게 유럽 여행 계획을 털어놓았다.

"지금은 때가 아니오. 펜실베이니아로 돌아갈 궁리나 해요. 나도 미국으로 돌아갈 거요."

이 자리를 빌려 성품 좋은 데넘 씨에 관한 에피소드를 기록하련다. 데넘 씨는 언젠가 브리스톨(Bristol)에서 사업을 하다 쫄딱 망하였다. 채권자들과 겨우 합의해 빚을 탕감 받고 미국으로 건너갔다.

미국에서 악착같이 가게를 꾸려 몇 년 후엔 제법 큰돈을 모았다. 나와 같은 배를 타고 영국으로 돌아온 그는 과거 채권자를 연회(宴會)에 초대하였다.

"여러 어르신들이 그때 너그럽게 빚을 탕감해주신 은혜, 백골난망(白骨難忘)입니다."

"데넘 씨, 이렇게 영국으로 돌아와 잔치 자리에 초대해 주니 고맙소!"

채권자들은 모두 웃으며 식사를 즐겼다. 첫 번째 요리를 먹고 두 번째 요리가 나오기 직전에 놀라운 일이 벌어졌다. 종업원이 접시를 치우자 그 아래에는 빚 원금과 이자를 합한 액수의 수표가 놓여 있는 게 아닌가.

데넘 씨는 런던에서 여러 물품을 사들여 이를 몽땅 배에 싣고 필라델피아로 돌아가 상점을 개업할 것이라 밝혔다.

"프랭클린 씨! 귀하가 우리 상점에서 관리인으로 일하면 좋겠소. 장부 정리, 문서 필사, 상점 관리를 모두 맡아주시기를 바라오."

"장부 정리, 제가 잘 모르는 분야인데요."

"내가 그 요령을 가르쳐 주겠소. 귀하가 상점 관리에 익숙해지면 서인도 제도로 가게 해서 밀가루, 빵 등을 거래하게 해주겠소. 이밖에도 돈벌이가 될 만한 다른 사업도 알선해 주리다. 귀하가 잘만 하면 별도로 사업을 벌이도록 후원해주겠소."

이렇게 좋은 제안을 받다니! 그 무렵에 나는 런던 생활에 약간 싫증이 나기 시작하였다. 더욱이 펜실베이니아에서 보낸 달콤한 몇 달간 생활이 그리워졌다. 그래서 데넘 씨와 펜실베이니아 화폐로 연봉

50파운드를 받는 조건으로 합의하였다. 식자공 연봉보다 적은 금액이었지만 장래가 밝게 보였다.

인쇄소를 그만두면서 앞으로 인쇄 작업과는 영영 이별한다고 생각하였다. 나는 새 분야의 일을 맡으면서 데넘 씨와 함께 매일 데넘 씨를 보조하면서 물품을 구매하여 일꾼에게 포장하도록 하여 선적하였다. 미국으로 보낼 물품을 모두 싣고 나서 출항일까지 며칠간의 여유가 생겼다. 그때 뜻밖에 그동안 이름만 들었던 저명한 인사인 윌리엄 윈덤(William Wyndham)[36] 경이 나를 만나보고 싶다고 하였다. 그는 나에게 군침 당기는 제안을 하였다.

"귀하가 첼시에서 블랙프라이어까지 헤엄으로 갔다고 들었소. 와이게이트 씨와 그의 친구들에게 단 몇 시간 만에 수영을 가르쳤다고요? 내 아들에게도 수영을 좀 가르쳐 주시오. 두 녀석이 곧 여행을 떠나는데 만약을 대비해 수영을 배워야 하지 않겠소? 사례는 섭섭잖게 드리겠소."

윈덤 경의 아들들은 아직 런던에 오지 않았고 내가 언제까지 거기에 체류할지 몰라서 수영 강사 제의는 받아들일 수 없었다.

'영국에서 수영 학교를 차리면 뭉칫돈을 벌 수 있겠는데….'

이런 감(感)이 들었다. 윈덤 경이 좀 일찍 그런 제안을 하였더라면 나는 더 오래 런던에 체류하였으리라. 아무튼 몇 년 세월이 흐른 뒤 우리 부자(父子)는 윈덤 경의 아들 하나와 중요한 인연을 맺는다. 그 아들은 훗날 에그르몬트(Egremont) 백작이 되었다. 이 사연은 나

36 영국 재무장관을 지낸 거물 정치인(1687-1740).

중에 기회가 생기면 다시 소개할 참이다.

나는 런던에서 18개월을 지냈다. 이 기간 대부분을 부지런히 일하였다. 연극 관람, 독서 이외엔 나를 위해 보낸 시간이 거의 없었다. 열심히 일하고 돈을 벌었으나 친구 랠프 때문에 내 수중에 몇 푼 남아 있지 않았다. 랠프가 빌려간 27파운드는 돌려받을 가능성이 없었다. 쥐꼬리만한 내 수입에서 따지자면 그 돈은 거액이었다. 그런데도 나는 랠프가 밉지 않았다. 좋아할 만한 장점이 많은 벗이었다. 런던 체류 기간에 목돈을 장만하지는 못하였지만 매우 명석한 친구를 사귀었고 그들과의 대화로 나 자신도 크게 성장하였다. 책도 엄청나게 많이 읽었다.

4.
다시 만난
리드 아가씨

데넘 씨와 나는 1726년 7월 23일 그레이브센드(Gravesend) 항을 출발하였다. 선상에서 겪은 일은 일기에 자세히 기록하였으니 참고하여라. 일기에서 가장 핵심적인 부분은 '인생 계획'이다. 내가 앞으로 어떻게 살아가야 할 것인지 고민하며 청사진을 그렸다. 그 어린 나이에 세운 계획을 나이가 들 때까지 철저히 지켰다는 사실이 놀랍고 스스로 대견스럽다.

10월 11일 필라델피아에 도착하니 달라진 게 수두룩하였다. 키스는 주지사 자리에서 물러났고 고든(Patrick Gordon) 소령이 후임 주지사가 되어 있었다. 평범한 시민으로 되돌아온 키스 씨를 길거리에서 우연히 마주쳤는데 그는 나를 보고 좀 어색해하더니 아무 말도 없이 스쳐 지나갔다.

내가 리드 양을 만났더라도 그렇게 쑥스러워 했으리라. 리드 양의 친구들은 내가 보낸 편지를 보고 내가 돌아오지 않을 거라며 그녀를 꼬드겨 로저스(Rogers)라는 도공(陶工)과 결혼하게 하였다. 리드 양은 내가 없는 사이에 그렇게 결혼하였는데 결혼 생활은 불행하였다. 그 둘은 곧 헤어졌다. 알고 보니 남편에겐 이미 아내가 있었다. 리드 양은 로저스와 함께 사는 것도, 남편의 성씨를 따르는 것도 거부하였다. 로저스는 꽤 우수한 기술자여서 리드 양의 친구들은 선망하였지만 사실은 시시한 인간이었다. 로저스는 잔뜩 진 빚을 갚지 않고 1727년엔가 1728년에 서인도 제도로 야반도주하였다가 그곳에서 숨졌다.

키머 씨는 인쇄소를 번듯한 건물로 옮기고 문방구를 차리는 한편 새 활자도 많이 들여놓았다. 고만고만한 직공들도 다수 채용하였다. 이런 모습으로 봐 키머 씨의 사업은 꽤 번창하는 모양이었다.

데넘 씨는 워터 가에 점포를 열었다. 데넘 씨와 나는 그 점포에 영국산 물품들을 진열하였다. 나는 부지런히 근무하였으며 경리 업무도 익혔다. 조금 지나다 보니 나도 물건 파는 일에 익숙해졌다. 데넘 씨와 나는 같은 집에서 살았다. 그분은 친아버지처럼 나를 보살피고 내 일을 걱정해주었다. 나도 그분을 존경하고 사랑하였다. 그처럼 오래 행복하게 지냈더라면 좋을 텐데, 1727년 2월 초에 데넘 씨와 나는 동시에 병에 걸렸다. 내 나이 겨우 21세 때. 나는 늑막염에 걸려 사경을 헤맸다. 통증이 너무 심하여 마음 절반은 삶을 포기할 정도였다. 몸이 회복되니 이제 다시 힘든 일을 해야 한다는 강박감 때문에 실망감이 들기도 하였다.

데넘 씨가 어떤 병에 걸렸는지는 지금 기억나지 않는다. 데넘 씨는 오랫동안 병마에 시달리다 마침내 별세하였다. 그는 구두(口頭)

유언을 하면서 나를 사랑한다는 표시로 약간의 유산을 남겨주었다. 그가 작고하자 나는 황량한 세상에 홀로 남은 처지가 되었다. 상점은 데넘 씨의 유언집행인들이 처분하였다. 그의 죽음 때문에 내 일터가 사라졌다.

그 무렵에 홈즈 자형은 필라델피아에 머물고 있었다.

"벤저민 처남! 원래대로 인쇄소에서 일하면 좋지 않을까?"

키머 씨를 찾아가니 반색하였다.

"연봉을 두둑하게 챙겨줄 테니 인쇄소를 프랭클린 당신이 맡아 주시오. 나는 문구점 영업에 매달릴 작정이오."

런던에 체류할 때 키머 부인과 그녀의 친구들에게서 키머의 고약한 성품에 대해 익히 들었기에 키머와 더 이상 엮이기 싫었다. 나는 상점 관리인 자리를 찾아다녔으나 허탕을 쳤다. 할 수 없어 키머 인쇄소에 다시 들어갔다. 인쇄소 직공들은 소개하자면 다음과 같다.

휴 메레디스(Hugh Meredith)는 웨일즈 계(系) 펜실베이니아 사람으로 30세이다. 농사짓는 일에 종사하였으며 정직하고 명석한데다 독서를 좋아하기도 하지만 술고래인 게 흠이었다. 스티븐 포츠(Stephen Potts)는 갓 성년이 된 촌뜨기 청년이다. 휴 메레디스처럼 농사를 짓던 사람이었다. 건장한 체격에 유머 감각이 뛰어난 장점을 가졌지만 게으른 편이었다. 이들 두 사람은 형편없이 낮은 초봉을 받지만 숙련되면 3개월에 1실링씩 올려 받는다는 조건으로 일하였다. 키머 씨는 그들에게 번드르르한 말을 던져 그들을 꾀었다.

"언젠가는 당신의 급료가 많아질 것이오!"

메레디스는 인쇄 작업을, 포츠는 제본 작업을 주로 맡았다. 키머 씨가 이들에게 기술을 가르쳐 준다고 계약서에 명시되었지만 키머 자신도 인쇄, 제본 기술을 몰랐다. 직공 가운데 존(John) 아무개라는 아일랜드인도 있었는데 그도 아무런 기술이 없었다. 그런데 성격이 고약해 좌충우돌하기 일쑤였다. 존은 인쇄 작업을 맡기로 하고 어느 선박의 선장의 소개로 고용되었다.

조지 웹(George Webb)이라는 영국 옥스퍼드 대학교 중퇴자도 있었다. 존과 조지는 모두 4년간의 고용 계약을 맺었다. 식자 작업을 맡은 조지에 대해서는 나중에 다시 언급하겠다. 이밖에 깡촌에서 올라와 도제로 일하는 데이비드 해리(David Harry)도 있었다. 키머가 나에게 이례적으로 많은 급료를 주며 채용한 것은 꿍꿍이 속셈이 있었기 때문이다. 아무런 기술이 없는 직공을 헐값으로 일단 고용하곤 내가 그들을 가르치도록 할 심산이었다. 그들은 4년 계약 기간 안에 마음대로 나갈 수도 없으니 그들이 기술을 익힌다면 4년 동안 싼 임금으로 부려먹을 수 있는 셈이다. 설령 내가 나간다 해도 그들이 숙련공이 되면 인쇄소는 굴러갈 수 있다고 계산한 모양이다. 키머의 속셈을 눈치 챘지만 나는 내색하지 않고 인쇄소 일을 즐거운 마음으로 처리하였다. 엉망진창인 인쇄소 질서를 바로잡고 직공들에게 기술을 가르쳤다.

옥스퍼드 대학생이 노예나 다름없는 형태로 팔려온 일이 수상쩍었다. 18세쯤으로 보이는 젊은이는 여기에 온 사연을 털어놓았다.

"영국 글로스터(Glouceter)[37]에서 태어나 그곳에서 중학교를 다

37 영국의 유서 깊은 도시로 어업이 성한 곳.

녔어요. 학교 연극 공연에서 제 역할을 돋보이게 연기해 주목을 받았지요. 위티(Witty) 클럽에 가입하여 산문과 시를 썼고 이 작품은 글로스터 지역 신문에 실리기도 했답니다. 옥스퍼드에 들어가 1학년을 다녔는데 별로 만족하지 못했어요.

런던에 가서 배우가 되고 싶은 열망밖에 없었지요. 그래서 부모님에게서 4분기 학비 15기니를 받자 빚도 갚지 않고 옥스퍼드를 떠났답니다. 교복은 가시덤불 사이에 감추고 런던까지 걸어갔지요. 런던에는 조언해 줄 친구 하나 없었지요. 잡배 같은 놈들과 어울리면서 가진 돈을 몽땅 써버렸지요. 배우를 만나볼 방도가 없었고 생활은 갈수록 쪼들렸어요.

빵 살 돈이 없어 옷을 전당포에 맡겼지요. 앞날이 캄캄한 가운데 굶주린 배를 움켜쥐고 하릴없이 거리를 걷다가 구직 알선업자의 전단지를 발견하였답니다. 미국에 가서 도제로 일하기로 한다면 당장 그날부터 끼니와 용돈을 준다고 쓰여 있더군요. 곧장 알선업자를 찾아가 계약서에 서명하였지요. 친구에게 어디로 간다고 알리는 편지도 쓰지 않고 미국행 배를 탔습니다."

그는 활달하고 성품이 좋아 함께 지내기엔 편한 인물이었으나 게으르고 소갈머리가 없었으며 촐랑댔다. 아일랜드 출신자 존은 곧 도망쳤다. 나는 나머지 사람들과 잘 어울렸다. 그들은 키머 씨로부터는 배울 게 없지만 나에게서는 매일 무엇이든 배울 수 있다고 믿고는 나를 따랐다. 키머의 안식일인 토요일엔 인쇄소가 휴무였기에 나는 토, 일요일 이틀 동안 독서삼매경에 빠졌다. 그 동네에 머물며 총명한 친구를 많이 사귀었다. 키머 씨는 나에게 늘 자상하였고 적어도 겉으로는 배려해주었기에 불편한 점은 없었다. 그래도 나는 늘 마음이 무거웠다. 갚을 길이 없는 버논 씨의 돈 때문인데 나는 여전히 가난뱅이였다. 그나마 다행인 것은 버논 씨에게서 돈을 보내라는 연락이 없다는 사실이었다.

인쇄소에서는 활자가 모자라는 때가 자주 생긴다. 그때 미국에는 활자제작소가 없었다. 나는 런던의 제임스 인쇄소에서 주물(鑄物)로 활자를 뜨는 공정을 본 적이 있다. 별로 눈여겨보지는 않았지만 그래도 기억을 되살려 활자를 만들어보기로 하였다. 먼저 틀을 짜고 우리가 가진 활자를 각인기로 찍어서 녹인 납을 부어 모형을 만들었다. 그런 방식으로 모자라는 활자를 만들어 썼다. 나는 또 필요할 때면 조각칼로 활자를 다듬거나 잉크를 만들었다. 창고를 지키기도 하였다. 온갖 일을 도맡아 처리하는 만능 일꾼이었다. 내가 아무리 팔방미인 일꾼이라 해도 다른 직공들이 숙련되면서 내가 할 일은 날로 줄어들었다. 어느 날 키머 씨는 두 번째 4분기 급여를 주면서 말하였다.

“당신에게 이렇게 많이 주니 인쇄소 사정이 어려워지는군. 다음 번에는 감봉할 수밖에 없으니 그리 아시오.”

그 후 키머는 점차 나를 함부로 대하였다. 그는 나에게 매사에 갑질을 하였고 걸핏하면 생트집을 잡아 목청을 높였다. 나와 대판 싸움이라도 벌이고 싶어 안달이 난 사람 같았다. 그래도 나는 인쇄소 사정이 어려워 그런 줄 알고 참고 버텼다. 그러다 얼마 후 사소한 일 때문에 우리 둘의 관계는 완전히 어그러졌다. 어느 날 일을 하다가 법원 부근에서 요란한 소리가 나기에 나는 무슨 일인지 궁금하여 창문

밖으로 머리를 내밀고 보았다. 그때 마침 인쇄소 바깥 길거리에 서 있던 키머가 나와 눈이 마주치자 대뜸 고함을 쳤다.

"뭘 봐? 이 짜식아! 일이나 해!"

이웃 사람들이 모두 보는 가운데 그런 욕설을 퍼부었으니 나는 공개적으로 망신을 당한 셈이다. 키머는 곧장 인쇄소로 들어와 계속 쌍욕을 퍼부었다. 나도 지지 않을세라 고성을 질렀다.

"계약 조건에 해고하려면 3개월 전에 통고하도록 되어 있지. 지금 해고 통지를 하네. 자네는 3개월 후에 나가야 해!"

"뭐라고요?"

"이럴 줄 알았으면 경고 기간을 더 짧게 잡을 걸 그랬어."

"너무 애태우지 마시오. 당신 뜻대로 당장 그만두겠소."

나는 모자를 집어 들고 인쇄소 문을 박차고 나왔다. 내 짐은 아래층에 있던 메레디스가 챙겨주겠거니 하고 믿었다. 역시 그날 저녁에 메레디스가 내 짐을 들고 하숙집에 찾아왔다.

"프랭클린 씨! 앞으로 어떡할 거요?"

"산전수전 다 겪은 내가 뭐가 두렵겠소. 뭐든 하겠소."

"프랭클린 씨는 대단한 인물이오. 그래서 내가 근무하는 동안 함께 있기를 기대하였소."

"고향 보스턴으로 일단 돌아갈까 하오."

"귀향하지 마시오. 키머 인쇄소 사정을 잘 아시지 않소? 인쇄소 시설은 모두 빚으로 사들였는데 채권자들이 불안해하지요. 키머는 현금이 필요하면 밑지는 장사를 하기도 하고 외상을 주면서 장부에 기재하지도 않는 등 인쇄소 경영을 엉망으로 하지요. 이대로 가면 곧 망할 텐데 그때가 되면 프랭클린 씨가 빈 자리를 이용할 수 있을 것 아니겠소?"

"아무리 그래도 인쇄소를 인수하려면 거금이 필요하오. 내 호주머니 사정으로는 턱도 없소."

"제 아버지가 프랭클린 씨를 무척 신뢰한다오. 언젠가 아버지께 말씀드렸더니 제가 프랭클린 씨와 동업한다면 자금을 대주시겠다고 하셨소. 키머 씨와 나 사이의 고용 계약이 내년 봄에 끝나니 그때면 런던에서 인쇄기와 활자를 갖고 올 수 있잖겠소? 내가 인쇄 기술자가 되기는 글렀고 귀하가 기술을 대고 나는 자본을 대서 이익을 반반으로 나눕시다."

귀에 솔깃한 제안이어서 나는 이를 받아들였다. 마침 그 동네에 와 있던 메레디스의 아버지는 선뜻 승낙하였다. 아들이 나를 본받아 술을 끊는 모습을 보고 그의 아버지는 나를 완전히 믿은 것이다. 자기 아들이 나와 함께 있으면 나쁜 술버릇을 고칠 것이라 기대하였다. 나는 메레디스의 아버지에게 필수 품목 목록을 건네주었고 그 목록은 상인에게 전달되었다. 이렇게 인쇄소 설비를 주문하였고 이 물품이 도착할 때까지 비밀에 부치기로 하였다. 그동안 나는 다른 일자리를 찾으러 돌아다녔다. 그러나 어디에도 빈 일자리는 없었다. 며칠 동안 빈둥거리고 있었다.

그 무렵에 키머는 뉴저지 주 정부로부터 지폐 인쇄 주문을 받기로 하였다. 여러 무늬와 정교한 글자를 넣어야 하는 고난도 인쇄 작업이었다. 이 작업을 제대로 해낼 기술자는 사실상 나밖에 없었다. 경쟁 인쇄업자 브래드퍼드가 나를 채용한다면 지폐 인쇄 프로젝트가 그쪽으로 넘어갈지 모를 일이었다. 상황이 이렇게 되자 키머는 정중한 문투로 나에게 편지를 보내왔다.

'프랭클린 씨! 우리는 오랜 친구 아닙니까? 친구끼리 순간적으로 홧김에 내뱉은 말 때문에 이별해서는 안 되겠지요. 마음을 풀고 우리 다시 손을 잡고 함께 일해 봅시다!'

메레디스도 나의 복직을 간청하였다. 그래야 자기도 기술을 더 배울 것이라면서. 그리하여 나는 키머의 인쇄소로 다시 나갔다. 키머와 나는 전보다 더 잘 지냈다. 키머는 뉴저지 주 정부의 일감을 따냈다. 나는 지폐를 인쇄할 동판(銅版)을 만들었는데 아마 미국에서는 이런 동판이 처음이었을 것이다. 다음으로 지폐에 넣을 몇몇 무늬와 표시를 동판에 새겼다. 키머와 나는 벌링턴(Burlington)[38]으로 가서 모든 업무를 원만하게 처리하였다. 이 작업 덕분에 키머는 떼돈을 벌었고 제법 오랫동안 빚 걱정 없이 인쇄소를 경영하였다.

벌링턴에서 나는 여러 지역 유지와 친교를 맺었다. 그 가운데 몇몇 인사는 주 의회가 임명한 화폐 발행 감독 위원이었다. 그들은 인쇄소를 찾아와 법정 발행량 이상으로 지폐가 찍히지는 않는지 감독하였다. 그들은 교대로 인쇄소에 오면서 대체로 말벗 삼을 친구 한둘을 동행시켰다. 나는 독서량이 많아 키머보다 깊이 사고하는 편이었다. 그곳 명사들은 이 때문에 키머보다 나를 더 예우하였다. 그들은 자주 나를 자택으로 초대하였고 나는 그곳에 모인 여러 명사에게 최선의 예의를 갖추어 응대하였다. 키머는 인쇄소 대표였지만 따돌림

38 미국 뉴저지 주의 대도시.

을 당하였다. 말이 나온 김에 덧붙이자면, 키머는 좀 괴짜였다. 행동거지가 마구 튀었고 남들이 찬성하는 대세 여론을 무조건 반대하였다. 옷차림이 지저분하고 광신도 기질을 가졌으며 심술대장이기도 하였다.

벌링턴에서 석 달 가량 지내며 나는 앨런(Allen) 판사, 새뮤얼 버스틸(Samuel Bustill) 주 장관, 아이작 피어슨(Issac Pearson), 조지프 쿠퍼(Joseph Cooper), 스미스 가문의 여러 의원들, 아이작 디카우(Issac Decow) 측량 감독관 등 명사와 친하게 지냈다. 아이작 디카우는 예리하고 지혜로운 어른이었다. 그는 자신의 일생을 털어놓았다.

"나는 어렸을 때 벽돌 공장에서 진흙 나르는 막일을 하였소. 어른이 되어서야 글을 배웠고 측량 기사가 시키는 대로 거리를 재는 쇠사슬을 나르며 측량 기술을 터득하였소."

"아! 그러셨군요.!"

"뼈빠지게 일하고 악착같이 절약한 덕분에 꽤 큰 재산을 모았소. 내가 보기엔 귀하는 머지않아 주인을 제치고 더 큰 재산을 모아 필라델피아에서 떵떵거리고 살 것 같소."

그 어르신은 내가 필라델피아에서든 다른 곳에서든 인쇄소를 차리려 하는 계획을 전혀 모를 때였다. 그때 사귄 명사 모두는 우연히 만났을 뿐인데 내가 그들에게 기여한 것 이상으로 나에게 큰 도움을 주었다. 그들은 나의 평생 동지였다.

5. 전토(Junto) 클럽의 동지들

내가 창업에 대해 이야기하기 전에 당시의 내 각오, 생활신조, 도덕관 등이 어떠하였는지 밝히려 한다. 그때의 초심(初心)이 훗날 내 삶에 어떤 영향을 미쳤는지 파악할 수 있도록 하련다. 부모님은 내가 코흘리개 때부터 독실한 신앙인의 자세를 보여주셨다. 비(非) 국교도인 부모님은 나도 그 길로 인도하셨다. 나는 15세 무렵에 몇 가지 점에서 교리가 미덥지 않게 보였다. 다른 서적에 나타난 논쟁들을 읽고 나니 종교 자체에 회의가 생겼다. 그러다가 이신론(理神論)을 비판하는 서적들을 읽었다. 그 서적들이 보일 강연(Boyle's Lectures)[39]에서 행해진 설교들의 핵심을 이룬다고 했다. 읽고 난 후 오히려 이신론이 더 그럴듯하게 보였다. 나는 결국 이신론자가 되었다.

39 17세기의 유명한 자연 철학자인 로버트 보일(Robert Boyle: 1627-1691)의 이름을 딴 강연. 첫 강연은 1692년 영국 고전학자이자 신학자인 리처드 벤틀리(Richard Bentley:1662-1742)가 맡았다. 1965년까지 명맥이 이어져 오다가 오랫동안 열리지 않다가 2004년에 부활했다.

나의 이런 신념 때문에 몇몇 지인이 나쁜 길로 빠졌다. 특히 콜린스와 랠프가 그런 경우였다. 이들은 나중에 나에게 큰 잘못을 저지르고도 뻔뻔스럽게 굴었다. 자유사상가인 키스 주지사가 나에게 저지른 짓이나 내가 버논 씨, 리드 양에게 한 짓(나는 가끔 이 짓 때문에 괴로워하였다)을 보면 이 교리가 그리 완벽하지는 않은 것 같았다. 진실일지는 몰라도 그리 쓸모 있지는 않았다. 1725년에 내가 런던에서 쓴 작은 논문에는 드라이든(John Dryden)[40]의 시구가 제사(題詞)로 실려 있다.

존재하는 모든 것은 진실이다. 그러나 어리석은 인간들은
큰 사슬에서 자기와 가장 가까이 있는 고리만 볼 뿐
모든 것의 균형을 잡고 있는 저울대가 있으나
인간의 눈은 그에 미치지 못한다.

이 논문은 신(神)의 무궁무진한 지혜와 자비, 권능이 있기에 이 세상의 어느 존재도 나쁘지 않으며 선악 구분은 공허한 짓이라고 결론을 내렸다. 그때는 매우 잘 쓴 논문이라 생각하였는데 이제 보니 그런 것 같지 않다. 형이상학적 추론들이 으레 그런 것처럼 내가 미처 인식하지 못한 오류가 내 논리에 숨어 있어 그 뒤의 모든 내용을 망쳐놓지 않았나 하는 의구심이 들기도 하였다.

행복한 삶에 가장 중요한 요소는 진실, 성실, 통합으로 맺어진 인

40 영국의 시인, 극작가, 평론가(1631-1700).

간관계라는 믿음이 확고해졌다. 그래서 이에 대한 나의 결심을 써놓고는 평생 실천하기로 다짐하였다. 그때 쓴 글이 지금도 일기에 남아 있다.

성경은 나에게 그리 중요하지 않았다. 성경이 금지하는 행동이라 해서 악행이라 할 수 없고 성경이 명령하는 행동이라 해서 선행은 아니라는 생각이 들었다. 그럼에도 아마 그 행동들은 모든 것을 고려할 경우에 그 자체로 우리에게 해롭기 때문에 금지되었거나 우리에게 이롭기 때문에 강요되었을 수 있다.

하나님의 은총이나 수호천사의 돌봄 덕분인지, 우연히 상황이 좋아졌는지, 아니면 이런 모든 것들이 합쳐진 음덕 때문인지는 모르겠으나 나는 이런 신념으로 위험할 수도 있는 청춘 시절을 잘 견뎠다. 종교를 갖지 않았는데도 고의로 부도덕하거나 부정한 행위를 저지르지 않았다. 아버지와 멀리 떨어져 살아 보살핌과 조언을 받지 못하는 상황에서 낯선 사람들 틈에서도 비리에 얽히지 않았다. 내가 '고의'라 말하는 것은 앞에서 고백한 실수는 내가 어리고 미숙하거나 타인의 꼬임에 넘어가서 나도 모르게 저지른 행위였기 때문이다. 이렇게 해서 나는 강인한 품성을 갖고 세상을 살아갈 수 있었다. 나는 이 품성을 소중하게 여겼고 끝까지 지키리라고 결심하였다.

필라델피아에 돌아오고 얼마 지나지 않아 런던에서 새 활자가 도착하였다. 메레디스와 나는 키머에게 사직하겠다고 말하고는, 키머가 우리의 창업 소문을 듣기 전에 그의 동의를 얻고 인쇄소를 떠났다. 우리는 시장 부근에 셋집도 구하였다. 처음 입주할 때는 1년에 24파운드였던 집세가 나중엔 70파운드까지 치솟았다. 집세를 줄여

볼까 하여 토머스 갓프리(Thomas Godfrey)[41]라는 유리공 겸 아마추어 수학자의 가족을 들였다. 그들은 집세의 상당 부분을 부담하였고 우리의 식사까지 챙겨주었다.

활자를 겨우 풀어놓고 인쇄기를 설치하려 할 때 조지 하우스(George House)라는 친구가 촌뜨기 젊은이 하나를 데리고 왔다.

"웬 청년이 길에서 인쇄소를 찾고 있더라고. 그래서 여기로 데려왔다네."

갖가지 물건을 사들이느라 호주머니가 텅 비어 있을 때였다. 그 젊은이는 보증금으로 5실링을 냈는데 이 돈은 우리에게 가뭄의 단비와 같았다. 이 돈은 우리의 첫 수입이었고 그 후에 번 어떤 돈보다도 더 달콤하였다. 그날 우리를 도와준 조지 하우스의 고마움을 잊지 않았고 나는 그 후에 새로 일을 시작하려는 젊은이들을 기꺼이 도왔다.

비관론자는 어디에나 있게 마련이다. 그들은 늘 파국을 이야기한다. 필라델피아에도 그런 사람이 있었다. 새뮤얼 믹클(Samuel Mickle)이라는 어르신인데 인자한 외모에 말투도 점잖았다. 하루는 이 어르신이 생면부지인 나를 찾아왔다.

"최근에 인쇄소를 차린 청년이 맞소?"

"그렇습니다만…."

"아이구! 큰일 났네. 인쇄업이라는 게 돈이 많이 들어가는 사업인데 그 투자금을 몽땅 잃게 되었으니, 참 딱하오. 쯧쯧쯧…."

"예? 어째서 그렇습니까?"

41 미국의 발명가이자 수학자(1704-1749).

"필라델피아는 기울어가는 도시여서 이미 절반은 파산하였고 나머지도 파산을 눈앞에 두었다오. 겉보기로는 건물이 새로 지어지고 집세도 올라 발전하는 것 같지만 이 모두가 헛일이오. 이런 것들이 우리를 파멸시킬 것이오."

어르신은 현재 일어나거나 곧 일어날 재앙에 대해 너무나 자세히 열거하기에 곧이곧대로 믿는다면 노이로제에 빠질 듯하였다. 인쇄소를 개업하기 전에 그 어르신을 만났더라면 아마 시작할 엄두를 내지 못하였으리라. 어르신은 그 후에도 똑같은 이야기를 하며 돌아다녔고 집도 사지 않았다. 그러더니 나중에 5배나 비싼 가격으로 집을 샀단다. 그 소식을 듣고 얼마나 고소하던지!

앞에서 못한 얘기를 털어놓겠다. 몇 년 전 가을에 나는 재능 있는 지인들을 모아 상호 발전을 꾀하는 클럽을 결성하였다. 클럽 이름은 '전토'(JUNTO)[42]로 정하였다. 우리는 매주 금요일 저녁에 회합하였다. 내가 작성한 규칙에 따라 회원은 돌아가며 도덕, 정치, 자연과학에 관해 한두 가지 논제를 발표해야 하였다. 발제에 이어 토론이 벌어졌다. 또 석 달에 한 번씩 어느 주제로든 에세이 한 편을 써서 발표하기로 정하였다. 토론은 회장의 주재로 진행되었고 '논쟁을 위한 논쟁을 벌이거나 상대방을 꺾는 것을 목표로 삼지 말고 진실을 추구하는 진정성을 바탕으로 하자!'고 다짐하였다. 토론이 과열되지 않도록 자기 의견을 고집하거나 상대방 의견을 직접 반박하는 행위를 금지하였다. 이를 어길 때엔 소액의 벌금을 물리기로 하였다.

42 집회를 뜻하는 스페인어 단어 'junta'에서 따왔으며, 1727년에 설립된 이 모임은 '가죽 앞치마 클럽'(Leather Apron Club)으로도 불렸다.

클럽의 초기 회원들은 다음과 같다. 공증인 사무실에서 필경사로 일하는 조지프 브레인트널(Joseph Breintnall)은 친화력 있고 다정다감한 중년 남자였다. 그는 시를 무척 좋아하였고 무슨 책이든 닥치는 대로 읽는 다독가였으며 꽤 훌륭한 에세이도 몇 편 썼다. 자그마한 장신구를 잘 만들었고 재치 있는 말솜씨가 두드러졌다.

우리 셋집에 함께 사는 토머스 갓프리는 독학으로 수학자가 된 인물이다. 그 분야에서는 대가로 알려졌으며 훗날 '해들리(Hadley)의 사분의(四分儀)'라는 천문 관측기구를 발명하였다. 수학 이외엔 문외한이었고 꽉 막힌 사람이었다. 내가 아는 여러 위대한 수학자들처럼 그도 보편적 정확성을 추구하였다. 그래서 사소한 사안에까지 미주알고주알 따지고 들어 토론 전체를 엉망으로 만들곤 하였다. 그는 얼마 지나지 않아 클럽을 탈퇴하였다.

측량사 니콜라스 스컬(Nicholas Skull)은 훗날 측량 감독관이 되었다. 독서 애호가이며 가끔 시를 지었다. 구두 수선공 윌리엄 파슨스(William Parsons)는 독서 애호가이고 수학에도 재능을 보였다. 처음엔 점성술을 익히려 수학을 배웠으나 나중엔 점성술을 비웃었다. 그도 훗날 측량 감독관이 되었다. 가구 장인 윌리엄 모그리지(William Maugridge)는 최고 기술자이고 성실하고 재치 있는 인물이다. 휴 메레디스, 스티븐 포츠, 조지 웹도 전토 회원이었는데 앞서 소개한 바 있다. 꽤 많은 재산을 가진 젊은 신사 로버트 그레이스(Robert Grace)는 인심 좋고 발랄하고 익살 넘치는 인물이다. 말장난과 친구 사귀기를 좋아하였다.

상점 관리인 윌리엄 콜먼(William Coleman)은 내 나이 또래였는데 냉철하고 총명한 두뇌, 온화한 성품, 엄격한 몸가짐을 갖춘 보기 드문 인물이다. 훗날 그는 엄청난 영향력을 가진 상인이자 우리 지역의 판사로 활동하였다. 콜먼과의 우정은 그가 별세한 날까지 40년간 지속되었다.

우리 클럽은 오래 존속하면서 철학, 도덕, 정치에 관한 한 그 지역에서 최고의 학파가 되었다. 회합 1주일 전에 논제가 발표되면 각 회원은 논제와 관련된 책들을 미리 탐독하였기에 토론의 수준이 높아졌다. 그런 과정을 겪으면서 우리의 토론 태도는 점차 세련되어 갔다. 모든 토론과 연구는 상대방에게 불쾌감을 주지 않는다는 규칙에 따라 진행되었다. 이런 이유 덕분에 우리 클럽은 오래 지속되었다. 이에 대해서는 앞으로도 자주 언급할 것이다.

6.
동업자 메레디스,
농촌으로 가다

내가 클럽 이야기를 들먹이는 이유는 이 클럽으로부터 엄청난 도움을 받았기 때문이다. 회원 모두는 나에게 일감을 구해주려고 팔을 걷어붙이고 돌아다녔다. 브레인트널은 퀘이커 교도 역사서 가운데 40장 분량을 내가 인쇄하도록 주선해 주었다. 역사서의 나머지 분량은 키머 인쇄소가 맡았다. 인쇄 단가가 낮아 별로 이문이 남지 않았지만 성심성의껏 작업하였다. 역사서는 2절지 판형이었고 본문 활자 크기는 12포인트, 주석(註釋)의 활자 크기는 10포인트였다. 나는 하루에 1장씩 조판하였고 메레디스가 그것으로 인쇄하였다. 인쇄를 마치면 그 판에 있는 활자들을 빼내 다음날 조판 준비를 하였다. 이 작업을 마치면 대체로 밤 11시가 되었다. 여러 친구들이 가져다 준 이런저런 인쇄 일감까지 처리하는 날에는 더 늦게 끝났다. 나는 무슨 일이 있더라도 하루에 1장씩은 조판할 작정이었다.

어느 날 밤에는 인쇄판을 다 짜고 나서 하루 일과를 마쳤다고 안도하고 있는데 갑자기 판 하나가 부러지는 바람에 인쇄판 2개가 뒤죽박죽이 되었다. 나는 서둘러 판 2개를 풀어 처음부터 다시 짜맞춘 뒤에야 잠자리에 든 적도 있었다. 이렇게 열성적으로 일하는 모습이 동네 사람 눈에도 들었고 우리는 이 바닥에서 좋은 평판을 얻기 시작하였다. 나중에 들은 이야기인데 매일 저녁에 상인들이 즐겨 찾는 클럽에서 다음과 같은 말이 나왔다고 한다.

"웬 젊은이가 새로 인쇄소를 차린다는군. 이미 키머, 브래드퍼드 인쇄소가 있는데 또 차린다니 딱하네. 새 인쇄소는 곧 망할 거야."

그러나 이 말을 들은 베어드(Baird) 박사는 다른 의견을 밝혔다고 한다.

"나는 프랭클린만큼 성실하게 일하는 사람을 본 적이 없소. 내가 클럽에서 나와 집으로 돌아갈 때도 프랭클린은 밤늦게 일하고 있고 이웃 주민이 잠에서 깨어나기 전에 벌써 작업을 시작한다오."

클럽 상인들은 베어드 박사의 발언을 듣고 일리가 있다며 고개를 끄덕였다. 그들 가운데 어느 상인이 나를 찾아왔다.

"인쇄소 한 구석에 문방구를 차리시오. 내가 물품을 외상으로 공급하겠소."

고마운 제안이지만 나로서는 아직 소매업에까지 신경을 쓸 겨를이 없어 사양하였다. 내가 부지런히 일하였다고 여러 번 강조하는 이유는 내 자랑을 하고 싶어서가 아니다. 내 후손이 내 글을 읽고 근면 성실이 얼마나 유익한 덕목인지를 깨닫기를 바라기 때문이다.

조지 웹은 여자친구를 사귀었다. 웹은 그 여자친구에게서 빌린 돈으로 키머에게 위약금을 물고 고용 계약을 해지하였다. 웹은 우리 인쇄소에서 일하겠다고 간청하였다.

“자네도 알다시피 우리 인쇄소에서는 직공을 추가할 형편이 되지 않네.”

“키머 인쇄소에서 남은 계약 기간을 채우지 않고 해약한 것은 여기에 오기 위함이었어. 제발 부탁하네.”

“음… 그럼 내가 비밀을 하나 털어놓겠네. 내가 곧 신문을 창간할 텐데 그때가 되면 자네를 채용하겠네.”

“브래드퍼드가 발행하는 신문이 있는데?”

“그 신문은 내용이 엉망이고 경영도 주먹구구, 재미도 없잖아. 그런데도 이익을 내고 있다고! 그러니 괜찮은 신문이 나오기만 하면 크게 성공할 거야!”

“정말 그러겠네.”

“자네, 이 비밀을 누구에게도 발설하면 안 되네. 알겠지?”

“물론이지.”

내가 그렇게 신신당부하였는데도 웹은 나의 신문 창간 계획을 키머에게 즉시 털어놓고야 말았다. 웹을 탓하기보다 내가 어리석었다. 키머는 선수를 쳐서 자기도 신문을 창간키로 하고 웹을 편집장으로 고용하였다. 키머와 웹에게 복수할 방법을 궁리하다가 나의 신문이 창간되기 전이어서 브래드퍼드의 신문에 ‘참견쟁이’(Busy Body)라는 제목으로 풍자성 짙은 글 몇 편을 기고하였다. 그런 뒤 브레인트널이 이어서 여러 달 동안 글을 썼다. 이런 재밌는 기고문 덕분에 주민들의 관심이 브래드퍼드의 신문에 모아졌다. 우리가 키머의 신문 발행 계획을 비꼬고 조롱하자 시민들은 호응하였고 아무도 키머에게 관심을 보이지 않았다. 그런데도 키머는 신문을 창간하였다. 이후 9개월이 지나도 구독자 수는 기껏 90명이었다. 키머가 나를 찾아왔다.

"프랭클린 씨가 신문사를 인수하시오. 헐값으로 넘기겠소."

"……."

나는 잠시 뜸을 들이다 못 이기는 척하고 그 자리에서 제의를 받아들였다. 나는 얼마 전부터 인수할 속셈이었다. 2~3년 만에 짭짤한 수익을 내는 신문으로 키웠다.

메레디스와 동업하면서도 '나'라는 단수(單數) 주어를 쓰는 것은 사실상 모든 업무를 내가 처리하기 때문이다. 메레디스는 식자는 전혀 못하였고 인쇄 기술도 형편없었다. 그런데도 고주망태로 인사불성인 때가 맨 정신일 때보다 더 많았다. 친구들은 내가 주정뱅이 메레디스와 관계를 유지하는 것을 딱하게 여겼으나 나는 의리상 최선을 다해 그를 옹호하였다.

우리 신문의 창간호는 여느 지역 신문들과 확연히 달랐다. 활자체도 깔끔하고 인쇄 상태도 깨끗하였다. 하지만 우리 신문이 결정적으로 좋은 평판을 얻은 것은 당시 버넷 주지사와 매사추세츠 의회 사이에 벌어진 논쟁에 관한 내 논평이 실렸기 때문이다. 나의 용기 있는 논평이 지역 유지들 사이에서 큰 화젯거리가 되어 우리 신문과 발행인이 널리 알려졌다. 몇 주 사이에 이들이 죄다 우리 신문의 독자가 되었다.

저명인사들이 우리 신문을 구독하자 다른 주민들도 잇달아 구독 신청을 하였고 발행 부수는 꾸준히 늘었다. 내가 글솜씨를 가다듬은 노력의 첫 결실이었다. 다른 결실도 있었다. 지도층 명사들은 문인인 나를 돕고 격려하는 게 낫다고 판단하였다. 브래드퍼드는 여전히 투표 용지, 법률 문서, 관공서 서식 따위를 인쇄하고 있었다. 그는 언젠가 주 의회가 주지사에게 보내는 청원서를 주문 받고는 조잡하게 엉터리로 만들어 주었다. 우리 인쇄소에서는 그 청원서를 모양새 좋고 정확한 문자로 다시 인쇄해 의원 전원에게 1부씩 보냈다. 의원들은 확실한 품질 차이를 느꼈고 의회에 있는 내 지인들도 발 벗고 나선 덕분에 이듬해부터는 우리 인쇄소가 주 의회 인쇄업자로 선정되었다.

주 의회에 있는 지인 가운데 앞서 언급하였던 해밀턴 변호사를 잊을 수 없다. 그는 영국에서 돌아와 의원으로 활동하고 있었다. 그는 내가 주 의회 일감을 맡을 수 있도록 앞장서 도와주었다. 그는 작고할 때까지 나를 지원하였다. 이 무렵에 버논 씨가 나에게 빚 얘기를 슬쩍 비쳤으나 독촉하지는 않았다. 나는 그에게 다음 요지로 편지를 썼다.

'잊지 않고 있습니다. 조금만 더 참아주시면 대단히 감사하겠습니다.'

버논 씨는 내 간청을 들어주었다. 나는 사정이 개선되자 원금은 물론 이자까지 덧붙여서 장문의 감사 인사와 함께 빚을 갚았다. 이렇게 해서 내가 저지른 실수 하나를 바로잡았다.

그러다 전혀 예상치 못한 수렁에 빠졌다. 우리 인쇄소 창업 자금을 대주기로 하였던 메레디스의 아버지는 총자본금 200파운드 가운데 100파운드만 현금으로 낸 바 있다. 나머지 100파운드는 차일피일 미루고 있었다. 어느 날 메레데스가 자기 아버지의 말씀을 전하였다.

"큰일 났소. 아버지가 100파운드를 출자하기 어렵다고 하오."

인쇄소 시설 구입 대금은 외상으로 미루어 두었다. 대금을 받지 못한 물품 공급업자들이 발끈하여 우리를 사기꾼으로 고소하였다. 우리는 보석금을 내고 일단 풀려나긴 하였지만 기한 안에 돈을 장만하지 못하면 소송이 진행되고 판결에 이어 집행 절차에 이를 것이 뻔하였다. 인쇄기와 활자가 공매 처분될 것이고 그러면 절반 값밖에 받지 못할 것이다. 그러면 우리의 희망은 영영 사라질 것 아닌가.

이 일 때문에 낙심해 있을 때 친구 둘이 나를 찾아왔다. 나는 이 친구들의 후의를 지금껏 잊지 않고 있으며 앞으로 살아 있는 동안 잊지 않을 것이다. 그 둘은 따로따로 찾아왔기에 그들 서로는 이 사실을 몰랐다.

"프랭클린 자네 혼자서 사업을 영위하는 데 필요한 자금을 모두 빌려 주겠네!"

내가 도와 달라고 요청하지도 않았는데 그들은 각각 나를 돕겠다고 나선 것이다.

"단, 메레디스와 동업 관계는 청산하는 게 좋겠네. 그 인간이 술주정을 부리며 시내를 돌아다니는 모습을 자주 목격했네. 술집에서 도박까지 하더군. 그자 때문에 자네 인쇄소의 신용이 크게 떨어졌다네."

이 둘은 바로 윌리엄 콜먼, 로버트 그레이스.

"아무리 그래도 내가 먼저 메레디스에게 결별하자고 말할 수는 없네. 메레디스 부자가 우리의 계약을 유지하려는 한 내가 파기할 수 없지. 나를 돕겠다니 고마우이! 메레디스 부자가 계약을 이행하지 못하면 동업이 끝날 텐데 그때는 내가 자네에게 도움을 요청하겠네."

아무 결정도 내리지 못하고 며칠을 보내다가 나는 메레디스에게 말하였다.

"혹시 당신 아버지께서 우리 동업을 탐탁찮게 여기셔서 아들 혼자 하기를 바라지 않소? 그렇게 한다면 충분히 지원한다는 뜻 아니겠소? 사실이 그렇다면 제게 말씀해 주시오. 이 인쇄소를 당신에게 넘기고 나는 다른 일을 찾겠소."

"그렇지 않소. 아버지는 정말 곤경에 빠져 있소. 우리를 도와줄 여력도 없고 나도 더 이상 아버지를 괴롭히고 싶지 않소. 인쇄소 업무는 내 적성에 맞지 않소. 농사꾼으로 살다가 나이 서른에 다른 기술을 배운답시고 도회지에 나온 게 멍청한 짓이었소."

"……."

"우리 웨일스 출신 사람들이 땅값이 싼 노스캐롤라이나에 가서 많이 정착하였다오. 나도 거기에 가서 농사지으며 살고 싶소. 당신은 도움을 줄 친구를 찾을 수 있겠지. 당신이 인쇄소 빚을 떠안고, 아버지 출자금 100파운드를 돌려주고, 내 잡다한 빚을 갚아주고 나에게 30파운드와 새 말안장을 마련해준다면 동업 관계를 청산하고 모든 권리를 당신에게 넘기겠소."

나는 메레디스의 제안을 받아들이기로 하였다. 즉시 이 조건을 서류로 꾸미고 서명하여 봉인하였다. 나는 메레디스의 요구를 다 들어주었고 그는 곧 노스캐롤라이나로 떠났다. 이듬해에 메레디스는 꽤 길게 쓴 편지 2통을 보내왔다. 노스캐롤라이나의 기후, 토양, 농업

등에 관한 자세한 정보가 담겨 있었다. 메레디스는 그 분야에 관해서는 만물박사였다. 나는 이 편지 내용을 신문에 게재하였는데 독자 반응이 좋았다.

메레디스가 떠나자마자 나는 윌리엄 콜먼, 로버트 그레이스, 이 두 친구를 찾아갔다. 둘 가운데 누구 하나의 기분을 상하게 하지 않으려 그들이 제시한 지원 금액의 절반씩 빌렸다. 그 돈으로 인쇄소의 외상 빚을 갚았다. 메레디스와의 동업 관계가 끝났음을 공고하고 나 혼자 인쇄소를 경영하였다. 이때가 1729년 무렵이다.

7.
우여곡절 끝에 리드 아가씨와 결혼

그즈음에 펜실베이니아 주에서는 화폐량이 모자랐다.

"지폐를 더 발행하라!"

주민의 목소리가 높아갔다. 당시엔 이 지역에서의 화폐 발행 총액이 단지 15,000파운드뿐이어서 숨이 막힐 정도로 모자랐다. 부자들은 지폐 추가 발행에 반대하였다. 뉴잉글랜드의 사례에서처럼 지폐를 더 찍으면 가치가 떨어져 모든 채권자들이 손해를 본다는 편견을 가졌다. 전토 클럽에서도 이 사안을 토론하였는데 나는 지폐 추가 발행을 지지하였다.

1723년 소액 화폐가 처음 발행되었을 때 거래와 고용이 늘어나고 지역 인구도 증가하였음을 알고 있다. 빈 집이 사라지고 새 건물이 계속 지어졌다. 내가 처음 필라델피아에 도착해 빵을 뜯어먹으며 길거리를 다닐 때만 해도 1번가, 2번가 사이의 월넛 가 주택에는 거의 다 '세 놓음'이라는 종이 쪽지가 문에 붙어 있었다. 체스트넛 가나 다른 거리에서도 같은 양상이었다. 도시 주민이 너도나도 그곳을 떠나지 않나 하는 의구심이 들 정도였다.

한동안 나는 이 사안에 빠져들어 '지폐의 본질과 필요성'(The Nature and Necessity of a Paper Currency)이라는 제목의 논문을 써서 익명으로 팸플릿으로 제작하였다. 일반 시민은 내 논문에 적극 호응하였지만 부자들은 반대하였다. 내 논문이 지폐 발행량 확대론을 지지하는데도 재력가 가운데에는 반론을 펼칠 만한 문사(文士)가 없었다. 반대 주장은 힘을 잃어 결국 지폐 확대 안건은 의회에서 다수결로 통과되었다. 이 과정을 지켜본 주 의회의 지인들은 나의 공적을 인정하여 지폐 인쇄를 우리 인쇄소에 맡겼다. 이익이 많이 나는 사업이어서 뭉칫돈을 벌었다. 글을 잘 쓰면 유용함을 절감하였다.

세월이 흐르면서 지폐의 편리성이 느껴지자 화폐 증발 논쟁은 사라졌다. 얼마 지나지 않아 지폐 발행량이 55,000파운드로 늘었고 1739년엔 80,000파운드가 되었다. 그 후 전쟁을 겪으며 발행량은 350,000파운드 이상으로 늘어났고 이와 더불어 거래와 건물, 인구도 증가하였다. 지금 시점으로 보면 화폐량이 어느 한계점을 넘어서면 오히려 해악이 된다고 본다.

얼마 후에 뉴캐슬의 지폐를 인쇄하였는데 이 일감은 해밀튼 씨 덕분에 얻었다. 큰 규모는 아니었으나 나에게는 고마울 따름이었다. 곤경에 빠진 사람에겐 작은 도움이라도 크게 느껴지는 법이다. 무엇보다 나에게 용기를 주었으니 더없이 고마웠다. 해밀튼 씨는 정부의 법률 문서와 투표 용지를 인쇄하는 일감도 챙겨주었다. 이런 일은 내가 인쇄업을 하는 내내 맡았다. 나는 자그마한 문구점도 열었다. 가게 안에 다양한 서식 용지를 비치하였다. 브레인트널이 도와준 덕분에 인근 문구점 가운데 가장 정확한 서식을 갖출 수 있었다. 종이, 양피지, 행상용 서적 등도 갖추어 놓았다.

그 무렵에 옛날 런던에서 알고 지내던 화이트매시(Whitemash)라는 유능한 식자공이 나를 찾아왔기에 함께 일하자고 하였다. 그는 늘 흔들리지 않는 성품에 몸놀림이 바지런하였다. 인쇄공이며 시인이었던 아킬라 로즈의 아들도 도제로 데리고 있었다.

인쇄소를 차릴 때 진 빚을 그즈음부터 조금씩 갚기 시작하였다. 사업가로서의 신용과 호평을 잃지 않으려 부지런하고 검소한 생활을 실천하였다. 실제로 그렇게 하였고 또 남이 보기에도 그렇게 느껴지도록 노력하였다. 즉, 옷을 수더분하게 입었고, 한량이 노니는 곳에는 얼씬도 하지 않았다. 낚시, 사냥은 손도 대지 않았다. 독서에 몰두하여 잠시 일을 미루는 때가 가끔 있었을 뿐이다. 이런 경우는 남의 눈에 띄지 않기에 구설에 오르지는 않았다. 인쇄소 작업을 성심껏 처리한다는 사실을 과시하기 위해 가게에서 산 종이 뭉치를 수레에 싣고 귀가하기도 하였다. 이렇게 해서 '부지런하고 장래가 밝은 청년'이라는 평판을 받았다.

내가 물품 대금을 제때에 지급하였기에 문방구 수입업자는 나에게 물건을 대겠다고 서로 다툴 지경이었다. 책을 공급하겠다는 상인도 나타났다. 모든 일이 순조롭게 풀렸다. 반면 키머의 신용도는 갈수록 떨어졌고 사업도 쇠락해졌다. 키머는 결국 빚잔치를 위해 인쇄소를 팔아야 하였다. 그는 바베이도스 섬으로 들어가 초창기엔 찢어지게 가난한 삶을 누렸다.

내가 키머 인쇄소에서 근무할 때 나에게서 기술을 배웠던 도제 데이비드 해리가 키머의 인쇄 설비를 사들여 필라델피아에서 인쇄소를 개업하였다. 해리는 재주 많은 친구를 여럿 가졌고 인맥이 넓어 나의 강력한 라이벌이 될 것으로 보였다. 그래서 동업을 제의하였더니 그는 콧방귀를 뀌며 거절하였다. 그때는 마음이 상하였지만 훗날 보니 오히려 나에겐 잘된 일이었다.

해리는 콧대가 높고 사치스런 옷을 입고 다녔다. 사교장에 들락거리다 보니 인쇄 사업은 뒷전이었다. 빚이 늘어나고 주문이 끊기자 사업을 접었다. 해리는 인쇄기와 활자를 갖고 키머가 사는 바베이도스 섬으로 가서 인쇄소를 차렸다. 해리는 옛 주인 키머를 이번에는 직공으로 고용하였다. 이 두 사람은 툭하면 왕년에 이랬니저랬니 하며 다투었다. 해리는 그곳에서도 빚에 시달려 인쇄기와 활자를 팔고 펜실베이니아로 돌아왔다. 키머는 바베이도스 섬에서 해리의 인쇄 시설을 인수한 업자 밑으로 들어가 근무하였다. 그러나 몇 년 후 그 업자는 이승을 떠났다.

이제 필라델피아에서 나의 사업 라이벌은 브래드퍼드 씨밖에 없었다. 부유하고 배짱이 두둑한 브래드퍼드는 이젠 가끔 인쇄기를 돌릴 뿐 사업 전반에 별로 열을 내지 않았다. 그는 여전히 우체국을 운영하였다. 필라델피아 시민들은 이 우체국 때문에 브래드퍼드가 새로운 정보를 많이 가졌을 것이라 믿었다. 그래서 브래드퍼드의 신문에 광고를 즐겨 게재하였다. 나의 신문에는 광고 물량이 훨씬 적었다. 그에게는 유리하고 나에겐 불리한 상황이었다. 나는 우체국을 통해 신문을 배달하긴 하였는데 수량이 별로 늘지 않았다. 브래드퍼드가 우리 신문의 우편배달을 훼방 놓는 것이었다. 나는 우체부에게 별도의 용돈을 쥐어주며 우리 신문의 배달에 신경써주도록 부탁하였다. 그러나 이게 들통 나는 바람에 브래드퍼드는 우체부를 족쳤다. 이 일 때문에 나는 상심하였고 브래드퍼드가 '비열한 영감탱이'로 보였다. 훗날 내가 노인이 되었을 때 나는 경쟁자에게 비열한 짓을 하지 않았다.

그때까지도 나는 수학자 갓프리 가족과 함께 셋집에 살았다. 갓프리는 아내와 자녀를 거느리며 내 셋집 한 구석에 살면서 우리 인쇄소 한쪽에서 유리 세공작업을 하였다. 그런데 그는 생업은 뒷전이고 수학 연구에 몰두하였다. 갓프리의 부인은 어느 친척의 딸을 나와 짝지어 주려고 둘이 만나는 자리를 자주 주선하였다. 나는 그녀가 마음에 들어 교제하다가 그녀에게 정식으로 청혼하였다. 그녀의 부모는 나를 저녁 식사 자리에 자주 초대해서 우리 둘만 있도록 자리를 피해 주었다. 우리는 늦은 밤까지 이야기꽃을 피웠다. 마침내 결혼하기로 둘이서 마음을 합하였다. 갓프리 부인은 양가를 오가며 혼사에 필요한 심부름을 하였다. 나는 그녀에게 결혼 조건을 말하였다.

"인쇄소의 남은 빚을 갚을 만큼 신부 측에서 지참금을 가져 오면 좋겠어요. 100파운드가 채 되지 않아요."

부인은 그 집에 다녀온 후 나에게 그 집 사정을 전하였다.

"신부 집에 그만한 여유가 없다고 하네요."

"저택이 꽤 좋던데 저당 잡아 자금을 마련하면 될 것 아니겠어요?"

며칠 후 갓프리 부인은 신부 측 입장을 전해주었다.

"신부 부모가 혼인을 승낙할 수 없다고 하네요."

"지참금 때문에 그런가요?"

"사실은 신부 아버지가 브래드퍼드 씨에게 여쭈어 보았다고 해요. 그 어르신은 인쇄업이 앞으로 어려워질 거라고 말하였다는군요."

"허허!"

"활자가 금세 낡아져 자꾸 새것을 사야 한다네요. 키머, 해리가 줄줄이 망하였고 프랭클린 씨도 곧 그런 신세가 될 거라고 말하였다 합니다."

"터무니없는 악담이에요."

"암튼 그 집에서는 프랭클린 씨가 더 이상 딸을 만나지 말라고 합니다. 딸에게도 금족령이 내려졌답니다."

그들이 진정 변심해서 그랬을까? 딸과 내가 정이 들어 둘이서 몰래 결혼하면 지참금을 주지 않거나 깎을 수 있다고 계산하지는 않았을까? 곰곰 생각하니 아무래도 후자 같았다. 나는 울화가 치밀어 다시는 그 집에 가지 않았다. 나중에 갓프리 부인은 나에게 다시 접근하였다.

"그분들은 좋은 사람이에요. 어때요? 다시 만나보시겠어요?"

"아니오!"

나는 딱 잘라 말하였다. 이 일 때문에 갓프리 부부는 나를 원망하였다. 서로 사이가 서먹서먹해졌고 마침내 그들 가족은 이사를 갔다. 집에 혼자 쓸쓸히 남았지만 더 이상 세를 놓지 않기로 결심하였다.

이런 일을 겪고 나니 나의 결혼관이 바뀌었다. 내 주변에 신붓감이 있는지 둘러보기도 하고 다른 곳의 지인들에게 배필을 찾아달라고 부탁도 하였다. 하지만 대부분 사람들은 인쇄업을 가난한 직업으로 여겨 소개하기를 꺼려하였다. 언감생심, 지참금을 가져오라 할 수는 없다는 사실도 깨달았다. 간혹 지참금을 가져오겠다는 여성이 있긴 하지만 그런 경우에 상대방이 내 마음에 들지 않았다. 이러는 동안 젊은 남자로서 육체적 욕구를 억제하기 어려울 때는 몸 파는 여자를 만났다. 그럴 때면 돈도 들지만 몹시 꺼림칙하였다. 성병이 걸릴까 봐 걱정이 태산이었는데 다행히도 그런 불상사는 없었다.

나는 리드 씨 가족과 이웃으로, 오랜 친구로 지내면서 변함없이 친근하게 어울렸다. 내가 그 집에 하숙을 시작한 이후 그 가족은 언제나 나를 다정스레 대하였다. 나는 이따금 리드 씨 집을 방문해서 의논 상대가 되어 주고 일을 해결해 주기도 하였다. 그 집에서 리드 양을 볼 때마다 측은하였다. 그녀는 늘 무기력하고 어두운 얼굴로 집에 틀어박혀 사람을 기피하였다. 그녀의 불행이 내 탓인 듯해서 자책감이 들었다. 내가 런던에 가서 경솔하게 변덕을 부렸기에 그런 것 같았다. 리드 양의 어머니는 내가 런던으로 가기 전에 우리의 결혼을 반대하였고 내가 없는 사이에 딸을 다른 남자와 혼인하도록 강요하였다. 그래서 어머니는 자책감으로 후회하였다.

그러다 나와 리드 양은 서로 과거의 좋은 감정을 느끼기 시작하였다. 그러나 우리 둘이 결합하는 데엔 커다란 걸림돌이 있었다. 리드 양과 결혼하였던 남자의 본처가 영국에 살고 있다 하니 리드 양과의 혼인은 무효인 셈이다. 그러나 본처가 영국에 있다는 사실 여부를 확인하기도 어려웠다. 그 남자가 별세하였다는 풍문도 돌았지만 확실하지는 않았다. 만약 그 남자가 빚더미를 남기고 떠났다면 리드 양과 새로 결혼할 남자가 그 빚을 갚아야 할지도 모를 일이다. 이 모든 문제점을 무릅쓰고 우리는 모험을 저질렀다.

1730년 9월 1일 나는 리드 양을 배우자로 맞았다. 우려하였던 일은 일어나지 않았다. 아내는 멋지고 믿음직한 동반자였고 인쇄소에 나와 이것저것 도왔다. 우리는 더불어 발전하였고 서로를 행복하게 해주려 애썼다. 이렇게 해서 과거의 내 실수 하나를 또 바로잡았다.

8.
최초의 공공도서관 창립

이 무렵에 우리 전토 클럽은 선술집보다는 그레이스 씨 집의 작은 방에서 주로 모였다. 그레이스 씨는 우리 클럽 모임을 위해 그 방을 제공하였다. 어느 날 나는 한 가지 제안을 하였다.

"토론 주제를 연구하면서 서로 책을 자주 빌려 보니 회합 장소에 책을 모아 공동 서재를 꾸미면 어떻겠습니까? 책을 한 군데 모아놓으면 책 전부를 소유하는 것이나 마찬가지이므로 모두에게 이로운 일 아닙니까?"

모두 내 제안에 찬성하였고 방구석에 책을 잔뜩 쌓아두었다. 책이 기대만큼 많지는 않았지만 공동 서재는 무척 쓸모 있었다. 그러나 관리가 제대로 되지 않아 자질구레한 문제가 생기는 바람에 1년 후쯤에는 각자가 자기 책을 도로 집으로 가져갔다.

이 일을 겪으며 나는 회원제 대출 도서관이라는 공적 시설을 만드는 일에 나서게 되었다. 내가 운영 안을 만들었고 유명한 공증인 찰스 브록덴(Charles Brockden) 씨가 형식에 맞게 다듬었다. 전토 클럽 회원의 도움 덕분에 회원 50명을 확보하였다. 도서관 회원은 가입비 40실링을 내고 이듬해부터는 1년에 10실링씩 50년(이 정도는 오래 지속할 테니까) 동안 내도록 하였다. 도서관은 후에 법인으로 발전하였고 회원수는 100명으로 늘었다. 오늘날 북미에서 흔히 보이는 회원제 도서관의 효시(嚆矢)가 바로 우리 도서관이다. 우리 도서관 규모는 갈수록 커졌고 다른 도서관도 계속 생겼다. 도서관의 영향력 덕분에 주민의 대화 수준이 향상되었고 필부필부(匹夫匹婦)도 다른 나라의 지식인에 버금가는 교양을 지니게 되었다. 영국의 여러 식민지 주민이 권리를 지키려 독립운동에 나선 데도 도서관이 어느 정도 영향을 미쳤을 것이다.

※ 여기까지는 앞서 밝힌 의도처럼 잡다한 가족 이야기가 많아 다른 독자에겐 별로 중요하지 않을 내용이다. 하지만 다음부터의 글은 여러 해 뒤에 쓴 것인데 아래 편지의 요청을 반영하여 일반 독자를 의식하고 썼다. 중간의 공백은 미국 독립전쟁(1775~1783) 때문에 쓸 경황이 없어 비워둔 결과이다.

다음 편지는 내가 프랑스 파리에 있을 때 에이블 제임스(Able James) 씨에게서 받은 것이다. 편지 봉투 안에는 내가 쓴 자서전 원고 일부와 메모 쪽지들이 동봉되어 있었다.

친애하는 나의 친구에게

귀하에게 편지를 써야 한다고 여러 번 다짐하였지만 선뜻 실행하기가 힘들었습니다. 혹시라도 편지가 영국인의 수중에 들어가 인쇄업자 또는 떠버리들이 편지 내용을 인쇄해서 뿌리면 귀하에게 타격을 입히고 제가 비난받는 경우가 생길까 걱정하였기 때문입니다.

그러다 정말 반갑게도 최근에 귀하의 친필 원고 23장을 우연히 입수하게 되었습니다. 그 원고엔 귀하의 아들에게 들려주는 가문 이야기, 귀하의 인생 이야기가 들어 있더군요. 그런데 이야기가 1730년에서 끝나 있었습니다. 귀하의 친필 원고와 함께 귀하가 쓰신 메모 쪽지도 있어 동봉합니다. 분실 우려 때문에 별도로 필사해 두었습니다. 자서전을 집필할 계획이 있으시면 메모 쪽지를 활용해 뒷부분을 연결하는 데 도움이 되겠군요. 자서전 집필 계획이 없으시다면 얼른 집필을 개시하기를 바랍니다. 목사님들의 말씀처럼 인생은 누구에게나 불안한 여행길입니다. 그러므로 자비롭고 인정 많은 벤저민 프랭클린이 친구와 세상 사람에게 흥미롭고 유익한 체험담을 들려주어 인생의 불안감을 덜어주어야 합니다. 그러지 않으면 귀하의 직무 유기입니다. 2~3인이 아니라 수백만 명의 독자가 귀하의 자서전에서 즐거움과 교훈을 얻을 것입니다.

인생에서 대업(大業)을 성취한 인물이 청년에게 미치는 영향은 매우 강력합니다. 제가 보기엔 우리 모두의 친구인 귀하의 자서전만큼 강렬한 영향력을 가진 글은 없을 겁니다. 청년은 귀하의 체험기를 읽으면서 귀하처럼 위대한 인물이 되려고 결심할 것입니다. 귀하의 자서전이 출간되어 (반드시 그럴 것이라 짐작합니다만) 청년이 젊은 시절의 귀하처럼 부지런하고 절제하는 생활을 한다면, 아! 이는 얼마나 큰 축복이겠습니까? 이 나라의 청년에게 근면, 검소, 절제라는 고결한 가치를 알려주고 젊을 때 자신의 일을 찾는 데 몰두하도록 독려할 인물은 제가 알기론 귀하 외에는 아무도 없습니다. 여러 사람이 협력해도 그런 힘을 발휘할 수 없습니다. 물론 귀하의 글이 이런 용도로만 쓸모 있다는 뜻은 아닙니다. 다만 그런 역할이 다른 무엇보다 중요하다는 뜻입니다.

에이블 제임스 씨는 자기 편지와 내가 쓴 메모 쪽지를 어느 친구에게 보여준 모양이다. 그 친구도 다음과 같은 편지를 나에게 보내왔다. 1783년 1월 31일 벤저민 본(Benjamin Vaughan)[43] 씨가 프랑스 파리에서 보낸 편지이다.

존경하는 선생님께

퀘이커 신자 친구인 에이블 제임스 씨가 프랭클린 선생님에게 보낸 편지와 메모 쪽지를 읽고 제임스 씨의 제안대로 저도 선생님의 자서전이 완성되어 탄생해야만 할 이유를 적어 보내겠다고 약속한 적이 있

43 자메이카에서 태어나 영국에서 교육 받은 의사이자 정치인(1751–1835).

습니다. 한동안 잡다한 사정 때문에 편지를 쓰지 못하였습니다. 내 편지가 선생님의 결심에 도움이 될지 어떨지도 모르겠군요. 아무튼 짬이 좀 난 김에 이 편지를 쓰면서 저 혼자만이라도 읽는 재미를 느끼며 뭐라도 배우려 합니다. 혹시 제가 구사하는 어휘가 선생님을 상심시킬 수도 있기에 선생님처럼 선량하고 훌륭하지만 선생님보다는 좀 편하게 대할 수 있는 가상 인물에게 말한다고 여기겠습니다. 저는 그 인물에게 다음과 같이 말하겠습니다.

내가 자네에게 인생 체험담을 써보라고 간청하는 이유는 다음과 같네. 자네의 인생은 매우 놀라운 내용이어서 자네가 손수 들려주지 않으면 틀림없이 다른 사람이 그렇게 할 것이네. 그렇게 되면 자네가 직접 쓰는 것보다 훨씬 못할 것 아닌가? 자네가 써야만 미국의 내부 상황이 상세하게 기술될 것이고, 그래야 순수하고 용감한 청년들이 미국에 가서 정착하려 하겠지. 미국에 대해 알고 싶어 하는 사람이 수두룩한데 자네처럼 유명한 인물의 자서전만큼 효과적인 광고는 없을 것일세. 자네가 살아오면서 겪은 체험에는 신흥국 국민의 사고방식과 상황이 그대로 담겨 있지. 이런 점에서 볼 때 인간 본성과 사회를 제대로 파악하려면 카이사르(Caesar)나 타키투스(Tacitus)의 글보다 자네 자서전이 낫다고 보네.

자네 인생이 미래의 인재를 양성하는 디딤돌이 된다면 앞서 말한 이유는 사소한 일에 불과하지. 자네가 출판하려는 『덕성의 기술』(Art of Virtue)과 더불어 자네 자서전은 개인의 인격 도야에 도움이 될 것이며 그렇게 하면 사회와 가정에 행복이 넘치겠지. 자네의 책 2권은 특히 독학자에게 귀중한 지침과 모범 역할을 할 걸세. 학교를 비롯한 여러 교육기관에서는 엉터리 원칙을 고집하며 비뚤어진 목표를 이룬답시고 어설픈 교육 방식으로 학생을 가르치지. 반면에 자네의 가르침은 명확하고 목표는 진실에 가깝지. 부모와 청년들이 인생 진로를 찾는 올바른 방법을 찾지 못할 때에 '각자 개인의 노력이 가장 중요하다'는 자네 가르침은 매우 귀중하네. 인생 후반기에 든 사람에겐 어떠한 가르침도 별 소용이 없겠지. 중요한 습관이나 예지력은 청소년기에 형성되는 법이니.

직업, 인생 목표, 결혼 가치관 등도 젊을 때 결정되지. 인생의 전환기도 청춘기에 해당되지. 다음 세대까지 영향을 미치는 교육도 젊은 때나 가능하지. 사적, 공적 문제에 대한 견해가 정립되는 것도 바로 이때이지. 젊을 때 정립된 가치관이 평생 유지되므로 첫걸음이 좋아야 하지. 특히 중요한 인생 목표를 결정하기 전에 모든 것이 제자리에 잡혀야 하지.

자네 자서전이 스스로 배우는 방법만을 가르치지 않고 지혜로운 인간이 되는 길까지 제시하겠지. 지혜로운 인간이라 해도 다른 사람의 지혜로운 행동을 보면 영감을 얻어 더 나은 인물이 될 수 있지. 오랜 세월 동안 이정표 하나 없는 어둠 속에서 헤매는 약자를 도와야 하지 않겠나? 자식과 부모에게 할 일이 얼마나 많은지 알려 주시게. 현인(賢人)은 자네처럼 되도록 이끌어주고 우인(愚人)에게는 지혜를 가르쳐 주시게. 정치인, 군인이 인간에게 잔인하고 저명인사가 주위 사람에게 어리석은 짓을 저지르는 요즘 평화롭고 원만하게 살아갈 수 있다고 알려주면 큰 도움이 되겠지. 훌륭한 사람이면서도 모범 가장(家長)일 수 있고,

부러움 받는 지위에 있으면서도 누구에게나 다정하게 다가갈 수 있음을 알려주는 것도 도움이 되겠지.

개인의 잡다한 일상을 들려주어도 듣는 이는 생활에서 신중하게 행동하는 데 이로울 것이네. 자네가 이런 자질구레한 일을 어떻게 처리하였는지 보는 것도 흥미롭지. 자네의 체험담은 누구나 살아가면서 한두 번 겪을 수 있는 일을 알려주어 다른 사람이 현명하게 대응할 수 있는 나침반 역할을 해 줄 거네. 타인의 짜릿한 인생 체험을 보면 그 삶을 직접 겪는 것과 엇비슷할 것이네. 자네 글이 이런 역할을 하겠지.

사람이 어떤 일을 체험하고 이것에 대처하는 과정은 단순해 보이거나, 중요해 보일 수 있는데 어느 경우에도 큰 감동을 줄 것이네. 자네가 인생에서도 정치, 철학을 논할 때처럼 개성적인 방법으로 문제를 해결하였을 것이라 확신하네. 중요성 판단, 옳고 그름의 판정에 타인의 삶만큼 유용한 잣대가 어디 있겠나?

도덕적이지만 무모한 인사가 있는가 하면 사고(思考)는 깊은데 비(非)현실적인 사람도 있고, 영리하지만 사악한 인간이 있지. 자네는 현명하면서도 현실적이고 선량한 인물이지. 그런 모습을 우리에게 보여줄 것으로 믿네. 자네의 과거사를 가감 없이 드러낼 것이지? 흙수저 출신임을 부끄럽게 여기지 않는 자네의 용기가 존경스럽네. 행복, 덕성, 위대함을 성취하는 데 출신 성분이 뭐 그리 중요하겠는가? 자네가 증명하지 않았는가?

목적을 이루려면 실행 수단이 있어야 하지. 자네는 수단을 계획하고 그 계획에 따라 노력하지 않았는가. 거대한 성과도 인간의 지혜로 짜낼 수 있는 단순한 수단으로 이루어지지. 즉, 성품, 장점, 사고방식, 습관에 의해 성취되는 셈이지. 자네의 글은 세상이라는 무대에 나서려면 적절한 타이밍을 잡아야 함을 일깨워 주겠지. 사람들은 대체로 현재 순간에 얽매여 있는 편이지. 이 순간 후에 훨씬 많은 순간이 닥칠 것이므로, 어떤 일을 벌일 때는 인생 전체를 살펴야 하지. 대부분 사람들은 이를 잊고 살지.

자네는 성품과 인생을 잘 조화시켰고 초조감, 후회로 괴로워하지 않으며 만족, 즐거움, 활기 속에 살아온 것 같네. 인내심이 강한 인물을 거울삼아 심신을 수련한 사람에게는 그런 식으로 사는 것이 어렵지 않지. 그 퀘이커 신자 친구 에이블 제임스 씨도 자네를 닮은 편이지. 그분은 자네의 검소, 근면, 절제를 칭송하며 모든 청소년들의 귀감이 될 것이라 말하였지. 그러나 그분이 자네의 겸손, 공평무사한 덕목을 언급하지 않았으니 어리둥절하군. 자네의 이런 덕목이 없었다면 초조함으로 성공을 기다리거나 아니면 기다리지도 못하였을 터인데! 명예는 헛된 것이고 평정심이 중요하다는 교훈을 깨닫고 있네. 자네 명성을 잘 아는 사람은 아마 다음과 같이 말하겠지.

"프랭클린이 이전에 쓴 글을 읽고 태도를 지켜본 사람들은 『자서전』과 『덕성의 기술』에 주목할 것이다. 반대로 『자서전』과 『덕성의 기술』을 읽은 독자는 자네의 글과 태도를 살필 것이다."

이것이 여러 품성을 지닌 인물이 가진 장점이며 이 품성이 하나로 어우러지면 더 큰 시너지 효과를 내겠지. 대부분의 사람들이 시간이나 뜻이 없다기보다는 인격 수련법을 몰라 방황하기에 자네 글은 더욱 필요하네.

끝으로 하나 덧붙이자면, 자네가 살아온 인생 역정은 그 자체가 한 편의 전기(傳記)가 될 것이네. 자서전은 유행에서 좀 벗어나지만 그래도 아주 유익하지. 자네 자서전이라면 더욱 유익하겠지. 엉터리 작가의 자서전엔 허영이 그득 차고 흉악범의 자서전엔 권모술수가, 수도사의 글에는 어리석고 자학적인 내용이 많은 편이지. 그런 인간의 인생과 자네의 삶은 뚜렷한 대조를 보이지. 자네 자서전이 나오면 이에 자극받은 다른 사람도 자서전에 실을 삶을 살려고 노력할 것이고, 그러면 『플루타르코스 영웅전』(Plutarch's Lives)을 모두 합친 것만큼 가치 있는 책이 될 것이네. 이 세상에서 오직 한 사람만이 가진 특성을 상상하는 일이 따분해지려 하네. 그 한 사람을 직접 칭찬할 수 없으니 말일세. 그러하니 가상 인물에게 편지를 쓰는 행위는 여기서 마치겠네.

이제부터는 프랭클린 선생님에게 직접 쓰기로 하겠습니다. 제가 선생님께 진정 바라는 것은 선생님께서 그 고상한 인품을 스스로 세상에 알리는 일입니다. 세인(世人)들이 그 일을 한다면 선생님의 인품이 잘못 기술될 수 있고 혹시 비난으로 흠집이 생길 수도 있지요. 선생님의 연세와 신중한 성격, 독창적인 사고방식 등을 고려할 때 선생님 외엔 누구도 선생님께서 겪은 체험과 마음속의 뜻을 제대로 표현할 수 없을 겁니다.

요즘 같은 격변의 시대엔 자서전 주인공은 세인의 이목(耳目)을 끌게 마련입니다. 그러기에 자서전에서 도덕적 원칙을 주장하고 그것이 어떤 영향을 미쳤는지 보여주는 사람이 주인공이 되어야 합니다. 선생님은 인격만으로도 모든 이들이 우러러보므로 영원히 존경받아 마땅한 인물입니다(영국, 유럽에서 뿐만 아니라 신흥국 미국에서도 영향력이

커져야 합니다). 제 평소 지론은 '우리가 더 큰 행복을 향유하려면 인간은 영악하고 혐오스런 동물이 아니며 잘 수련하면 누구라도 높은 경지에 오른다는 사실을 증명해야 한다'입니다. 이에 따라 저는 세상에 훌륭한 인물이 있다는 사실을 모두에게 알리기를 바랍니다. 만인이 악한이라면 선인(善人)도 실망하여 노력하지 않고 자기 몫만 챙기는 게 낫다고 판단하겠지요. 그러니 선생님께서 하루라도 일찍 자서전 집필에 나서시길! 선생님이 선한 만큼 그 선한 덕성을 보여주십시오. 절제하며 살아왔으니 그 절제를 보여주십시오. 어릴 때부터 정의, 자유, 화합을 사랑하였고 언제나 자연스럽게 이 덕목을 실행하였음을 보여주십시오. 제가 지난 17년간 선생님의 그런 모습을 보아왔던 것처럼!

영국인이 선생님을 존경할 뿐만 아니라 더 나아가 사랑하도록 만드시길 바랍니다. 영국인이 미국인 개개인을 좋아할 때 미국이라는 나라에 대해서도 더 우호적으로 느낄 것입니다. 영국인에게 미국이 좋은 나라라고 인식될 때엔 미국인도 영국을 친근하게 느끼겠지요. 더 멀리, 더 넓게 보십시오! 영어권 국가에만 머물지 말고 자연, 정치에 대해 관점을 정리한 후엔 인류 전체의 개선책까지 고민해 보십시오. 선생님의 자서전을 아직 읽지도 않았고 단지 선생님 인물만을 알기에 제가 이런 글을 쓰기가 조심스럽습니다. 하지만 『자서전』과 『덕성의 기술』은 제 기대에 어긋나지 않을 것이라 믿습니다. 앞서 제가 언급한 관점을 바탕에 두고 글을 쓰신다면 더욱 훌륭한 결과물이 나올 겁니다. 선생님을 예찬하는 사람들 모두가 선생님 자서전에서 희망을 얻지는 않겠지만 선생님의 글은 틀림없이 세인의 관심을 끌 것입니다. 세인에게 순수한 즐거움을 던져주면 걱정, 고통 그득한 사람이 환하게 빛날 것입니다. 그러니 이 편지에 담은 제 소망에 반드시 귀를 기울여주기를 간곡히 앙청 드립니다.

벤저민 본

3장

일인다역의 삶… 내

1. 1784년 프랑스 파시(Passy)에서

앞의 편지 2통을 받은 지가 제법 오래 지났지만 너무 바빠 그들의 요청을 수락할 짬이 없었다. 집에 머물러 있다면 자료를 찾아보며 기억을 더듬을 수 있고 날짜도 정확하게 확인할 수 있을 것이니 훨씬 좋았으리라. 하지만 언제 집으로 돌아갈지 불분명한데 마침 약간 짬이 생겨 기억이 허락하는 데까지 집필해 보기로 하겠다. 살아서 집으로 돌아간다면 그때 고치고 다듬을 작정이다. 먼저 쓴 원고가 내 손 안에 없기에 필라델피아 공립 도서관을 세우는 방법을 설명하였는지 잘 기억이 안 난다. 그 도서관이 시작할 때는 미미하였지만 지금은 엄청난 규모로 커졌다. 내 기억으로는 도서관을 만든 무렵(1730년)까지 말한 것 같으니 그 이후 이야기부터 시작하겠다. 나중에 살펴봐서 중복된 내용이라면 삭제하면 되겠다.

내가 필라델피아에 정착하였을 때엔 보스턴 남부지역에는 그럴듯한 서점이 하나도 없었다. 뉴욕, 필라델피아 인쇄소는 문방구 가게

나 마찬가지였다. 거기서 파는 물건은 종이, 일력, 노래책, 교과서 몇 가지 등이 전부였다. 읽고 싶은 책은 영국에 주문해야 하였다. 독서 모임인 전토 클럽의 회원은 각자가 어느 정도 책을 갖고 있었다. 우리는 처음엔 선술집에서 모임을 가지다가 나중엔 별도로 방을 마련하였다. 나는 회원이 각자 가진 책을 그 방에 갖다 놓고 토론할 때 들추어보기도 하고 집에 갖고 가서 읽을 수 있도록 하자고 제의하였다. 그렇게 하면 모두에게 이로울 것이었다. 내 제의대로 책을 모아 한동안은 만족스럽게 활용하였다. 이 작은 문고(文庫)가 유용함을 보고 나는 회원제 공공도서관을 설립하여 더 많은 시민들이 책을 보도록 하자고 제의하였다.

내가 도서관 설립안과 규칙의 초안을 짰고 이를 바탕으로 유능한 공증인 찰스 브록덴 씨가 회원 조항을 세부적으로 마련하였다는 사실은 앞서 밝힌 바 있다. 회원 조항에 따라 회원은 책 구입비 일부와 연(年)회비를 냈다. 당시엔 필라델피아에는 독서인이 별로 없었고 대부분 주민이 빈곤해 값비싼 책을 살 형편이 되지 않았다. 회원을 모으려고 부지런히 돌아다녔으나 50명쯤 모으는 데 그쳤다. 회원 대부분은 젊은 상인이었다. 그들은 가입비로 40실링을, 연회비로 10실링씩 냈다. 도서관은 이렇게 소액의 기금으로 출범하였다. 도서는 영국에서 주로 사들였다.

도서관은 1주일에 한 번씩 문을 열어 책을 대출하였다. 반납 기한 안에 책을 갖고 오지 않으면 책값의 갑절을 물어야 하였다. 얼마 지나지 않아 도서관이 효율적으로 운용된다는 소문이 나자 다른 지역에서도 비슷한 도서관이 생겨났다. 각 도서관에는 기증본 책이 점점 쌓여갔다. 주민 사이에는 독서 열풍이 불었다. 별다른 오락거리가 없던 때여서 주민들은 책에 빠져들었다. 그 후 불과 몇 년 만에 미국 주민은 다른 나라의 비슷한 위치에 있는 사람보다도 교양, 지식 측면에서 우월해졌다는 세평이 나돌았다.

앞서 말한 회원 조항을 최종 결정할 때, 우리는 회원과 회원 후계자들이 50년 동안 이 조항을 지키기로 하였다. 이에 대해 브록덴 공증인이 말하였다.

"여러분이 지금은 젊지만 이 조항의 유효 기간이 끝날 때까지 생존할 분은 별로 없을 겁니다."

그러나 세월이 흘러도 여전히 많은 회원이 살아 있다. 도서관 개관 후 몇 년 만에 법인체로 바뀌면서 회원끼리의 규약인 조항은 실효(失效)되었다.

회원을 모집하려 많은 사람을 만날 때의 이야기다. 그들 대부분은 거절하거나 싫어하는 눈치를 보였다. 아무리 유익한 일이라 해도 권유자가 설치면 원하는 결과를 얻기 어렵다는 사실을 깨달았다. 어떤 목표를 이루려 타인의 도움을 받으려 할 때 자신이 설쳐대면 상대방은 경계심을 갖고 선뜻 도우려 하지 않는다. 그래서 가능한 한 나 자신을 드러내지 않으려 하였다.

"친구 몇몇이서 함께 추진하는 일인데 귀하께서 독서 애호가이므로 찾아가 보라고 하더군요."

이렇게 접근하자 일이 쉽사리 풀렸다. 그 다음부터는 다른 사업을 추진할 때도 사람을 모아야 할 경우엔 이 방법을 썼다. 열에 아홉은 성공한 방법이기에 진정으로 추천한다. 잘난 체하는 마음을 잠시

만 억누르면 나중에 더 큰 보상을 얻는다. 어떤 성공한 사업의 공적이 누구에게 있는지 불분명할 때 허영심 많은 사람이 나서서 자기가 주인공이라 주장할지 모른다. 그럴 때는 우리를 질투하는 사람이라 할지라도 가짜를 가려내고 우리를 올바르게 평가할 것이다.

도서관이 있기에 나는 꾸준히 책을 읽었고 이 덕분에 나는 발전을 이루었다. 매일 1-2시간씩 독서에 몰두하였다. 과거에 아버지가 뜻과는 달리 나를 학교에 오래 보내지 못하였기에 모자랐던 공부를 좀 보충하였다. 독서는 내 스스로 허용한 유일한 놀이였다. 술집에도 발길을 끊었고 도박도 하지 않았으며 어떤 잡기도 즐기지 않았다. 부지런히, 꾸준하게 인쇄소 일을 처리하였다. 인쇄소 인수 때 진 빚이 있고, 공부시켜야 할 아이들이 있으며, 나보다 먼저 개업해 기반을 마련한 2개 인쇄소와 경쟁을 벌여야 하기도 하였다. 그래도 내 살림은 조금씩 나아졌다. 내가 원체 검소했기 때문이었다. 내가 어릴 때 아버지는 툭하면 솔로몬의 잠언을 들먹였다.

"네가 자기 일에 능숙한 사람을 보았느냐? 이런 사람은 왕 앞에 설 것이요, 천한 자 앞에 서지 아니하리라."

아버지 말씀을 듣고 나는 근면만이 부(富)와 명예에 이르는 첩경이라 믿었고 언제나 이 말씀을 기억하며 용기를 얻었다. 하지만 문자 그대로 왕 앞에 서리라고는 상상조차 못하였다. 그런데 실제로 그런 일이 벌어졌다. 나는 왕 다섯 분 앞에 섰고 그 가운데 덴마크 국왕과는 식사를 함께 하는 영광을 누리기도 하였다.

2.
13개 덕목 설정

영국 속담에 '성공하려는 남자는 마누라에게 물어봐야 한다'는 말이 있다. 나만큼이나 바지런하고 근검절약하는 아내를 만난 것은 진정 나의 행운이었다. 아내는 언제나 내 일을 기꺼이 도왔다. 소책자를 접고 제본했으며, 인쇄소 살림을 꾸리고, 폐지를 모아 제지업자에게 팔기도 하였다. 우리는 직공을 최소 인원으로 고용하였고 식사는 검소하고 간단하게 하였으며 가구도 비싸지 않은 것만 들였다. 나는 아침 식사 때 빵과 우유(차(茶)가 아니다)를 싸구려 흙그릇에 담아 백랍(白鑞) 숟가락으로 떠먹었다. 그러다 우리 집도 '럭셔리'한 분위기로 반전되었다. 어느 날 아침밥을 먹으려 식탁 앞에 앉으니 도자기 그릇과 은수저가 놓여 있었다.

아내가 몰래 23실링이란 거금을 주고 산 물건이었다. 이에 대해 아내는 아무런 변명이나 사과를 하지 않았다. 아마 남편도 여느 인사처럼 도자기 그릇과 은수저를 사용할 자격이 있다고 판단하였으리

라. 우리 집에서도 처음으로 도자기 접시가 생겼고 세월이 흘러 재산이 불어나면서 도자기 그릇이 더욱 늘어나 나중엔 몇 백 파운드어치가 되었다.

나는 장로교 신앙 교육을 받으며 자랐다. 교리 가운데 하나님의 영원한 뜻, 선민(選民) 사상, 영벌(永罰) 같은 개념은 이해하기 어려웠고 어떤 교리는 의심스럽기도 하였다. 더욱이 나 스스로 일요일에는 공부하기로 작정하였기에 주일 예배에 가지 않았다. 그렇다 해서 종교 교리를 모두 부정하지는 않았다. 예를 들어, 나는 신의 존재를 절대로 의심하지 않았다. 또 나는 신이 세상을 창조하고 섭리로 다스린다는 것을, 신이 가장 기뻐하는 봉사는 타인에게 행하는 선이라는 것을, 우리의 영혼이 불멸이라는 것을, 모든 죄악과 덕행은 죽어서라도 벌을 받고 보답을 받는다는 것을 한 번도 의심하지 않았다.

나는 이런 교리는 모든 종교의 본질이라고 본다. 미국의 모든 종교에 이런 요소가 있기에 나는 종교를 존중하였다. 하지만 존중의 정도가 같지는 않았다. 어떤 종교는 위의 본질을 다른 교리와 섞어서 오히려 분열과 상호 증오를 조장하였기 때문이다. 나는 아무리 저질 종교여도 장점이 있다고 보았기에 모든 종교를 존중하였다. 그래서 그 종교 신자가 품고 있는 경외심을 훼손하는 논쟁은 피하였다. 우리 도시에서 인구가 계속 증가하면서 교회도 늘어났는데 신생 교회 대부분은 자발적인 기부금으로 설립되었다. 나는 교회 건립용이라면 교파를 가리지 않고 소액이라도 기부하였다.

나는 예배에 거의 불참하였지만 예배가 제대로 이루어진다면 유익하고 정당하다고 생각하였기에 필라델피아 소재 유일한 장로교회의 목사와 예배를 후원하는 헌금을 해마다 보냈다. 그 교회의 목사는 가끔씩 친구 자격으로 나를 찾아와 교회에 오라고 권유하였다. 그러면 가끔 마음이 흔들리기도 해서 교회에 나갔고 어느 때는 5주 잇달아 나간 적도 있었다. 그 목사가 내 마음에 들었다면 비록 일요일을 공부일로 정하였더라도 짬을 내서 계속 나갔을 것이다. 그러나 목사의 설교는 주로 신학 논쟁이나 장로교 교리 설명이어서 무미건조하고 유익하지도 않았다. 도덕 원칙을 가르치지 않아 사람을 훌륭한 시민으로 만들기보다는 장로교 신자로 만드는 데 골몰하는 분위기였다. 그 목사가 어느 날엔 '빌립보서' 4장의 한 구절을 읊었다.

"끝으로 형제들아 무엇이든지 참되며, 무엇에든지 경건하며, 무엇에든지 옳으며, 무엇에든지 정결하며, 무엇에든지 사랑 받을 만하며, 무엇에든지 칭찬할 만하며, 무슨 덕이 있든지 무슨 칭찬거리가 있든지 이것들을 생각하라."

이 구절로 설교한다면 도덕 이야기가 이어질 것으로 기대하였다. 그러나 목사는 사도 바울로의 가르침이라며 다음 5개 계율만 나열하고 끝냈다.

첫째, 안식일을 경건하게 지켜라
둘째, 성경을 부지런히 읽으라
셋째, 예배에 반드시 참석하라
넷째, 성찬식에 참석하라
다섯째, 하나님의 사절인 목사를 존경하라

좋은 말씀이긴 하였으나 내가 그 구절에서 기대하였던 내용은 아니었다. 아무래도 그 교회에서는 내가 바라는 설교를 들을 가능성이 없어 나는 더 이상 나가지 않았다. 그 몇 해 전, 그러니까 1728년경 나는 자그마한 기도서를 직접 만들어 사용하였다. 기도서의 이름은 『신앙 조항과 종교 의식』(Articles of Belief and Acts of Religion)이라 붙였다. 나는 다시 그 기도서를 사용하기로 작정하고 교회에는 발길을 끊었다. 내 행위는 비판받을 수 있지만 나는 변명하고 싶지 않다. 사실 그대로를 밝힐 따름이며 굳이 사과하지도 않겠다.

이 무렵에 나는 도덕적으로 완벽해지겠다는 무모하고도 어려운 계획을 세웠다. 어떤 난관에서도 비행(非行)을 저지르지 않는 완벽한 삶을 살려고 하였다. 타고난 버릇이든, 친구에게서 얻은 성향이든 나쁜 것은 모두 극복하고 싶었다. 나는 무엇이 옳고 그른지 알기에, 아니 안다고 믿었기에 언제나 옳은 일을 행하고 그른 일은 회피하는 게 전혀 어렵지 않다고 여겼다. 그러나 얼마 후에 세상사가 내 상상보다 훨씬 어려운 일임을 깨달았다. 한 가지 비행을 저지르지 않으려 조심하다가 어느 사이엔가 엉뚱한 잘못을 저질렀다. 아차 하면 나쁜 습관이 되살아났다. 성향은 이성(理性)으로 억누르기에는 너무나 강렬하였다. 얼마 지나지 않아 나는 완벽한 도덕인이 되려는 신념만으로는 실책을 막을 수 없다는 결론에 이르렀다. 늘 정확하고 일관된 행동을 하려면 악습을 없애고 좋은 습관을 익혀야 하였다. 그러려면 다음과 같은 방법이 좋을 듯하였다.

먼저 지금까지 읽은 책에서 본 여러 덕목을 나열하였다. 같은 덕목이어도 항목의 종류와 수는 저자마다 달랐다. 예를 들어 '절제'라는 덕목에서 어떤 저자는 음식에 대해서만 언급하고 다른 저자는 식도락, 성향, 육체적 및 정신적 열정, 탐욕과 야심을 조절하는 것으로 폭넓게 해석하였다. 나는 명확한 개념을 잡기 위해 적은 수의 덕목에 여러 규율을 열거하기보다는 덕목을 여러 개로 나누어 각 덕목에 2~3개 규율만을 명시하기로 하였다. 그때 나에게 유익하거나 필요한 덕목 13개를 정하고 그 덕목의 뜻을 충분히 반영할 수 있는 실천 규율을 덧붙였다. 그 덕목과 실천 규율은 아래와 같다.

1. 절제(Temperance): 둔해질 만큼 과식하지 말라. 취하도록 술을 마시지 말라.
2. 침묵(Silence): 나 또는 타인에게 무익한 말은 하지 말라. 쓸데없는 말은 하지 말라.
3. 질서(Order): 모든 것이 제 자리에 있게 하라. 모든 일은 제때 처리하라.
4. 결단(Resolution): 해야 할 일은 꼭 실천하기로 결심하라. 결심한 일은 반드시 실행하라.
5. 절약(Frugality): 나 또는 타인에게 무익한 일에 돈을 쓰지 말라. 결코 낭비해서는 안 된다.
6. 근면(Industry): 시간을 허투루 쓰지 말라. 늘 유용한 일을 하라. 쓸데없는 행위는 단절하라.
7. 정직(Sincerity): 타인을 속이지 말라. 순수하고 올바르게 생각하라. 말과 행동을 일치시켜라.
8. 정의(Justice): 남에게 피해를 끼치지 말라. 타인에 대한 선행은 의무이므로 생략해선 안 된다.

9. 중용(Moderation): 극단을 피하라. 상대방이 잘못하였을 때 분노할 만한 경우라도 분노를 참아라.

10. 청결(Cleanliness): 몸, 옷차림, 집안을 언제나 깨끗하게 하라.

11. 평정(Tranquility): 소소한 일, 일상적인 사고, 불가피한 문제 때문에 동요하지 말라.

12. 순결(Chastity): 건강 또는 자녀 출생을 위한 성관계는 괜찮으나 단순한 쾌락 추구를 위한 섹스는 피하라. 감각이 무디어지거나, 건강이 악화하거나, 타인과의 우정을 깨뜨릴 만큼 과도하게 하지 말라.

13. 겸손(Humility): 예수와 소크라테스를 본받으라.

3.
덕목 수첩 만들어 실천 노력

나는 위의 덕목을 실천하려고 결심하였다. 이러기 위해서는 전체 덕목을 한꺼번에 이행하는 바람에 흐지부지되는 것보다는 하나씩 집중하는 게 효과적일 것이라 판단하였다. 한 가지가 완전히 몸에 배면 다음 항목으로 넘어가며 하나씩 실천하는 방식으로 13개 항목을 정복하기로 작정하였다. 처음 항목을 이행하면 다음 항목이 수월해지도록 덕목의 우선순위를 배열하였다.

'절제'를 맨 앞에 내세운 것은 이를 실천하면 머리가 맑아지고, 몸가짐이 바르게 되고, 고질적인 습관에 휘둘리지 않으며, 유혹에 빠지지 않을 수 있기 때문이다. 이 덕목이 몸에 배면 두 번째 덕목인 '침묵'을 실천하기가 수월해진다. 나는 덕목을 익히면서 지식도 얻고 싶었다. 그러기 위해선 대화할 때 말하기보다 듣기가 중요하였다. 쓸데없는 떠벌림, 말장난, 농담을 즐기면 주변에 잡배만 모이므로 이런 습관도 없애려 하였다. 그래서 '침묵'을 두 번째로 삼았다. '침묵'과 그 다음인 '질서'를 습관화하면 일과 학업에 더 많은 시간을 확보할 수 있으리라. '결단'이 몸에 배면 굳건한 의지로 나머지 덕목을 완수할 수 있을 것이다. '절약'과 '근면'을 익히면 갚지 않은 빚에서 해방되고 풍요로운 생활과 독립을 이루리라. 그러면 '정직'과 '정의' 등 다음 덕목을 실천하기가 한결 쉬워진다.

여기까지 결정한 다음 나는 피타고라스(Pythagoras)의 『금언집』(Golden Verses)에서 조언한 대로 따르기로 하였다. 나는 매일 점검하기로 하고 다음과 같은 점검 방법을 고안하였다. 먼저 작은 수첩을 마련하고 한 페이지에 덕목 한 가지를 썼다. 각 페이지엔 빨간 잉크로 가로 7칸, 세로 13칸을 만들어 가로 칸에는 요일을, 세로 칸에는 덕목을 적었다. 매일 그날 실천한 덕목을 점검할 때 잘못이 있다면 해당 칸에 검은 마크를 표시하였다.

절 제
둔해질 만큼 과식하지 말라
취하도록 술을 마시지 말라

	일	월	화	수	목	금	토
절제							
침묵	*	*		*		*	
질서	*	*			*	*	*
결단		*				*	
절약		*				*	
근면			*				
정직							

정의							
중용							
청결							
평정							
순결							
겸손							

나는 매주 한 가지 덕목을 중점적으로 실천하려 하였다. 첫째 주에는 '절제'를 꼭 지키도록 집중하고 다른 덕목은 보통 수준으로 지켰다. 매일 저녁 그날의 잘못을 꼭 표시하였다. 첫 주에 '절제' 칸에 검은 마크가 하나도 없이 깨끗하다면 절제는 완전히 몸에 뱄고 나머지 습관은 약해진 것으로 판단하였다. 그리고 다음 주엔 다음 덕목을 중점적으로 실천하여 첫째, 둘째 칸을 모두 깨끗하게 만들려 애썼다. 이런 방식으로 마지막 덕목까지 이행하는 데 13주일이 걸렸다. 그러면 1년에 이 과정을 네 번 되풀이할 수 있다.

밭의 잡초를 뽑을 때 무리해서 한꺼번에 다 뽑으면 안 된다. 한 구역이 끝나면 자연스레 다음 구역으로 넘어간다. 나도 한 칸, 두 칸 깨끗해지는 표를 보면서 내가 한 가지씩 덕목을 익혀 나간다고 느껴 기쁨을 누릴 것이다. 이 과정을 여러 번 되풀이하여 13주째가 되면 모든 칸에서 점이 하나도 없는 깨끗한 표를 볼 것이라 기대하였다. 나는 조지프 애디슨(Joseph Addison)[44]의 『카토』(Cato)에 있는 몇 구

44 영국의 정치인이자 시인(1672-1719).

절을 좌우명 대신에 써놓았다.

나는 이렇게 말하리라
우리 위에 창조주가 있다면
(그리고 만물은 '창조주가 만사를 이루었다'고 외치는도다)
창조주는 덕성을 즐거워하리라
창조주의 즐거움은 우리의 행복이리라

로마의 웅변가이자 철학자인 키케로(Cicero)의 명언도 적었다.

철학이여, 삶을 이끄는도다!
그대는 덕성을 찾고 악덕을 쫓아내도다!
그대의 가르침에 따라 단 하루를 사는 게 죄악에 빠져 영생을 사는 것보다 나으리라!

솔로몬의 잠언에서는 지혜와 덕성에 관한 글을 골랐다.

그의 오른손엔 장수(長壽)가 있고 그의 왼손엔 부귀(富貴)가 있나니
그 길은 즐거운 길이요
그의 지름길은 모두 평강이니라(3장 16~17절)

지혜의 원천인 하나님을 품으면 지혜를 얻을 수 있겠기에 나는 하나님께 간청해야 하였다. 나는 다음과 같은 짤막한 기도문을 작성

해 도표의 앞머리에 붙였다.

> 전능하고 은혜로운 하나님 아버지!
> 자비로운 인도자시여! 저에게 지혜를 주시어 제가 진실로 추구하는 바를 찾게 하옵소서.
> 지혜가 가르치는 대로 실천할 수 있도록 제 결심을 더욱 강력하게 하옵소서!
> 당신이 다른 자녀들이 제 호의를 받아들이게 도우셔서 당신이 제게 끊임없이 베푸는 은혜에 제가 보답할 수 있게 하옵소서!

이따금 제임스 톰슨(James Thomson)[45]의 시에 나온 짧은 기도문을 쓰기도 하였다.

> 빛과 생명의 아버지, 최고의 절대자 하나님이시여!
> 선(善)이 무엇인지, 당신이 어떤 분인지 가르쳐 주소서!
> 어리석음, 허영, 악덕 모든 비천함에서 저를 구하소서!
> 제 영혼을 지식, 마음의 평화, 순수한 덕성으로 채워주소서!
> 거룩하고 충만하며 영원히 시들지 않는 축복을 주소서!

'질서'에 해당하는 규율인 '모든 일은 시간을 정해놓고 처리하라'를 지키기 위해 수첩의 한 쪽에 다음과 같이 하루 24시간 계획을 적

45 스코틀랜드 출신의 시인(1700-1748)으로 자연을 소재로 한 작품이 많음.

었다.

아침 5시 잠자리에서 일어나 세수하고 기도한다
6시 하루 계획을 세우고 결심한다
7시 공부를 하고 아침밥을 먹는다
8, 9, 10, 11시 일한다

낮 12시 책을 읽거나 장부를 살펴본다
1시 점심을 먹는다
2, 3, 4, 5시 일한다

저녁 6시 물건을 정돈한다
7시 저녁을 먹는다
8시 음악을 듣거나 오락을 하거나 대화를 한다
9시 하루를 반성한다

밤 10, 11, 12, 1, 2, 3, 4시 잠을 잔다

나는 자기 성찰을 위해 이 계획을 실천하였다. 때때로 중단하기도 하였지만 제법 오랫동안 지속하였다. 예상보다 나에게 결점이 엄청나게 많아 놀랐는데, 그래도 그 결점이 하나둘 줄어들어 뿌듯함을 느꼈다. 13주일이 지나고 다시 시작할 때 일일이 새로운 수첩을 만드는 번거로움을 피하려 예전에 표시한 검은 마크를 긁어내고 그 위에

다시 검은 마크를 표시하고 긁어내고 하였다. 그러다 보니 수첩이 구멍투성이가 되어 너덜너덜해졌다. 새 수첩을 만들어야 하였기에 이번엔 얇은 상아판에 빨간 잉크로 표를 그리고 덕목, 규율을 옮겨 적었다. 검은색 마크는 흑연 연필로 표시하였는데 이를 지울 때는 스펀지에 물을 적셔 문지르면 그만이었다.

시간이 좀 흐른 후엔 13주일이 아니라 1년에 1회 실행이 고작일 경우가 있었다. 그 후론 2~3년에 겨우 1회 실행하다가 그나마도 여행, 해외 출장 등 돌아다니는 일정 때문에 제대로 실행하지 못하였다. 그래도 어디에 가든 수첩은 반드시 가지고 다녔다.

가장 실행하기 어려운 덕목은 '질서'였다. 예를 들어 인쇄공처럼 개인 시간을 낼 수 있으면 모를까, 나 같은 주인은 세상 사람과 사귀어야 하고 무엇이든 고객 시간에 맞춰야 하므로 시간 계획이 거의 불가능하였다. 종이와 여타 자질구레한 물건을 제자리에 갖다놓는 것도 제법 어려웠다. 어릴 때부터 그런 일엔 무관심하게 살았고 정돈이 되어 있지 않더라도 기억력이 좋은 편이라 이리저리 뒤져서 금세 찾아냈다. '질서'라는 덕목은 용을 써도 잘 지켜지지 않았고 칸을 빽빽하게 채운 검은 마크를 보면 애가 탔다. 세월이 흘러도 나아지지 않았고 실패는 이어졌다. 이제는 그만 포기하고 이웃집 남자처럼 결점이 있어도 그냥 만족하고 살아갈까 하는 마음이 들기도 하였다.

이웃집 남자는 대장간에 와서 도끼를 살 때 도끼 전체를 끝의 날처럼 시퍼렇게 해달라고 요구하였다. 대장장이는 그 남자에게 말하였다.

"숫돌바퀴를 당신이 돌려주면 도끼 전체를 반짝거리게 해주겠소."

그러나 대장장이가 도끼의 넓적한 면을 숫돌 위에 힘껏 누르고 있어 숫돌바퀴를 돌리기가 매우 어려웠다. 남자는 바퀴를 몇 차례 돌리더니 그만두고 반짝거리는지 살펴보았다.

"안 되겠소. 그냥 가져가겠소."

"계속 더 돌려보시오. 그러면 빛이 날 텐데. 아직은 얼룩덜룩하잖소."

"그렇긴 한데, 지금 보니 이 얼룩덜룩한 도끼가 마음에 드네요."

내가 보기에 대다수 사람들이 이런 식으로 목표를 추구하다 중간에 그만둔다. 나쁜 습관을 버리고 좋은 습관을 갖기가 어려우니 노력을 그만두고 "얼룩덜룩한 도끼가 좋다"고 타협하는 것이다. 그들이 내세우는 핑계는 대체로 이렇다.

'내가 스스로에게 극단적 완벽을 강요하는 것은 도덕적 허영일지 모른다. 남들이 이를 알면 비웃을 것이다. 완벽한 사람은 주변 사람을 불편하게 하고 질투와 증오의 대상이 될 수도 있다. 사람이란 조금 어수룩한 구석이 있어야 친구들이 친근감을 느끼고 좋아한다.'

'질서'에 관해서라면 나는 구제불능이었다. 이제 노쇠해져 기억력이 쇠퇴하니 '질서'가 필수 덕목이라는 점을 더욱 실감한다. 이 덕목을 실천하려 노력한 덕분에 과거보다는 훨씬 행복하고 나은 사람이 되었다. 완벽에 도달하고 싶었지만 그런 경지엔 도저히 가지 못하였다. 그래도 시도조차 하지 않았다면 지금의 이 정도에도 도달하지 못하였으리라. 글씨를 완벽한 모양으로 쓰고 싶다면 인쇄체 글씨를 따라 부지런히 필사하다 보면 똑같지는 않더라도 단정하고 읽기 편한 글씨를 쓸 수 있게 되는 것과 마찬가지다.

나의 후손에게 들려주고 싶은 이야기는 내가 79세까지 행복하게 살아온 것은 하나님 은총과 함께 이런 노력을 기울였기 때문이라는 점이다. 여생에 어떠한 역경이 닥칠지는 오로지 하나님 손에 달려 있다. 역경이 닥친다 하더라도 지금까지 누려온 행복을 기억하며 의연하게 감수할 것이다.

나는 '절제' 덕분에 평생 건강하게 지냈고 지금도 건강을 지키고 있다. '근면'과 '절약' 덕분에 젊을 때 어려운 환경을 이겨내며 재산도 모았다. 학업을 게을리 하지 않아 제 몫을 하는 시민이 되었고 지식인 사이에서 명성도 얻었다. '정직'과 '정의'를 실천함으로써 국가의 신임을 얻어 명예로운 공직을 맡기도 하였다. 또 완전하지는 않지만 이 모든 덕목을 골고루 익힌 덕분에 평정심을 유지하였고 지인과 즐겁게 대화도 나누었다. 이 때문에 지금도 사람들은 나와 사귀기를 좋아하고 청년들도 나를 따른다. 내 후손 가운데 몇 명이라도 이를 본받아 열매를 따기를 바란다.

4. 덕성 연합체 구상하다

나의 덕목 실천 계획에는 종교적인 요소가 있긴 하지만 특정 종파의 교리들에 종속되지는 않았음을 강조하고자 한다. 나는 그런 교리들을 의도적으로 회피하였다. 종교와 무관하게 모든 사람이 이 방법을 이용해 큰 도움을 받기를 바라기 때문이다. 또 언젠가 책으로 냈을 때 어느 종파의 신자이든 책 내용에 편견을 갖지 않기를 소망하였다. 각 덕목에 간단한 설명을 덧붙임으로써 그 덕목을 이행할 때 얻는 이로움과 악덕을 저지를 때 당하는 손해를 보여주려 하였을 뿐이다.

책 제목은 『덕목의 기술』로 지을 작정이었다. 덕목만큼 성공을 보장하는 것은 없다. 내 글에서 덕목을 익히는 노하우를 알려주므로 이런 제목을 구상하였다. 이는 착하게 살라고 훈계만 하고 방법은 알려주지 않는 것과는 다르다. 헐벗고 굶주린 형제에게 어디에서 옷과 음식을 구해야 하는지 알려주지 않은 채 먹고 입으라고 말만 하는

것은 아무 소용이 없다.('야고보서' 2장 15-16절)

이런 내용의 글을 출판하려는 내 계획은 이루어지지 않았다. 책을 쓸 때 참고하려고 그때그때 머리에 떠오르는 감상, 추론 등을 메모하였는데 그 가운데 일부는 지금도 갖고 있다. 젊은 때엔 개인적인 사업에 세심한 신경을 기울여야 하였고, 그 후 나이가 들어서는 공익사업에 매달리느라 집필 작업을 어쩔 수 없이 계속 미루었다. 저술 작업은 거대하고 품이 많이 들어 거기에 몰두해야 한다. 그러나 예상치 않은 일이 줄지어 생기는 통에 지금까지도 탈고하지 못하였다.

내가 강조하는 바는 이렇다. 악행은 금지되어 해롭다기보다는 해롭기에 금지되었다. 이런 행동은 오로지 인간 본성으로만 이루어진다. 그러기에 내세뿐 아니라 현세에서도 행복하기를 소망하는 사람이라면 덕성을 쌓아야 한다. 세상에는 부자 상인, 귀족, 고관대작, 왕족 등이 있고 그들은 정직해야 하지만 정작 그들 가운데 그런 사람은 드물다. 이런 현실에서 가난한 사람이 성공하려면 정직과 성실을 실천해야 한다. 특히 젊은이가 이를 깨닫도록 하고 싶다. 처음에 내가 고른 덕목은 12개였다. 그런데 퀘이커 신자인 친구가 나에게 귀띔하였다.

"자네에게 진심어린 충고를 하나 하겠네. 자네는 잘 모르겠지만 자네가 다른 사람과 대화할 때 오만해진다네. 토론할 때도 상대방을 박살내려 하지."

친구는 몇 가지 사례도 들었다. 나는 나의 나쁜 습관인 '오만'을 고치기 위해 갖추어야 할 덕목에 '겸손'을 추가하였다. 그리고 이 단어의 의미를 폭넓게 해석하였다. 이 덕목을 세세하게 익혔다고 내세울 수는 없지만 겉모양으로는 꽤 개선되었다. 나는 타인의 의견을 직접 반대하지 않기로 결심하였다. 또 내 의견을 무조건 우기지 않기로 하였다. 전토 클럽에서는 '확실히', '의심의 여지없이' 등의 표현을 밝히는 것을 오랜 원칙으로 삼았는데 토론할 때 이런 원칙도 가급적 따르지 않기로 하였다. 내 의견을 자제하는 것이다. 표현을 완화해 '제가 알기로는', '제가 이해하는 한', '제가 상상하기로는', '지금 보기엔 이러하다' 등으로 물러섰다. 상대방이 터무니없는 주장을 펼칠 때도 그 자리에서 반박하고 그 주장의 오류를 지적하며 느낄 쾌감의 유혹을 참았다.

"귀하의 주장이 어떤 특정 상황에는 맞을 수도 있겠지만 현재 이 상황에는 맞지 않거나 저에겐 다소 생소하게 보입니다."

이런 식으로 완곡하게 말하였다. 이런 발언 습관의 변화에 따른 효과는 금세 나타났다. 타인과 대화할 때 분위기가 훨씬 부드럽게 조성되었다. 겸손한 태도를 보이자 상대방은 오히려 내 의견에 쉽게 동의하였고 반대자도 점차 줄어들었다. 내가 그릇된 주장을 하였어도 덜 민망해졌고 옳은 의견을 내면 상대방은 자신의 잘못을 순순히 시인하고 나를 지지하였다.

처음엔 이런 행동이 익숙하지 않아 힘들었지만 습관이 되고 보니 아무렇지도 않았다. 아마 지난 50여 년 동안 나에게서 독불장군식 발언을 들은 사람은 없으리라. 새 제도를 제안하거나 낡은 제도를 개혁할 때 수많은 시민의 협력을 얻었던 것이나 의원으로서 의회에서 큰 영향력을 행사하였던 것도 이런 겸손 습관(성실 다음으로) 덕분이었다. 나는 눌변인데다 더더욱 연설은 젬병이었기 때문이다. 발언할 때 알맞은 단어를 고르느라 더듬거렸고 어떤 때는 어법도 잘 몰라 요점만 겨우 밝히는 정도였다.

인간의 감정 가운데 '자만심'만큼 극복하기 어려운 것도 없다. 아무리 감추고, 맞붙어 때려눕히고, 질식시키려 해도 여전히 살아남아 이곳저곳에서 고개를 치민다. 이 글에서도 자만심이 곳곳에서 보일 것이다. 내가 자만심을 완전히 퇴치하였다고 말하면 이 또한 자만심일 것이다.

* 여기까지는 1784년 프랑스 파시에서 기록함.

*여기서부터는 1788년 8월에 시작하는데 필라델피아 자택에서 쓴다. 기록 대부분이 전쟁 중에 사라지고 이것밖에 남지 않아 기대만큼 도움이 되지는 않았다.

앞에서 내 마음에 품었던 거창한 계획을 밝혔는데 이제 그 계획의 내용과 목표를 설명하겠다. 처음 그 계획을 구상하면서 적어둔 메모가 다행스럽게도 남아 있었다.

*1731년 5월 19일, 도서관에서 역사서를 읽고 느낀 점.
"전쟁이나 혁명 같은 세계사적 사건은 당파에 의해 발발되고 영향을 받는다. 이 당파의 목표는 눈앞에 나타난 이익이다. 여러 당파가 서로 다른 목표를 추구하기에 갖가지 분쟁이 생긴다. 어느 당파가 포괄적인 계획을 추진할 때 그 와중에 당원은 각자의 이익을 탐한다. 당파가 목

표를 달성하자마자 각 당원은 자기 이익 챙기는 데에 혈안이 돼 다른 당원을 훼방하는데 이에 따라 당파는 분열되고 혼란은 가중된다. 공적 위치에 있는 인사 가운데 순수하게 국가 이익을 위해서만 일하는 사람은 극소수다. 그의 행동이 국가에 이롭다 하여 국가 이익과 사익(私益)이 일치하였을 뿐이지 박애주의에 따라 그렇게 한 것은 아니다. 인류 전체의 공영(共榮)을 위해 일하는 공직자는 더더욱 없다. 지금은 전 세계의 덕성 깊고 선량한 사람이 앞장서서 '덕성 연합체(United Party for Virtue)'를 결성해야 할 중요한 시점이다. 그 후에 합리적이고 지혜로운 규칙으로 연합체를 관리하면 선량한 사람은 일반인이 일반법을 준수하는 것 이상으로 이 규칙을 잘 지키리라. 이 계획을 바르게 지키려 하고 그런 자격이 있는 사람은 하나님을 기쁘게 할 것이며 그 자신도 성공할 것이다. B. F."

이 계획이 내 머릿속에 늘 맴돌았고 언젠가 여건이 허락되면 실천하겠다고 다짐하였기에 이에 관한 여러 아이디어를 종이쪽지에 메모해 놓았다. 그 가운데 대부분을 잃어버렸지만 강령 구상안 쪽지는 남아 있다. 여기엔 모든 종교의 핵심이 담겨 있긴 하지만 특정 종교의 이론가를 도발할 만한 내용은 없다. 그 내용은 다음과 같다.

하나님은 유일(唯一)하며 이 세상 만물을 창조하셨도다

하나님은 섭리(攝理)에 따라 세상을 다스리시도다

그러므로 예배, 기도, 감사로 숭배하여야 하도다

그러나 하나님이 가장 좋아하시는 것은 우리가 다른 사람에게 베푸는

선행이로다

영혼은 불멸하도다

현세에서든 내세에서든 하나님은 선행에는 상(賞)을, 악행에는 벌을 주시도다

당시의 내 구상은 다음과 같다.

첫째, 이 연합체 추진 운동은 젊은 총각들 사이에서 시작되어 확산되어야 한다.

둘째, 입회 지원자는 이 규칙에 동의해야 하며 앞에 나온 덕목 표에 따라 13주 동안 실천하고 자기 점검을 해야 한다.

셋째, 부적절한 사람이 가입하지 못하도록 규모가 어느 정도 커질 때까지 모임의 존재는 비밀에 부친다. 각 회원은 주변에서 총명하고 선량한 청년을 발굴해 신중하게 접근하며 단계적으로 모임의 성격을 밝힌다.

넷째, 회원은 다른 회원의 취미, 업무, 자기 계발에서 성장하도록 조언과 지지를 아끼지 않아야 한다.

다섯째, 우리 모임만의 특징을 살리기 위해 단체명을 '자유인 모임'(The Society of the Free and Easy)으로 정한다. 여기서 '자유'는 덕성을 실천하고 습관으로 익혀 악의 지배에서 벗어난다는 뜻이다. 근검절약하는 사람은 '채권자의 노예로 만드는 빚으로부터 자유롭다'는 뜻이다.

조직 결성에 관해 내가 기억하는 내용은 이것이 전부다. 하나를 덧붙이자면 이 계획의 일부를 청년 2명에게 말하였더니 그들은 뜨

거운 관심을 보였다. 그러나 그 무렵에 나는 바쁜 일 때문에 꼼짝할 수 없었기에 계획의 실천은 자꾸 미루어졌다. 문자 그대로 공사다망(公私多忙)하였다. 그러다 세월이 흘러 지금에 이르렀고 이제는 그런 일을 추진할 힘도, 열정도 사라졌다. 이 계획이 실천 가능하며, 실천되면 훌륭한 시민을 많이 양성하는 고귀한 역할을 하였을 것이란 믿음에는 변함이 없다.

나는 이 계획이 너무 거창해 보인다고 쫄지는 않았다. 기초 능력을 갖춘 사람이라면 적절한 계획을 세우고 모든 오락 잡기를 끊고 잡사에 얽매이지 않으며 연구, 실천에 몰입하면 위대한 변화를 이룰 것이다.

5.
『가난한 리처드의 일력』, 불티나게 팔리다

나는 1732년에 리처드 손더스(Richard Saunders)라는 필명으로 일력을 출간하였다. 그 후 25년간 발간된 이 일력은 '가난한 리처드의 일력'이라 불렸다. 재미있고 유익하게 만들려고 애썼기에 이 일력은 매년 1만 부 가까이 팔릴 정도로 인기를 끌었다. 일력 판매 수익은 짭짤하였다. 필라델피아 시민들의 가정엔 이 일력이 거의 필수품이 되었다. 책을 거의 사지 않는 시민에게는 일력이 교훈을 전달하는 좋은 매체가 될 수 있겠다는 아이디어가 떠올랐다. 일력의 빈 공간에 교훈이 될 만한 문구를 넣었다. 주로 '근검절약이 부(富)와 덕(德)을 쌓는 지름길'이라는 내용이었다. 예를 들면, '궁핍한 사람은 정직해지기 어렵다'는 개념을 설명하려고 '빈 자루는 똑바로 서기 어렵다'라는 속담을 썼다.

나는 시대와 나라를 불문하고 통용될 격언, 속담을 모아 노련한 경매인이 경매장 손님에게 펼치는 재담처럼 정리해 1757년 일력 앞부분에 실었다. 이리저리 흩어진 교훈을 한 군데에 모으니 독자에게 더욱 큰 감동을 주었다. 이 일력은 전 세계적으로 인기를 끌었다. 미국에서는 여러 신문이 이 일력을 게재하였고 영국에서는 큰 종이에 인쇄해 집집마다 벽에 붙였다. 프랑스에서는 2종의 번역본이 출간되어 신부(神父), 영주들이 대량 구입하여 가난한 신자, 소작인에게 무상으로 나누어주었다. 펜실베이니아에서는 일력 발간 이후 몇 년 동안 통용 화폐량이 급증하였다. '외제 사치품에 돈을 낭비하지 말라'는 문구가 일력에 있어 시민들이 영국에 돈을 보내는 일을 자제하였기 때문이다.

나는 내가 발행하는 신문도 교훈 전달 매체로 좋다고 보고 '스펙테이터' 또는 다른 도덕 전문가의 글 가운데 적절한 글을 골라 신문에 실었다. 가끔 내가 전토 클럽 회원에게 읽히려 작성한 글도 게재하였다. 그 가운데 소크라테스 문답 형식의 글이 있었는데 '악인은 역할과 능력이 어떻든 사리 판단을 제대로 하기 어렵다'는 내용이었다. 극기(克己)에 관한 주장도 있었는데 '덕성이 온전히 자기 것으로 되려면 덕성을 실천해 습관으로 몸에 배게 하고 반대 성향에서 벗어나야 한다'는 내용이었다. 이 글은 1735년 초 발행된 신문에 실렸다.

나는 신문을 발행하면서 타인을 비난하거나 인신공격하는 기사는 조심스럽게 배제하였다. 그러나 요즘 여느 신문을 보면 이런 일이 공공연히 벌어지고 있다. 그런 글을 게재해 달라는 부탁을 많이 받았다. 독자들은 '언론의 자유'를 내세우기도 하고 "신문은 마차 같으니 누구라도 돈만 내면 탈 권리가 있다"면서 그런 부탁을 하였다. 그럴 때면 나는 이렇게 대답하였다.

"원하신다면 별도로 필요한 만큼 인쇄해 드리겠으니 배포하시는 일은 직접 하세요. 나는 귀하가 타인을 비방하는 사안에 끼어들고 싶지 않아요. 유익하고 흥미로운 기사를 제공하겠다고 구독자에게 약속하였으니 독자와 무관한 개인 논쟁을 싣는다면 그들에게 피해를 주는 것입니다."

요즘 여러 인쇄업자는 개인의 원한을 풀어준답시고 훌륭한 인격자를 부당하게 비방하고 적개심을 부추겨 결투를 벌이도록 하는 만행을 저지른다. 게다가 이웃 주 정부에 대한 독설을 마구 인쇄하기도 하고 우리의 가까운 동맹국까지 비난한다. 이런 무분별한 행위는 치명적인 결과를 일으킬 수 있다. 내가 이를 밝히는 것은 젊은 인쇄업자에게 경각심을 일깨우고 싶어서다. 그런 파렴치한 짓으로 신문을 더럽히거나 언론인 직분을 욕되게 하지 말고 부당한 부탁은 단호히 거절해야 한다. 나의 사례에서도 그렇듯이 그렇게 해야 전체적으로는 자신에게도 해롭지 않게 된다.

1733년에 인쇄 기술자가 모자라는 곳인 사우스캐롤라이나 주의 찰스턴(Chaleston)에 나의 인쇄소 직공 한 사람을 보냈다. 나는 그에게 인쇄기와 활자를 제공하고 동업 조건을 내걸었다. 운영 자금 3분의 1도 내가 대기로 하고 수익의 3분의 1을 받는 조건이었다. 그 직공은 학식이 꽤 깊고 정직한 성품을 가졌지만 회계에 대해서는 무지렁이였다. 그는 나에게 가끔 수익금을 보냈지만 회계 보고는 한 번도 하지 않았다. 또 우리의 동업 관계 유지에 관해 속 시원한 언급도 전혀 하지 않았다.

어느 날 그가 별세하였다는 소식을 들었고 인쇄소는 부인이 맡아 경영하였다. 그 부인은 네덜란드 출신인데, 내가 알기로는 네덜란드에서는 여성에게도 회계 교육을 시킨다고 한다. 부인은 이전 거래 기록을 찾아 회계 보고서를 작성해 나에게 보냈다. 그 후에도 분기마다 한 번도 빠짐없이 정확한 회계 보고서를 제출하였다. 부인은 인쇄업에서 크게 성공하였고 자녀를 훌륭하게 키웠다. 나와 계약 기간이 끝나자 그녀는 인쇄소를 인수하였고 나중엔 아들에게 물려주었다.

이 사례를 소개하는 이유는 미국에서도 젊은 여성에게 회계 교육을 시키자고 제안하고 싶어서다. 남편을 여읜 여성이 혼자서 자녀를 키우며 생계를 유지해야 할 경우에 음악이나 무용보다는 회계가 유용할 것이다. 무엇보다 교활한 사기꾼에게 속아 피해를 당할 일이 없을 것이고 탄탄한 거래처와 계속 거래한다면 벌이가 안정되지 않겠는가. 그리고 사업체를 자식이 장성한 후에 물려주면 대대로 풍족한 생활이 이어지지 않겠는가.

6.
외국어 공부

1734년 무렵에 아일랜드에서 헴필(Hemphill)이라는 청년 목사가 우리 지역으로 부임하였다. 그 장로교 목사는 목소리가 우렁찬데다 미리 준비하지 않고도 즉석 설교를 탁월하게 잘하였다. 다른 교파의 신자까지 몰려와 그의 설교에 몰입할 정도였다. 나도 그의 설교를 지속적으로 듣는 사람들 가운데 하나였다. 그는 설교 때 교리를 역설하기보다는 덕성의 실천, 종교적 범위에서의 선행 등을 주로 언급하였다. 나는 그런 점이 좋았다. 그러나 정통 장로교 신자는 헴필 목사의 설교를 비판하였고 원로 목사들도 동조하였다. 그들은 헴필의 입을 막으려 교회 최고 회의에 그를 이단자로 고발하였다.

나는 헴필 목사를 적극 두둔하였고 그의 옹호자를 모으려고 동분서주하였다. 우리는 이긴다는 희망을 갖고 그를 위해 투쟁하였다. 시민들 사이에서는 찬반양론이 팽팽히 맞섰다. 알고 보니 헴필 목사는 설교는 청산유수이지만 글 솜씨는 엉망이었다. 나는 목사를 띄우기 위해 2-3개 논설을 써서 그 가운데 하나를 1735년 4월호 '가제트'(Gazette) 지에 목사 명의로 게재하였다. 당시엔 이런 논쟁적인 글이 인기를 끌었는데 세월이 흐르면서 시들해졌다. 그때 내가 쓴 논설이 하나라도 남아 있는지 의문이다.

이러는 동안에 목사를 난처하게 하는 불행한 사건이 터졌다. 반대자 누군가가 큰 갈채를 받았던 목사 설교를 듣고 외쳤다.

"비슷한 내용을 어디에선가 읽은 적이 있소!"

반대자는 조사에 착수하였고 마침내 영국의 어느 평론지에 발표된 포스터(Foster) 박사의 설교를 베꼈다고 밝혔다. 이런 사실이 드러나자 헴필 목사 지지자도 실망해서 등을 돌렸다. 내 주변의 지지자는 교회 회의에서 얼굴을 들지 못하였다. 그래도 나는 끝까지 헴필 목사의 편을 들었다.

"목사들은 대체로 자기가 직접 작성한 엉성한 설교를 하는데 이것보다는 차라리 남의 설교를 인용하더라도 좋은 설교를 하는 편이 낫지 않습니까?"

헴필 목사는 나에게 고백하였다.

"제가 한 설교 가운데 직접 작성한 것은 하나도 없습니다. 저는 기억력이 좋아 어떤 설교든 한 번만 읽으면 암기해서 그대로 되풀이할 수 있지요."

우리 편이 지고 나서 목사는 더 나은 자리를 찾아 어딘가로 떠났고 나도 교회에 발걸음을 끊고 그 후에도 동참하지 않았다. 나는 그래도 목사를 돕는 기부금은 그 후로도 여러 해 동안 보냈다.

1733년부터 나는 외국어를 공부하기 시작하였다. 먼저 프랑스어를 독학해 얼마 지나지 않아 큰 어려움 없이 책을 읽을 수 있었다. 그 다음엔 이탈리아어를 공부하였다. 그런데 함께 이탈리아어를 익히던 친구가 툭하면 체스를 두자고 꼬드겼다. 체스를 두면 시간 낭비가 심해 공부에 방해가 되었다. 고민하다 나는 친구에게 조건을 제시하였다.

"체스를 두긴 하지만 이런 조건을 자네가 들어주어야 하네. 게임 승자는 패자에게 문법 암기, 번역 등의 숙제를 내고 패자는 다음 만날 때까지 명예를 걸고 숙제를 해야 한다는 것이네."

두 사람의 체스 실력이 비슷하였기에 번갈아가며 서로에게 숙제를 내는 꼴이었다. 그 다음으로는 스페인어를 시작하였는데 고생을 좀 하였지만 책을 읽을 정도는 되었다.

앞에서 밝혔듯이 나는 라틴어 문법학교를 1년간, 그것도 매우 어린 나이에 다녔을 뿐이었고 그 후엔 라틴어를 익힐 기회가 전혀 없었다. 그런데 프랑스어, 이탈리아어, 스페인어를 공부하고 나서 라틴어 성경을 읽어보았더니 뜻밖에 잘 이해할 수 있었다. 나는 용기를 얻어 라틴어 공부를 재개하였는데 다른 언어를 배운 덕분에 별 어려움을 느끼지 못하였다.

이런 일을 겪으면서 나는 미국의 언어 교육에 일관성이 모자란다고 느꼈다. 흔히 라틴어를 먼저 배우면 파생 언어인 다른 언어를 쉽게 익힐 수 있다고 한다. 그러면서도 라틴어를 쉽게 배우기 위해 라틴어의 뿌리인 고대 그리스어는 배우지 않는다. 아무튼 꼭대기에 오를 수 있다면, 즉 라틴어를 익힌다면, 내려오는 계단을 쉽게 디딜 수 있다. 다른 언어는 어렵잖게 습득할 수 있다는 얘기다. 하지만 역

발상으로 아래 계단부터 차근차근 밟아 오르면 정상에 어렵잖게 오를 수 있다.

어린 학생의 교육을 책임진 당국자에게 제안하고자 한다. 라틴어부터 배우는 어린 학생은 대부분이 몇 년을 어영부영 공부하는 듯하다가 제대로 알지도 못하고 포기한다. 그나마 배운 라틴어도 자꾸 잊어버려 시간만 허비하는 꼴이다. 그러니 프랑스어부터 시작해서 그 다음엔 이탈리아어를 공부하는 방식으로 하는 편이 낫지 않겠는가? 그러면 시간이 흘러 라틴어까지 배우지는 못하더라도 실생활에서 요긴하게 쓸 수 있는 프랑스어, 이탈리아어 등은 익힐 수 있지 않겠나.

7. 제임스 형과 화해

보스턴을 떠난 지 어언 10년이 흘렀다. 그동안 너무 바빠 짬을 낼 수 없었지만 이제 생활이 그럭저럭 안정돼 가족을 만나볼 겸해서 보스턴에 다녀오기로 하였다. 귀로에는 뉴포트에 잠시 들러 제임스 형을 만났다. 형은 거기서 여전히 인쇄소를 운영하였다. 젊을 때는 형과 아옹다옹 다투었지만 다시 만나고 보니 반갑고 푸근하였다. 형은 부쩍 쇠약해졌다.

"벤저민! 내가 오래 살지 못할 것 같아. 열 살밖에 안 된 내 아들 녀석을 네가 맡아서 인쇄 일을 가르쳐 줘."

나는 형의 당부에 따라 조카를 필라델피아에 데려와 몇 년 동안 학교에 보내 공부를 시켰고 졸업 후 인쇄 일을 가르쳤다. 형이 별세한 후 형수가 인쇄소를 경영하다가 조카가 장성한 후에는 조카가 물려받았다. 조카가 인쇄소를 경영할 때는 형이 쓰던 활자는 낡고 닳아 쓸 수가 없었다. 나는 조카에게 새 활자를 마련해주었다. 옛날에 내가 어려서 형 곁을 떠났기에 형에게 동생 노릇을 하지 못한 죄책감 때문에 조카에게 그렇게 베풀었다.

1736년에 나는 네 살짜리 아들을 천연두로 잃었다. 꽤 똘똘한 그 아들에게 예방 접종을 하지 않았는데 이 때문에 자책감이 컸고 세월이 흘러 지금도 슬픔이 남아 있다. 예방 접종을 하면 혹시 아이에게 부작용이 생기지 않을까 걱정하는 부모에게 이렇게 조언하고 싶다.

"어느 쪽이든 후회하기는 마찬가지라면 조금이라도 더 안전한 쪽을 선택하시라!"

우리 전토 클럽은 매우 유익한 모임이었다. 회원은 모두 만족해서 일부 회원은 자기 친구들을 가입시키고 싶어 하였다. 우리가 판단한 적정 인원은 12명. 만약 회원의 친구들을 가입시키면 적정 인원을 초과하는 셈이다. 애초에 이 클럽을 비밀리에 운영하기로 하였고 회원들은 이 규칙을 잘 지켰다. 비밀 모임으로한 이유는 무자격자가 가입하려 할 경우에 우리 쪽에서 거절하기가 곤란하기 때문이다. 나는 회원 수를 늘리는 것을 반대하였다.

"대신에 이렇게 하면 어떻겠소? 회원 각자가 전토 클럽과 같은 규칙을 가진 별도의 클럽을 만들고 그 회원들에겐 전토 클럽과의 관계를 알리지 않으면 어떨까 하오. 이렇게 해서 거둘 수 있는 효과는 다음과 같소.

첫째, 우리 모임을 활용해서 더 많은 청년들의 자질을 양성할 수 있소.

둘째, 전토 회원이 각자 클럽에서 자신의 관심사를 밝히고 거기서 토론된 내용을 전토 클럽에 보고하면 어느 안건에 대한 주민 여론을 쉽게 파악할 수 있소.

셋째, 회원을 늘리면 각자 사업에도 이익이 되겠고 여러 클럽에 전토 클럽의 의견을 전파할 수 있으므로 공공 문제에 대한 우리의 영향력을 강화할 수도 있겠소. 우리가 선행을 할 능력이 커진다는 뜻이오."

나의 제안에 회원 모두가 찬성하였다. 회원 각자는 새끼 클럽 결성에 나섰다. 그러나 모두가 성공하지는 못하였다. 5~6개만이 결성되어 '바인'(Vine), '유니언'(Union), '밴드'(Band) 등의 이름으로 활동하였다. 각 클럽은 나름대로 유익하였고 적잖은 즐거움과 정보, 교훈을 주었다. 특정 사안을 놓고 여론을 조성할 때도 큰 도움을 주었다. 이에 관해서는 앞으로 필요할 때마다 언급하겠다.

내가 처음 공직을 맡은 때는 1736년이었다. 주 의회 서기로 선출된 것이다. 그때 만장일치로 당선되었다. 서기도 의원과 마찬가지로 매년 선출된다. 1737년 다시 추천되었을 때는 다른 후보 지지자인 신참 의원이 나를 반대하는 연설을 오래 하였다. 하지만 그래도 나는 당선되었다. 주 의회 서기직은 나에겐 여러 모로 좋은 자리였다. 서기 월급을 받는 것은 물론이고 의원들과 친분을 쌓을 수 있고 투표용지, 법령집, 지폐, 공문서 등을 인쇄할 사업 기회도 생겼다.

이러하니 나를 반대하였던 그 신참 의원의 눈에는 내가 곱게 보일 리 없었다. 그 의원은 재산, 학식, 재능을 두루 갖추고 있어 언젠가 주 의회를 이끌어갈 거물이 될 것으로 보였다. 실제로 훗날 그렇게 되었다. 그러나 나는 그에게 아첨을 해서까지 잘 보이고 싶지는 않았다. 시간이 좀 지난 뒤 다른 방법을 써 보았다. 그의 서재에 아주 진귀한 서적이 있다는 풍문을 듣고 그에게 서한을 보냈다.

'그 희귀본을 꼭 한 번 읽어보고 싶으니 며칠만 빌려 주신다면 큰 영광이겠습니다.'

그는 뜻밖에도 선뜻 빌려주었다. 나는 1주일쯤 후에 매우 감사하다는 내용의 메모 쪽지와 함께 책을 돌려주었다. 그러고 나서 그는 의회에서 나와 마주쳤을 때 매우 정중하게 말을 걸어왔다(이전에는 한 번도 그러지 않았다). 그 후로는 그는 모든 일에서 내 편에 섰고 우리는 진정한 친구가 되었다. 우리의 우정은 그가 타계할 때까지 지속되었다. 이 사례에서도 보듯이 옛 격언 가운데 틀린 말이 없음을 또 확인한다.

'당신이 친절을 베푼 사람보다 당신에게 친절을 베푼 사람이 앞으로도 당신에게 친절을 베풀 것이리라.'

적의(敵意)를 비치는 상대방을 원망하고 적대 관계를 지속하기보다는 신중하게 처신하며 그 적의를 없애는 편이 훨씬 유익하다.

1737년 당시에 버지니아 주지사 출신인 스포츠우드(Sportswood) 대령이 체신부 장관이었다. 필라델피아 우체국장은 나와 신문 발행에서 라이벌 관계인 브래드퍼드였다. 스포츠우드 장관은 브래드퍼드를 근무 태만과 부실 회계 책임을 물어 해임하였다. 장관은 나를 불렀다.

"프랭클린 씨! 필라델피아 우체국장 직을 맡아 주시겠소?"

"당연히 맡아야지요."

나는 흔쾌히 우체국장 자리를 맡았고 이 덕분에 사업상으로도 큰 이득을 얻었다. 보수는 변변찮았으나 내가 우체국장이란 요직에 앉아 있다 보니 여러 정보와 소식을 신속 정확하게 알 수 있었다. 이 때문에 신문 제작에 도움이 돼 신문의 질이 높아졌다. 구독자가 늘고 광고 수입이 늘어났다. 반면 오랜 경쟁지인 브래드퍼드 신문은 그만큼 어려워졌다. 브래드퍼드는 우체국장 직권을 남용해 내 신문을 배달시키지 않도록 횡포를 부린 자가 아닌가. 그러나 나는 그를 보복하지 않기로 결심하였다. 회계 부실 때문에 그는 혹독한 대가를 치르고 있지 않나.

나는 조직에서 근무하는 청년에게 꼭 해주고 싶은 충고가 있다.

"회계 처리와 송금은 어떤 경우라도 명확하게, 시간을 엄수해야 한다. 개인의 평판에 매우 중요한 요소이다. 당신이 새로운 일자리를 얻거나 사업을 확장할 때 이런 평판은 확실한 추천장 역할을 하는 법이다."

8.
의용 소방대 창설

이즈음부터 나는 공공사업에 발을 디뎌 작은 일부터 시작하였다. 맨 먼저 해결하려 한 문제는 도시의 야간 순찰제도였다. 당시엔 각 구역의 경찰관이 교대로 야간 순찰을 하였는데 이때 동반할 일반 가정 세대주를 차출하였다. 이에 응하기 싫으면 1년에 6실링을 내면 되었다. 이 돈으로 세대주 대신에 야간 순찰원을 고용하였다.

그런데 이렇게 거둬들인 돈이 필요 이상으로 많아 고용원 비용으로 쓰고도 남았다. 남은 돈은 경찰관 호주머니로 들어가는 게 공공연한 비밀이었다. 어떤 경찰관은 자기가 가기 싫으면 부랑자에게 술값을 조금 찔러주곤 대리 순찰을 시켰다. 직접 순찰에 나선 세대주들은 심야에 부랑자와 함께 순찰을 돌기가 싫어 불만을 터뜨렸다. 어떤 경찰관은 야간 순찰 근무일에 부랑자를 대신 내보내고 자신은 술집에서 고주망태가 되도록 술을 마셨다. 나는 이런 문제점을 조사하여 전토 클럽에서 발표하려고 보고서를 작성하였다. 그 요지는 다음과 같다.

'경찰관의 야간 순찰 행태는 엉망이다. 불참 세대주가 연간 부담하는 6실링도 과중하다. 재산이 기껏 50파운드밖에 되지 않는 가난한 과부가 몇 천 파운드어치 물건을 가게에 쌓아둔 상인과 같은 금액을 문다는 게 불공평하다. 적당한 인력을 고용해 급료를 주고 지속적으로 순찰 업무를 맡겨야 한다. 여기에 드는 비용은 재산에 비례해 세금으로 징수해야 한다.'

전토 클럽 회원은 내 제안을 지지하였고 자신이 주도하는 클럽에서 이 방안을 전파하였다. 전토 클럽의 존재는 여전히 비밀이었기에 각 클럽이 이 방안을 공론화하였다. 이 방안이 곧바로 실행되지는 않았지만 시민에게 뭔가 변화가 필요하다는 인식을 심어주는 계기가 되었다. 몇 년 후 전토 클럽 회원이 더욱 큰 영향력을 행사하는 위치에 오르자 마침내 법률로 제정되었다.

이 무렵에 나는 갖은 사고, 부주의 때문에 일어나는 화재에 관한 논문을 한 편 썼다(처음엔 전토 클럽 안에서 읽다가 나중에 출판하였다). 화재에 대한 경각심을 일깨우고 화재 예방법을 제시하기 위해서였다. 이 제안은 실효성이 있다고 평가받았고 곧 구체적인 실행 계획이 세워졌다. 의용(義勇) 소방대를 조직하여 언제든 화재를 진압하고 위험 상황에서 인명과 재산을 구하는 협력 체제를 갖춘다는 것이다. 소방대원 참가 희망자가 금세 30명에 이르렀다. 근무 수칙에 따라 모든 소방대원은 화재 발생 때 곧바로 사용하도록 가죽 물통, 튼튼한 가방, 물건 담아 나르는 바구니를 몇 개씩 항상 준비해야 하였다. 한 달에 한 번씩 저녁에 모여 진화 훈련도 하고 화재 대책 논의도 하였다. 얼마 지나지 않아 소방대의 유용성이 인정되자 지원자가 급증해 우리가 처음 정해 놓은 적정 인원을 초과하였다.

"똑같은 방식으로 소방대를 하나 더 만듭시다!"

나의 권유에 따라 소방대가 여러 개 결성되었다. 나중엔 재산이 웬만큼 있는 주민 대부분은 소방대원일 정도로 인원이 늘어났다. 이 글을 쓰는 지금 내가 50년 전에 만든 유니언 소방대(Union Fire Company)는 여전히 왕성하게 활동하고 있다. 초창기 대원 가운데 살아남은 사람은 나와 나보다 한 살 더 많은 회원뿐이다.

소방대에서는 정기 훈련, 화재 진압 등 월례 모임에 빠진 대원에게는 소액의 벌금을 물려 이 돈으로 소방차, 사다리, 소방기구 등을 구입하였다. 화재를 초기에 진압하는 소방 장비를 우리만큼 잘 갖춘 도시가 필라델피아 외에 있을까? 실제로 소방대가 생긴 이후 우리 도시에는 불이 나서 집 한두 채가 한꺼번에 타버리는 일이 사라졌다. 어느 집에서 불이 시작되든 절반도 타기 전인 초기에 진화되었다.

1739년에 아일랜드에서 순회 목사로 유명한 화이트필드(George Whitefield) 목사가 필라델피아에 왔다. 그가 처음엔 교회 몇 곳에서 설교하였는데, 그를 못마땅하게 여긴 기존 목사들이 교회를 빌려주지 않았다. 화이트필드 목사는 할 수 없이 야외에서 설교하였다. 그가 설교할 때면 교단과 교파를 가리지 않고 엄청난 인원이 몰려들었다. 나도 그 가운데 한 사람이었다. 그의 설교를 듣고 특별한 반응을 보이는 청중을 관찰하는 일도 의의가 있었다.

"회개하시오! 지금 이 자리에 모인 당신들, 절반은 짐승이고 나머지 절반은 마귀요!"

이렇게 악담을 퍼붓는데도 청중은 열렬한 환호를 보냈다.

"할렐루야!"

청중의 반응이 의아하였다. 더욱 놀라운 것은 주민의 행동에 변화가 보인다는 사실이었다. 얼마 전까지만 해도 신앙에 무관심하였던 주민이 독실한 신자로 돌변한 것이다. 저녁 무렵에 시가지나 주택가를 거닐면 곳곳에서 찬송가 소리가 들려왔다. 화이트필드 목사의 설교 장소가 야외이다 보니 궂은 날씨엔 무척 불편하였다.

"교회를 지읍시다!"

청중 사이에서 이런 목소리가 나왔고 곧 교회 설립 추진위원회가 결성되어 금세 모금이 이루어졌다. 교회 부지를 매입하여 가로 70피트, 세로 100피트 크기의 건물을 지을 수 있게 되었다. 웨스트민스터 홀 만한 크기였다. 공사는 순조롭게 진행되어 예정일보다 훨씬 일찍 완공되었다. 교회 건물 및 부지에 관한 권리는 교회 관리위원회에 위탁되었다. 관리위원회는 다음과 같이 관리 원칙을 밝혔다.

'이 교회는 어느 특정 종교에 적합하도록 설계되지 않았고 필라델피아 시민 누구나 듣고 싶은 설교를 위해 지어졌다. 그러므로 어느 종교, 종파의 설교자도 여기에 설 수 있다. 콘스탄티노플의 이슬람교 성직자가 이슬람 교리를 설명할 수도 있다.'

화이트필드 목사는 필라델피아를 떠나 각지를 돌아다니며 설교하다가 남부 조지아 주까지 갔다. 그때 조지아에는 주민들이 막 정착하던 무렵이어서 개척 사업에 걸맞은 힘세고 부지런한 일꾼이 필요하였다. 그러나 이런 사람 대신에 파산한 가게 주인, 빚 때문에 도망친 자, 감옥에서 막 출소한 자 등이 몰려들었다. 게으름이 몸에 밴 이들은 산림을 개간해 정착지를 마련해야 하는 중노동을 견디지 못하였다. 상당수가 병들거나 죽는 바람에 어린 자녀들만이 어렵게 살아갔다. 어린이의 참상을 본 화이트필드 목사는 고아원을 지어 아이들을 먹이고 가르쳐야겠다고 결심하였다.

목사는 필라델피아에 돌아와 고아원 설립의 필요성을 역설해 적잖은 돈을 모금하였다. 그의 호소력 높은 설교에 많은 시민이 감동해 지갑을 열었으며 나도 그 가운데 한 사람이었다. 나는 목사의 고아원 건립 계획에는 동의하였지만 방법에는 의문이 갔다. 조지아에는 건축 자재, 인력이 부족하므로 필라델피아에서 이를 보내자고 목사는 주장하였다. 그러려면 막대한 비용이 든다.

"그러느니 필라델피아에 고아원을 짓고 아이들을 여기에 데려오는 편이 낫지 않을까요?"

내가 이같이 목사에게 제안하자 목사는 자기주장을 굽히지 않았다. 그래서 나는 기부금을 내지 않았다. 이 일이 있고 얼마 지나지 않아 목사의 설교를 들었다. 목사가 설교 후 기부금을 거두려 하면 한 푼도 내지 않으리라고 다짐한 터였다. 그날 내 호주머니엔 동전 한 줌, 은 달러화 3-4개, 금화 5개가 들어 있었다. 그런데 목사가 설교를 하는 동안 내 마음이 흔들려 동전은 내기로 하였다. 조금 후 설교 도중에 어느 한 구절에 부끄러움을 느껴 은화까지는 내기로 마음을 바꾸었다. 설교 막판에 그가 감탄스러울 만큼 마무리를 너무나 잘 하는 바람에 나는 주머닛돈 모두를 털어 목사의 접시에 던지고 말았다. 그 자리에 있던 전토 클럽 회원인 홉킨슨(Thomas Hopkinson) 씨도 나중에 나에게 말하였다.

“조지아 고아원 건립을 반대하였기에 모금 때 돈을 내지 않으려고 주머니를 비우고 집을 나섰다네. 설교가 끝나가면서 기부하고 싶다는 마음이 샘솟더군. 마침내 옆 자리 지인에게 돈을 좀 빌려달라고 하였지. 공교롭게도 그 지인은 그 많은 청중 가운데 유일하게 목사 설교에 마음이 흔들리지 않았던 모양이네. 그 지인은 다른 때 같으면 얼마든지 빌려주겠지만 지금은 안 되겠다고 거절하더군. 내가 매우 흥분한 것으로 보인다나?”

화이트필드 목사를 싫어하는 사람들은 입방아를 찧었다.

“목사가 기부금을 개인용으로 착복하는 것 아닐까?”

나는 목사의 설교 내용과 일기를 인쇄하면서 목사와 가깝게 지냈다. 그의 인품으로 보아 그런 비리를 저지를 것 같지는 않았다. 지금도 나는 화이트필드 목사가 한 뼘의 허위도 없이 늘 정직하였다고 확신한다. 나와 목사는 종교로 맺어진 친분 관계가 아니므로 그를 지지하는 내 발언에 신빙성이 더 있으리라. 그는 나를 기독교인으로 만들어 달라고 하나님께 기도하기도 하였다. 그러나 그 기도가 응답을 받았다고 믿을 만한 일은 결코 일어나지 않았다. 우리는 정중하고 진실한 우정 관계였으며 그 우정은 목사가 소천(召天)할 때까지 유지되었다.

다음 일화를 밝히면 나와 목사의 관계가 어땠는지 분명히 이해할 수 있으리라. 화이트필드 목사는 영국을 떠나 보스턴에 도착하자마자 나에게 다음과 같은 편지를 보냈다.

‘곧 필라델피아로 가려는데 그곳에 갈 때마다 숙소를 제공하였던 오랜 벗 베네젯(Benezet) 씨가 저먼타운(Germantown)으로 이사를

가버렸다는군요. 제가 필라델피아에게 묵을 곳이 없어 딱한 처지입니다.'

나는 답장을 보냈다.

'저희 집이 누추하긴 한데 괜찮으시다면 여기서 묵으시면 어떨지요? 저는 목사님을 언제든 환영합니다.'

답장이 또 오갔다.

'프랭클린 씨가 예수님을 위해 이처럼 호의를 베푸시니 반드시 은총을 받으실 겁니다.'

'오해하지 마십시오. 예수님을 위해서가 아니라 목사님을 위해서 하는 일입니다.'

우리 둘 모두를 아는 어느 지인이 나에게 말하였다.

"성직자는 도움을 받으면 부담을 덜려고 하나님을 들먹이지요. 그런 성직자의 수법을 프랭클린 씨가 간파하고 땅에 묶어두려 하셨네요."

화이트필드 목사를 마지막으로 본 것은 영국 런던에서였다. 그는 그때 고아원 및 대학 건립 구상을 밝히며 내 의견을 구하였다.

화이트필드 목사는 목소리가 매우 크고 울림이 있는데다 단어와 문장을 또박또박 발음하기에 꽤 먼 곳에서도 그의 설교는 들렸다. 더욱이 청중은 엄청난 인파인데도 철저히 침묵을 지켰다. 어느 날 저녁 화이트필드 목사는 법원 계단 꼭대기에서 연설하였다. 그곳은 마켓 가의 한가운데이며 동쪽으로는 2번가와 직각으로 교차하는 지점이었다. 양쪽 도로의 먼 곳까지 청중으로 그득 찼다. 나는 마켓 가의 맨 뒤쪽에서 듣다가 그의 목소리가 어디까지 들릴지 문득 궁금해져 길을 따라 강 쪽으로 계속 걸어가 보았다. 프런트 가에 이를 때까지도 그의 목소리는 또렷하게 들렸다. 그러나 거리의 소음 때문에 무슨 말인지 알아듣기는 어려웠다. 내가 걸어온 거리를 반지름으로 해서 반원을 그려 그 안에 청중이 가득 들어섰다고 가정하고 한 사람이 차지하는 면적을 2평방 피트로 잡으니 최소한 3만 명이 되었다. 신문기사에서 화이트필드 목사의 설교에 25,000명의 청중이 모였다는 내용을 보거나 장군이 부하 전체를 호령하였다는 옛날 무용담을 들을 때 반신반의하였는데, 이제는 그 말들이 믿어졌다.

화이트필드 목사의 설교를 자주 들으니 어떤 설교는 새로 작성된 것이고 어떤 설교는 순회하면서 자주 하는 것인지 구분할 수 있었다. 자주 하던 설교는 잘 다듬어져 억양, 강조 부분, 목소리 변화 등이 듣기에 편하였다. 청중은 그의 설교에 몰입되었다. 마치 훌륭한 음악을 들을 때처럼 희열을 느꼈다. 이것이 전속 목사에 비해 순회목사가 누리는 장점이다. 전속 목사는 같은 설교를 여러 번 할 수 없으니 실력이 늘기 어렵다.

화이트필드 목사는 이따금 원고를 써서 글로 발표하였다. 이 글은 목사의 반대파에게 공격의 빌미를 제공하였다. 설교할 때는 가벼운 표현, 그릇된 의견을 말하더라도 나중에 해명하거나 보충 설명으로 문제를 가라앉힐 수 있다. 아니면 시치미를 떼고 부인할 수도 있다. 그러나 글은 영원히 남는다. 반대파는 화이트필드 목사의 글에 혹독한 공격을 퍼부었다. 반대파의 비판이 타당해 보였기에 목사 지지파는 점차 줄었다. 화이트필드 목사가 글을 쓰지 않았다면 아마도 신자가 많고 영향력이 큰 교파 하나를 남겼으리라. 그리고 사후(死

後)에도 그의 명성은 더 높아졌으리라. 글이 없었더라면 반대파가 그를 끌어내릴 구실을 찾지 못하였을 것이며 열혈 지지파는 온갖 장점들을 꾸며냈을 것이리라.

9.
동업 조건,
계약서 명시해야

이러는 사이에 나의 인쇄소는 날로 번창하였고 경영 사정도 좋아졌다. 우리 신문은 한동안 필라델피아의 유일한 신문이어서 짭짤한 수익을 냈다.

'처음 100파운드만 모으면 다음 100파운드는 훨씬 쉽게 모은다.'

이런 속담이 틀리지 않음을 실감하였다. 속담 그대로 돈이 돈을 낳았다. 사우스캐롤라이나 주에서 시작한 동업이 성공해 자신감이 생겼다. 같은 방식으로 동업을 몇 군데 확장하기로 하고 평소 성실한 직공 몇몇을 뽑아 각각 다른 주에 인쇄소를 차려주었다. 조건은 사우스캐롤라이나 주의 경우와 같게 하였다. 그들 대부분도 성공해서 6년 계약 기간이 끝나고는 나에게서 활자를 사서 독립하였다. 이를 바탕으로 여러 가정이 각지에서 뿌리를 내리고 살 수 있었다.

동업 관계는 자칫 잘못하면 분쟁으로 끝나기 십상이다. 그런 점에서 나는 행운아였다. 나의 동업은 언제나 순풍을 탔고 서로 화기애

애하게 마무리되었다. 각자 임무와 서로에게 요구하는 사항을 계약서에 조목조목 명시한 게 주효하였다. 그랬기에 분쟁 소지가 없었다. 동업을 시작하려는 분에게 이 점을 역설하고 싶다. 계약할 때는 서로를 존중하고 믿는다 해도 시간이 지나면 질투심과 증오가 싹틀 수 있다. 또 사업을 하다가 골칫거리가 생기면 자기만 손해 본다는 기분이 들게 마련이고 그러다 보면 우정에 금이 가고, 관계가 찢어지고, 심지어 소송까지 가는 경우가 있다.

나는 펜실베이니아 주에 정착한 것이 여러모로 만족스러웠다. 하지만 아쉬운 점도 한두 가지 있었다. 방위 제도와 청년을 위한 교육 시설의 미비가 그것이었다. 즉, 민병대와 대학이 없다는 점이었다. 나는 1743년에 대학 설립 계획을 세웠다. 대학을 맡을 인사로 피터스(Richard Peters) 목사를 내정하였다. 마침 피터스가 목사직을 은퇴하자 대학 설립 계획을 밝혔다. 그러나 피터스는 영주들의 일을 봐주는 것이 더 실속을 차린다고 여겼는지 내 제안을 받아들이지 않았다. 그의 판단이 맞기는 하였다. 그 후 마땅한 책임자를 찾지 못해 이 계획을 잠시 중단해야 하였다. 그러다 이듬해인 1744년 미국철학협회 설립을 제안하고 실행하였다. 이 계획을 추진하려 내가 작성한 제안서는 지금까지 모아둔 내 기록물 속에 들어 있을 것이다.

다음으로는 방위 제도를 거론하겠다. 스페인은 영국과 몇 년 간 전쟁을 치르다 마침내는 프랑스와 동맹을 맺었다. 이런 상황은 우리에게 큰 위협이 되었다. 펜실베이니아 주의 토머스 지사는 퀘이커 신자가 많은 의석을 차지한 주 의회에 방위 법안을 제출하였지만 번번이 부결되었다. 공식 방위군을 결성하지 못하는 상황이어서 나는 민간인이 자발적으로 참여하는 동맹을 만들 작정이었다. 이 일을 추진하기 전에 1746년 '명백한 진리'(Plain Truth)라는 소논문을 발표하였다. 요지는 다음과 같다.

'우리 지역은 군사적으로 무방비 상태이다. 우리 지역을 스스로 지키려면 단결과 훈련이 필요하다. 이를 위해 며칠 안에 시민동맹 결성을 제안하겠다. 많은 시민들이 서명에 참여해 주기를 갈망한다.'

내 논문은 발표되자마자 엄청난 반향을 불러일으켰다. 나는 여러 지인의 요청에 따라 이 시민동맹의 대표가 되었다. 우선 친구 몇몇과 동맹에 관한 초안을 작성하였다. 창립 대회는 커다란 건물에서 열렸는데 입추의 여지없이 시민으로 꽉 찼다. 대회장 곳곳에는 종이와 펜, 잉크가 비치되었다. 나는 창립 취지를 간략하게 연설하고 초안을 낭독하였다. 서명 용지를 나누어 주니 참석자 전원은 단 1명의 반대도 없이 찬성 서명을 하였다.

대회 직후에 서명 용지를 거두어보니 서명자가 약 1,200명이었다. 펜실베이니아의 다른 지역에서도 서명을 받았는데 서명자가 모두 10,000명이 넘었다. 이들은 서둘러 무장하고, 중대와 연대를 편성하고, 지휘관을 뽑고, 매주 1회 모여 집총 훈련을 비롯한 여러 군사 훈련을 받았다. 여성은 자기들끼리 모금해서 중대에 보낼 비단 재질의 군기(軍旗)를 만들었다. 군기에는 내가 고안한 다양한 도안과 구호를 그려 넣었다.

필라델피아 연대를 발족하면서 여러 중대의 중대장들은 나를 연대장 대령으로 선출하였다. 그러나 나는 적임자가 아니라 판단해 극구 사양하고 로렌스(Lawrence) 씨를 천거하였다. 그는 인품이 훌륭하고 영향력도 있는 인사여서 별 반대 없이 연대장에 뽑혔다. 그런 다음, 나는 도시 외곽에 포대를 쌓고 대포를 설치하기 위해 비용 조달용 복권을 발행하자고 제의하였다. 비용은 순식간에 마련되어 포대가 만들어졌다. 통나무로 짠 총안(銃眼)도 포대 곳곳에 설치되었다. 구식 대포를 보스턴에서 몇 문 사들였으나 수량도 모자라고 성능도 미흡하였다. 영국에 편지를 보내 대포 몇 문을 보내달라고 요청하였다. 영주들에게도 협조를 구하였지만 별로 기대하지는 않았다.

그러는 한편 나는 로렌스 대령, 윌리엄 앨런(William Allen), 에이브럼 테일러 (Abrahm Taylor) 경과 함께 대포를 빌리는 임무를 지니고 클린턴(George Clinton) 뉴욕 주지사를 찾아갔다. 주지사는 처음엔 매몰차게 거절하였다. 그러나 뉴욕 주 의원들과 만찬을 나누며 뉴욕 풍습대로 마데이라 포도주를 거나하게 마시고는 취기가 오르자 분위기가 바뀌었다. 클린턴 주지사는 호기롭게 말하였다.

"대포, 여섯 문을 빌려주겠소."

몇 잔을 더 마신 후에는 10문으로 늘어났고 막판에는 18문으로 결정되었다. 운반대가 달린 대포는 성능이 좋아보였다. 18파운드 무게의 탄환을 쓰는 대포였다. 뉴욕에서 필라델피아로 대포를 신속하게 운반해 와 포대에 설치하였다. 전쟁 기간에 민병 대원은 매일 밤 보초를 섰다. 나도 민병대의 한 요원 자격으로 교대로 보초 임무를 수행하였다. 나의 이런 활동을 주지사와 의원들이 호의적으로 보았다. 그들은 나를 믿고 민병대에 도움이 될 법안을 발의할 때마다 나와 상의하였다. 나는 한 가지 제안을 하였다.

"방위에도 신앙의 힘이 필요합니다. 시민들의 감화를 이끌어내고 우리 일에 하나님의 은총을 간구하는 뜻에서 금식(禁食)을 선포하면 어떨까요?"

주지사와 의원들은 이에 찬성하였다. 그러나 필라델피아에서는 금식이 처음 있는 일이어서 비서관은 금식 선언문을 어떻게 작성해야 할지 몰랐다. 나는 해마다 금식이 선포되는 뉴잉글랜드에서 자랐기에 선언문 작성에 조금이나마 도움을 줄 수 있었다. 일반적인 서식에 맞추어 초안을 마련한 후에 독일 이주민이 많은 지역을 고려해 독일어로 번역하였다. 그리고 영어, 독일어로 인쇄해 각 지역에 배포하였다. 이를 계기로 여러 종파의 성직자가 신자에게 민병대 참여를 독려하기 시작하였다. 평화가 일찍 오지 않았다면 퀘이커 신자를 제외한 모든 종파 신자가 민병 대원이 되었을지 모른다. 친구들은 나에게 충고하였다.

"자네가 방위에 너무 앞장서니 퀘이커 신자에게 미움을 사지 않을까 걱정이네. 주 의회에서 퀘이커 신자 의원들의 입김이 세지 않나? 자네가 주 의회에서 신임을 잃을까 걱정이기도 하고."

실제로 의원 몇몇과 가까이 지내는 청년 하나가 차기 선거에서 나 대신에 서기가 되려고 움직였다. 그 청년이 어느 날 나에게 찾아왔다.

"프랭클린 씨! 다음 선거에서는 서기직에서 낙선하시겠지요? 낙선을 당하느니 스스로 물러나 체면을 유지하는 게 낫지 않을까요?"

"나는 '공직을 구걸하지 않고 공직이 맡겨지면 거절하지도 않는다'는 원칙을 세운 어느 공직자의 소신을 책에서 읽었소. 나도 그 원칙에 동의하는데 거기에 한 가지를 덧붙이고 싶소. 결코 구걸하지 않고, 거절하지도 않으며, 사임하지도 않겠다는 것이오. 만약 나의 서기직을 타인에게 주려 한다면 그 직을 나에게서 탈취해야 할 것인데 내가 먼저 포기하지는 않을 터이니 그런 일은 없을 것이오. 언젠가 나를 보복할 권한을 적대자에게 넘겨주고 싶지는 않소."

이렇게 강수를 두니 그 청년은 아무 대꾸도 못하였다. 나는 다음 선거에서도 여느 때처럼 만장일치로 서기직에 선출되었다. 의회에서 군비(軍費)에 대해 논쟁이 벌어질 때마다 주지사편 의원과 반대파 의원은 평행선을 달렸다. 반대파 의원은 내가 주지사편 의원과 한통속이라고 보고 스스로 물러나기를 바랐으리라. 하지만 내가 민병대에 열정적이라는 이유만으로 나를 해임할 수는 없었고 다른 트집을 잡을 수도 없었다. 나는 시민이 방위 문제에 직접 나서서 도와주지는 않더라도 반대는 하지 않는다고 여러 근거에서 판단하였다. 또 나의 짐작보다는 훨씬 많은 시민이 침략 전쟁에는 반대하지만 자위적인 방어 전쟁에는 분명히 지지한다는 사실도 알게 되었다. 당시 이 사안에 대해 찬반양론의 논설이 쏟아졌는데 그 가운데 독실한 퀘이커 신자가 방어 전쟁을 지지하는 글도 있었다. 이 논설 덕분에 적잖은 퀘이커 신자 청년을 설득할 수 있었다.

10.
퀘이커 신자의 내심

우리 유니언 소방대에서 벌어진 어느 사건에서 나는 퀘이커 신자의 지배적인 정서를 알 수 있게 되었다. 소방대 조합에 공금 60파운드가 있었는데 '이 돈으로 복권을 사서 포대 축조를 돕자'는 제안이 나왔다. 조합 정관에 따르면 지출 제안이 나온 후 다음 조합 총회까지는 지출이 불가능하였다. 소방대원은 모두 30명인데 그 가운데 22명이 퀘이커 신자였다. 다른 종파 대원은 8명뿐이었다. 총회가 열리는 날에 나를 포함한 비(非)퀘이커 8명은 개회 시간에 모였다. 우리는 퀘이커 신자 가운데 그래도 몇몇은 우리 제안에 찬성할 것이라 기대하였다. 그러나 정작 총회에 나타난 퀘이커 대원은 반대 의견을 지닌 제임스 모리스 씨뿐이었다. 전쟁 반대를 주장하는 퀘이커 종파의 독실한 신자답게 모리스는 반대 논의를 펼쳤다.

"이런 제안이 나온 것 자체가 매우 유감스럽소. 우리 퀘이커 '친구들'(Friends)[46] 모두가 이에 반대하오. 만약 이 사안 때문에 불화가 생기면 소방대가 해체될지 모르오."

나는 반론을 펼쳤다.

"소방대가 해체될 일은 없을 거요. 우리는 소수이고 '친구들'이 다수이니 표결에 부치면 다수결에 따를 것이오. 이 제안이 부결되면 당연히 따르겠소."

투표 시간이 되어 막 투표를 시작하려 할 때 모리스 씨가 긴급 제안을 하였다.

"지금 규칙대로 투표해도 괜찮지만 반대자가 몇 명 더 올지 모르니 조금만 더 기다려주면 어떻겠소?"

이 제안을 두고 갑론을박하고 있는데 식당 종업원 하나가 들어왔다.

"프랭클린 씨! 아래층에서 신사 두 분이 오셔서 만나고 싶다 하십니다."

내려가 보니 퀘이커 신자 대원 둘이 있었다.

"이 부근 술집에 여덟 명이 모여 있소. 필요하다면 여기에 와서 찬성표를 던지겠소. 그러나 그런 일이 없었으면 좋겠소."

"왜 그런가요?"

"그 제안에 찬성하였다는 사실이 알려지면 다른 퀘이커 원로 및 '친구들'과의 관계가 껄끄러워질까 두려워서 그렇소. 우리가 없어도 상관없다면 부르지 말아주시오."

46 퀘이커 교도는 서로를 친구라 부르는 평화주의자이며, 필라델피아는 퀘이커 교도의 주도로 형성된 도시이다.

찬성자가 많음을 확인한 나는 2층으로 올라갔다.

"모리스 씨 제안대로 1시간만 더 기다려봅시다."

모리스 씨는 반색하며 말하였다.

"아주 공정한 처사네요. 반대자가 나타날지 모르니 기다려봅시다."

1시간이 지나도 반대하는 '친구들'은 하나도 나타나지 않았다. 모리스 씨는 당황해 하였다. 약속 시간이 되자 투표는 진행되었고 개표 결과 찬성 8, 반대 1로 나타났다. 22명의 퀘이커 신자 대원 가운데 아까 술집에 모인 8명은 찬성 의사를 나타낸 바 있고 13명은 투표장에 나타나지 않음으로써 반대하지 않음을 암시하였다. 이로써 22명 퀘이커 대원 가운데 진정으로 반대한 사람은 모리스 씨뿐임을 알았다. 퀘이커 신자 대원은 우리 소방대의 정식 회원이고, 회원 사이에서 평판도 좋고, 그날 회의에서 논의될 안건을 잘 알았다.

훌륭한 인품과 높은 학식을 지닌 제임스 로건(James Logan) 씨는 오랜 세월 동안 독실한 퀘이커 신자였는데 그는 퀘이커 신자에게 자신의 의견을 나타냈다.

"방어 전쟁이라면 찬성합니다!"

그는 자신의 주장을 뒷받침하는 여러 논거를 들었다. 로건 씨는 포대 축조 모금용 복권을 사라면서 내 손에 60파운드를 쥐어 주었다.

"만약 복권이 당첨되면 당첨금 전액을 포대 쌓기에 쓰십시오."

그는 방위에 대해 언급하다가 그가 과거에 모셨던 윌리엄 펜(William Penn)[47] 경에 얽힌 일화를 들려주었다.

47 영국 찰스 2세에게서 위임 받아 펜실베이니아 주를 개척한 귀족(1644-1718).

"제가 젊을 때 윌리엄 펜 경의 비서로 일하였다오. 함께 영국에서 미국으로 건너왔지요. 그때는 한창 전쟁 중이었지요. 우리가 탄 배를 적 군함이 쫓아오지 않았겠소? 선장은 방어를 준비하면서 윌리엄 펜 경을 비롯한 퀘이커 신자에게서 도움을 기대하지는 않았지요. 선장은 신자들에게 선실로 들어가라 하였는데 모두 선장 말대로 선실로 가더군요. 적함인 줄 알았던 배는 아군 군함으로 밝혀져 전투는 벌어지지 않았지요. 저는 그때 퀘이커 신자 가운데 유일하게 갑판에 남아서 총 한 자루를 받아들고 사격 자세를 취하고 있었지요. 아군 군함이란 소식을 알리려 선실로 내려가니 윌리엄 펜 경이 '자네는 선장이 부탁도 하지 않았는데 퀘이커 신자의 원칙을 어겨가며 갑판에 남아 배를 방어하는 일에 가담하였지?' 라며 호되게 꾸중하더군요. 여러 사람 앞에서 꾸지람을 들으니 저도 민망해서 대꾸하였지요. '저는 경의 비서인데 왜 선실로 내려오라고 명령하지 않으셨습니까? 배가 위험한 상황이라 판단하고 제가 갑판에 남아 싸우기를 은근히 바라신 것 아닙니까?' 하고 대들었지요."

퀘이커 신자가 늘 다수인 주 의회에 오래 있다 보니 '군사 목적에 협조하라'는 영국 국왕의 명령이 내려올 때마다 그들이 당황해 하는 모습을 봤다. 퀘이커 교리상 전쟁에 반대해야 하기 때문이다. 노골적으로 반대하면 주 정부로부터 눈총을 받을 테고 찬성하면 퀘이커 교리를 어기는 셈이다. 그래서 가능한 한 회피하려 갖은 핑계를 대며 뭉그적거리다 막판에 몰리면 협조는 하되 군사 목적을 위한 것이 아니라고 위장하였다. 가장 흔한 수법이 '국왕의 사용(私用)을 위한 용도'라는 명분으로 찬성하면서 그 예산 집행 내역은 결코 들추지 않았다.

국왕의 직접적인 명령이 아닐 경우엔 다른 방법을 써야 하였다. 언젠가 뉴잉글랜드 주 정부가 화약이 모자란다며(루이스버그 요새에서 쓸 화약이었다고 기억함) 펜실베이니아 주 정부에 보조금을 요청하였다. 토머스 주지사가 주 의회에 지원을 호소하였지만 퀘이커 신자 의원들은 전쟁 물자인 화약 구입에 자금을 대주지 못한다며 한사코 반대하였다. 하지만 그들은 '뉴잉글랜드에 3,000파운드를 지원한다'는 안을 가결하고는 주지사에게 "빵이나 밀가루, 통밀 또는 '다른 곡물'을 사라"고 말하였다. 의원 몇 명은 토머스 주지사에게 그 돈을 받지 말라고 압박을 가하였다. 주지사는 이렇게 대답하였다.

"나는 돈을 받겠습니다. 의회의 뜻을 잘 파악하였기 때문입니다. '다른 곡물'이란 화약을 뜻하겠지요."

주지사가 그 돈으로 화약을 샀지만 아무도 이의를 제기하지 않았다. 소방대 조합 기금으로 복권을 사자는 제안이 부결될까 걱정하다 '다른 곡물' 사례가 떠올라 소방대원인 싱(Syng) 씨에게 다음과 같이 말하였다.

"만약 부결되면 '파이어 엔진'(소방 펌프)을 사겠다고 하세. 그러면 퀘이커 신자도 반대하지 않을 걸세. 그런 다음 집행 위원을 선출할 때 자네가 나를 추천하고 나는 자네를 추천하지. 우리 집행 위원이 대포를 사는 거야. 대포도 분명히 파이어 엔진 아닌가? 하하하!"

"그렇군. 벤저민 자네도 의회에 오랫동안 있으면서 요령이 많이 늘었구만. 그렇게 두루뭉수리 넘어간다면 자네의 모호한 계획도 그들의 통밀 또는 다른 곡물과 비슷하네. 하하하!"

퀘이커 교파에서는 '모든 전쟁은 불가하다'는 교리를 공표하였는데, 이렇게 하고 나니 나중에 상황이 바뀌어도 쉽사리 수정하기 어려웠다. 이 문제를 고민하는 퀘이커 신자를 보니 덩커파(Dunker) 신자들이 더 신중해 보였다. 1708년 독일에서 창시되어 미국에서 다시 조직된 침례교 교파인 덩커파의 창시자 가운데 한 사람인 마이클 웰페어(Michael Welfare)[48]와 나는 친하게 지냈다.

"프랭클린 씨! 다른 교파 광신도가 끔직한 원칙을 들먹이며 우리를 비난하네요. 이렇게 원통할 수가!"

"웰페어 목사님! 새로운 종파가 생기면 으레 그렇습니다. 엉뚱한 모욕을 당하지 않으시려면 교리와 신앙 규범을 글로 정리해서 밝히면 좋겠습니다."

"저희 내부에서도 이전에 그런 견해가 대두되었답니다. 하지만 논의하다 부결되었지요."

"무슨 이유였습니까?"

"우리가 처음 교단을 창시할 때 하나님은 우리가 그때까지 진리라고 믿었던 교리가 사실은 진리가 아니며 또 진리가 아니라고 믿었던 교리가 사실은 진리라고 우리 마음을 각성시켜 주셨답니다. 하나님은 우리에게 더 밝은 빛을 주셨기에 우리의 교리가 개선되고 오류도 줄어들었습니다. 지금 우리가 이런 과정의 종착점에 도달하였는지, 영적 또는 신학적 지식의 완성 단계에 이르렀는지 확신하지 못하겠군요. 이런 판국에 만약 우리가 신앙 고백을 글로 쓴다면 그것에 얽매여 더 이상 발전하지 못할까 봐 우려되네요. 그리고 우리의 후손

48 리투아니아 태생의 종교 지도자(1687-1741)로, 펜실베이니아에서 주로 활동.

은 우리가 정리해 놓은 교리를 성스럽게 여겨 여기에서 결코 벗어나려 하지 않을 겁니다."

이런 겸손한 종파는 아마 인류 역사를 통틀어 전무후무하리라. 모든 종파는 자기 교리만이 진리라고 주장하며 다른 종교, 종파는 모두 틀렸다고 우긴다. 그들은 안개 속을 헤매는 사람과 같다. 안개 속에 있으면 가까운 사물만 보일 뿐 조금만 떨어진 사물이나 사람은 희미하게 보인다. 다른 사람의 눈에는 역시 상대방도 그렇게 보인다. 이런 당혹스러움에서 벗어나기 위해 요즘 퀘이커 신자 가운데는 의원, 장관 등의 공직에서 물러나는 사람이 늘어난다. 교리를 어기기보다는 권력을 포기하는 것이다.

4장

끊임없는 혁신…
나의 소중한 가치

1.
펜실베이니아 대학교 설립

시간 순서로 보자면 벌써 나와야 할 이야기가 있다. 1742년 나는 실내 공기를 탁하게 하지 않는 연료 절약형 난로를 발명하고 오랜 친구인 로버트 그레이스에게 시제품을 보여주었다. 용광로를 가지고 있던 로버트는 이 난로의 우수성을 금세 파악하였다.

"판금을 주조해서 난로를 만들면 찾는 사람이 많을 걸세. 큰 돈벌이가 되겠군!"

나는 난로 판매를 늘리려고 '새로운 발명품 펜실베이니아 난로 설명서'라는 제목의 소책자를 만들었다. 이 책자에서 난로의 구조, 사용법, 다른 난방 기구보다 우수한 점 등을 설명하였다.

'이 난로가 다른 난로의 모든 결점을 해결하였다!'

이렇게 강조하였다. 소책자는 좋은 반응을 얻었다. 토머스 주지사는 이 난로가 만들어졌음에 크게 기뻐하며 난로의 장점을 칭송하였다.

"이 난로의 구조가 마음에 드네요. 몇 년 동안 이 난로를 독점 판매할 수 있도록 특허를 내주겠소."

"배려에 감사드립니다. 하지만 그러면 제가 지켜온 원칙에 어긋나므로 사양하겠습니다."

"무슨 원칙?"

"우리가 다른 사람의 발명품 덕을 크게 보고 있지 않습니까? 저는 제 발명품으로 다른 사람에게 도움을 주고 싶습니다. 아무런 대가도 받지 않고…."

그런데 영국 런던의 어느 철물상이 내 소책자 내용을 거의 통째로 베껴 자기 방식으로 난로를 만들었다. 원래의 설명에서 몇 가지를 바꾸는 통에 열효율이 오히려 떨어졌다. 그 철물상은 그것으로 특허를 얻었고 풍문을 들으니 떼돈을 벌었다고 한다. 다른 사람이 내 발명품으로 특허를 얻는 일이 그 후로도 몇 번 있었다. 그 사람들이 모두 성공하지는 않았다. 나는 특허권으로 치부(致富)하기 싫었고 시비에 휘말리기도 싫어 그냥 모른 체하였다. 하여간 이 난로는 필라델피아와 인근 지역에 널리 보급되었고 그 덕분에 땔감나무가 많이 절약되었다.

마침내 전쟁이 끝나 민병대의 임무도 끝났다. 나는 대학 설립 업무에 신경을 집중시켰다. 먼저 전토 클럽 회원을 중심으로 적극적인 지인을 규합하는 일부터 시작하였다. 그 다음엔 '펜실베이니아 주 청년 교육에 관한 제안'이란 소책자를 만들어 지역 유력자에게 무료로 배포하였다. 그들이 소책자를 읽고 마음의 준비가 되었을 무렵에 대학 설립과 운영을 위한 기부금 모금을 개시하였다. 기부금은 5년에 걸쳐 매년 분납하도록 하였다. 분납 방식으로 하면 전체 금액이 더 많을 것 아닌가? 내 예상은 맞았다. 내 기억이 정확하다면, 그때 걷은 기부금 액수는 5,000파운드가 넘었다.

이 계획안을 소개할 때 나는 내 개인 이름을 숨기고 '공공복지에 관심 있는 신사들'이란 명의를 앞세웠다. 다수의 이익을 위한 사업에 내가 주인공으로 나서지 않는다는 게 나의 원칙이다. 기부자들은 이 계획을 하루빨리 실행하려고 자발적으로 재단 이사 24명을 선임하였다. 기부자들은 또 프랜시스(Francis) 법무장관과 나에게 대학 본부 학칙을 작성해 줄 것을 위촉하였다. 서둘러 학칙을 만들어 승인받았고 이 학칙에 따라 강의실용 건물 임차, 교수 채용을 진행하였다. 그리하여 드디어 강의가 시작되었다. 그때가 아마 1749년이었으리라.

학생 수가 급증해 기존 강의실로는 모두 수용하지 못하였다. 새 건물을 짓기로 하고 부지를 물색하였다. 그런데 하나님의 섭리 덕분인지 조금만 손질하면 강의실로 쓸 수 있는 커다란 건물을 얻게 되었다. 이 건물은 앞서 언급한 화이트필드 목사의 청중이 세웠는데 다음과 같은 경위로 대학 캠퍼스가 되었다.

이 건물은 여러 종파의 기부금을 모아 지어졌고 여러 이사들이 관리하고 있었다. 그들은 종파에 관계없이 건물과 부지를 쓸 수 있도록 하였다. 그렇지 않으면 건물을 지은 당초 취지와 달리 단일 종파가 독점할 우려가 있기 때문이다. 이사진 구성을 보면 성공회 1인, 장로교 1인, 침례교 1인, 모라비아(Moravia)교 1인, 이런 방식으로 각 종파에서 1인씩 선임하였다. 이사가 사망해 공석이 생기면 기부자들이 투표로 새 이사를 뽑았다. 그런데 모라비아교를 대표하는 이사는 다른 이사들과 사이가 좋지 않았다. 공교롭게도 그 이사가 별세하자 나머지 이사들이 모라비아교 몫의 이사를 뽑지 않기로 의결하였다. 그러나 이럴 경우 다른 어느 종파에서 2명의 이사가 있게 되는 셈이다. 이를 피하는 방법에 대해 이사들은 궁리하였다. 이런저런 인사가 거론되었지만 종파가 겹치기에 합의에 이르지 못하였다. 그러던 중 누군가가 발언하였다.

"벤저민 프랭클린 씨를 이사로 추천합니다. 어느 종파에도 속하지 않고 정직한 분입니다."

모든 이사들이 찬성해 나는 이사로 선출되었다. 건물을 처음 지을 때의 열정은 식은 지 오래되었다. 기부금은 더 걷히지 않는데 토지세와 건물 유지비가 계속 나가는 바람에 빚이 쌓여 갔다. 이사들은 이 빚 때문에 골머리를 싸매고 있었다.

나는 이 건물 재단의 이사인데다 학교 재단의 이사이기도 해서 양쪽 관계자의 원만한 합의를 이끌어내는 데 유리하였다. 오랜 협상 끝에 합의가 이루어졌다. 건물관리위원회는 건물을 대학에 양도하고, 대학은 건물관리위원회가 진 부채를 떠안으며, 대강당은 원래 설립 취지대로 종교 행사에 개방하고 다른 때에는 불우 청소년을 위한 무료 학교로 사용한다는 내용이었다. 합의서가 작성되었고 대학 측은 부채를 모두 갚아주고 건물 소유권을 넘겨받았다. 천장이 높고 면적이 넓은 강당은 1, 2층으로 나누어 각 층에 강의실을 여러 개 만들었다. 부지도 좀 더 매입하였다. 모든 일이 순조롭게 진행되었다. 교수와 학생들도 캠퍼스로 돌아왔다.

나는 인부에게 작업 지시를 하고 그들의 고충을 들어주며, 자재를 구매하는 등 공사 전체를 감독하는 임무를 기꺼이 맡았다. 그 무렵엔 인쇄소는 저절로 잘 굴러갔기에 내가 더욱 즐겁게 대학 일에 매달릴 수 있었다. 4년 동안 우리 인쇄소에서 직공으로 일한 데이비드 홀(David Hall)이 그 전해부터 내 동업자로 나섰다. 그 사람의 성실성을 잘 알기에 안심하였다. 유능하고 부지런한 홀은 나 대신에 인쇄소의 모든 일을 책임지면서 내 몫의 수익금을 정확하게 보냈다. 우리의 동업 관계는 18년간 지속되었고 우리 둘 다 만족하였다. 얼마 후 대학 재단 이사회는 주지사의 허가를 얻어 법인(法人)이 되었다.

영국에서 걷은 기부금, 영주들의 기증 토지, 주 의회 지원금 등으로 대학 기금은 급증하였다. 이런 과정을 거쳐 오늘날의 필라델피아 대학교[49]가 설립되었다. 나는 창립 이후 지금까지 40여 년 동안 대학 재단 이사로 활동하였다. 그 세월이 흐르는 사이에 이 대학에서 배우고 능력을 키운 숱한 청년 인재가 공사(公私) 각 분야에서 활약하는 모습을 보는 것이 나의 가장 큰 보람이었다.

앞서 밝힌 대로 나는 호구지책에 얽매이지 않아도 되었다. 내 자랑을 하자면 거액은 아니지만 먹고 살 만큼 재산을 모았기에 학문을 연구하며 여생을 여유롭게 보내기로 작정하였다. 먼저 영국에서 필라델피아 대학으로 강의하러 온 스펜스(Spence) 박사의 실험 기구를 모두 구입하여 전기 실험에 몰두하였다. 이런 나를 보고 세인(世人)은 한가한 사람이라 여겼는지 이런저런 일에 끌어들였다. 펜실베

49 흔히 'UPenn'이라 불리는 명문 사립 대학교인 지금의 펜실베이니아 대학교.

이니아 시청의 여러 부서에서는 나를 자문 위원으로 위촉하였다. 주지사는 나를 치안 판사로 임명하였다. 나는 또 시 의회 의원과 주 의회 의원으로 선출되었다.

여러 직책 가운데 나는 주 의회 의원직이 가장 좋았다. 내가 주 의회 서기일 때는 의원들의 논쟁을 듣기만 하였다. 답답하기 짝이 없어 어떤 때는 사각형, 원을 허공에 그리며 지루함을 달랬다. 의원이 되면 보람 있는 일을 할 수 있으리라는 기대감도 컸다. 여러 자리를 맡으니 우쭐함을 느낀 것도 사실이다. 정말 그러하였다. 나의 초라한 풋내기 시절을 되돌아보면 엄청난 변화였다. 내가 청탁하지도 않았는데 여러 사람들이 나를 호평하여 그런 직책을 준 점이 무엇보다 흐뭇하였다.

치안 판사 일은 오랫동안 하지는 못하였다. 법정에서 판사 자리에 앉아 몇 번이나 사건을 심리하였지만 내 법률 지식이 형편없어 그 일을 맡기엔 역부족이었다. 나는 주 의회 입법부 의원 업무가 더 중요하다는 구실을 내세워 치안 판사직에서 물러났다. 나는 그 후 10년간 해마다 선출하는 주 의회 의원으로 잇달아 뽑혔다. 누구에게 표를 부탁하지도 않았고 나를 뽑아달라고 직·간접적으로 티를 낸 적도 없었다. 내가 주 의회 의원인데 내 아들이 서기로 임명되는 일도 있었다.

이듬해에는 칼라일(Carlisle)의 인디언과 협상을 벌여야 하였다. 주지사는 '협상을 맡은 실행위원회에 주 의회 의원 몇 명을 추가 합류시켜야 한다'는 공식 요청서를 의회에 보냈다. 주 의회는 노리스(Norris) 의장과 나를 협상 위원으로 지명하였다. 우리는 위임받은 대로 칼라일에 가서 인디언을 만났다.

인디언들은 코가 비뚤어지도록 술을 마셨고 만취 상태에서 싸움을 벌이기 일쑤였다. 그래서 인디언에게 술을 팔지 못하도록 엄격히 금지하였다. 그들은 이 통제에 불평을 터뜨렸다.

“협상하는 동안 술을 마시지 않으면 협상이 끝난 직후에 럼주를 많이 드리겠소.”

“좋소. 협상 기간엔 금주하겠소.”

그들이 술을 마시지 않아 맨 정신이어서 협상은 질서 있게 진행되었다. 양쪽 모두가 흡족한 성과를 냈다. 그들은 약속대로 럼주를 받아갔다. 이때는 오후였다. 인디언은 마을 외곽에 정사각형 임시 텐트를 짓고 남녀노소 100여 명이 모여 살았다. 저녁 무렵에 인디언 텐트 쪽에서 엄청나게 시끄러운 소리가 들려 무슨 일인가 보러 갔다. 인디언은 광장 가운데에 모닥불을 피워 놓고 남자, 여자 할 것 없이 모두 만취해 으르렁거리며 싸움을 벌이고 있었다. 반라(半裸)의 거무튀튀한 몸뚱아리들이 모닥불 주변에 어른거렸다. 불붙은 나무토막을 휘두르며 누구를 쫓아다니고, 때리고, 고함을 지르는 그들을 보고 있자니 지옥에 온 것 같았다. 난장판이 도무지 가라앉지 않을 듯해서 우리는 숙소로 돌아왔다. 자정쯤 한 무리가 우리 숙소에 몰려와 문을 쾅쾅 두드렸다.

“술을 더 주시오!”

우리 일행은 못 들은 체하였다. 다음 날 아침에 인디언들은 소란을 피운 게 미안하였던지 원로 셋을 보내 사죄하였다. 한 원로가 말문을 열었다.

"잘못하였소이다. 술에 취하다 보니 실수를 저지른 게지요."

다른 원로가 말을 이었다.

"세상 만물을 창조한 '위대한 영령'은 뭐든지 쓸모가 있도록 만들었다오. 그러니 그 분이 정한 용도대로 써야지요. 그 분이 럼주를 만들 때는 '이것은 인디언들이 마시고 취하게 하는 것'이라 정하였다오. 우리는 거기에 순응하였을 뿐이오."

만약 야만인을 멸종시켜 개척자들의 정착지를 마련하는 게 신의 뜻이라면 럼주가 그 수단이 될 수 있겠다. 예전에 해안 지방의 인디언이 술 때문에 전멸된 사례도 있다.

2. 빈민 위한 구휼 병원 세워

1751년에 나의 절친한 친구인 토머스 본드(Thomas Bond) 의사는 필라델피아에 구휼 병원을 세워 그곳 주민은 물론이고 다른 지역 주민이라도 가난한 환자를 치료하겠다는 계획(일종의 자선 병원인데, 내가 처음 주도한 것으로 알려졌지만 사실은 토머스 본드 의사의 구상이었다)을 꾸몄다. 그는 열성적으로 기금 모금에 나섰지만 자선 병원 건립은 미국 초유의 일이어서 주민의 이해 부족으로 성과가 부진하였다.

마침내 본드 의사는 나를 찾아와 협조를 요청하였다.

"벤저민! 자네가 손을 쓰지 않으면 공공사업을 진행할 수 없겠더군."

"그렇게까지…."

"기부를 부탁하러 사람을 만나면 그들은 으레 프랭클린 씨와 상의해 보셨나요, 그분은 뭐라고 하던가요, 하고 묻더군. 아직 상의하지 않았다고 이실직고하면 그들은 고개를 돌리더군."

"구체적으로 어떻게 짓고, 어떻게 운용하겠다는 건가?"

본드의 설명을 듣고 보니 좋은 계획으로 보였다. 나부터 먼저 기부금을 냈고 다른 주민들로부터 기부금을 받아낼 묘안도 궁리하였다. 무턱대고 사람을 만나 재촉하기보다는 신문에 이 사업 계획을 실어 주민들의 마음을 움직여 보기로 하였다. 나는 새 사업을 시작할 때마다 이런 방법을 썼다. 본드 의사는 이런 방법은 전혀 생각하지도 못하였다.

그 후 한동안 기부금이 꽤 많이 들어왔다. 그러다 주춤하였다. 아무래도 주 의회의 지원이 없으면 곤란하겠기에 주 의회에 청원서를 제출해서 지원 승인을 받았다. 그러나 시골 출신 의원들은 떨떠름한 반응이었다.

"병원이 설립되면 도시 주민만 혜택을 누릴 것이니 비용도 도시 주민이 부담해야 합니다!"

"도시 주민 가운데도 반대자가 제법 많을 겁니다!"

시골 출신 의원이 이렇게 발언하자 나는 그들 앞에서 외쳤다.

"이 계획 지지자가 많아 자발적 기부만으로도 2,000파운드는 틀림없이 모금될 것입니다."

반대자들은 내 주장이 터무니없다며 코웃음 쳤다. 나는 구체적인 계획을 짰다. 먼저 기부자를 규합하여 법인 조직을 만들고 그 법인의 청원에 따라 법인에게 주 의회가 얼마의 보조금을 준다는 법안을 구상하였다. 주 의회는 이 법안을 긍정적으로 검토하였다. 나는 법안을 작성하면서 다음과 같은 조항을 조건부로 덧붙였다.

'전술한 권한에 따라 다음과 같이 정한다. 기부자는 총회를 열어 이사와 회계 감사를 선출한다. 기부금이 2,000파운드에 이르고(이 기금의 이자로 법원에서 극빈 환자들에게 식사, 치료, 처방, 약품 등을 무상으로 제공한다) 주 의회 의장이 만족스럽다고 인정하면 의장은 병원을 건립하고 마무리하는 예산으로 2,000파운드를 1년에 1,000파운드씩 병원 회계 부서에 지급한다는 명령서에 서명할 수 있고 또 서명해야 한다.'

이 조건 덕분에 법안은 가결되었다. 반대파 의원도 돈을 쓰지 않고도 자선 사업을 하였다고 행세하려고 찬성하였다. 법안이 통과된 후에 우리는 시민들에게 기부를 부탁하기 시작하였다.

"조건부 조항을 잘 보십시오. 한 분이 기부하시면 그 액수만큼 주 의회에서 보조해줍니다. 그러니 갑절 액수가 되는 셈이지요."

기부금은 금세 2,000파운드를 넘어섰다. 우리는 주 의회에서 받은 보조금을 합해 계획대로 추진하였다. 얼마 지나지 않아 편리하고 멋진 병원이 세워졌다. 그 후 오늘날까지 숱한 시민이 그 병원을 이용하고 있다. 나의 정치적 수완을 잘 발휘해 많은 공공사업을 이루었지만 이때처럼 기뻤던 적은 없었다. 나중에 이 일을 돌이켜보니 내가 조금 노회한 방법을 쓴 것 같지만 그리 후회되지는 않는다.

길버트 테넌트(Gilbert Tenant) 목사가 이 무렵에 어떤 모금 계획안을 들고 나를 찾아왔다.

"새로 교회를 지으려 합니다. 화이트필드 목사의 추종자인 장로교 신자를 위한 교회입니다. 도와주십시오!"

"곤란합니다. 지역 주민에게 너무 자주 기부를 요구해서 그 분들이 부담스러워 할 겁니다."

"그러면 프랭클린 씨 경험으로 볼 때 씀씀이가 크고 공공정신이 투철한 분이 많겠지요? 그분들 명단이라도 알려주시면…."

나는 이 목사에게 명단을 알려주면 그분들이 시달릴 것으로 걱정돼 이 부탁도 거절하였다.

"정 그렇다면 조언이라도 해주십시오."

"조언이라면 얼마든지 해드리겠습니다. 첫째, 기부금을 낼 것 같은 분을 찾아가십시오. 둘째, 낼지 안 낼지 불분명한 분을 찾아가 기부금 약정자 명단을 보여주십시오. 셋째, 기부금 결코 내지 않을 만한 분도 빼놓지 말고 찾아가십시오. 목사님이 잘못 판단해, 이런 분 가운데서도 기부자가 나타날 겁니다."

"하하하! 그렇군요. 감사합니다. 조언대로 따르겠습니다."

테넌트 목사는 나의 충고대로 온갖 사람을 만나 기부를 부탁하였고 기대보다 훨씬 많은 기부금을 모았다. 이 돈으로 아치(Arch) 가에 아주 크고 멋진 교회를 건립하였다.

3.
먼지투성이 시가지, 깨끗하게 변신

필라델피아[50] 시가지는 넓고 곧은 도로가 직각으로 교차해 한눈에 보기에도 깔끔하고 아름답다. 그러나 이 도로가 비(非)포장이어서 비 오는 날이면 큼직한 마차 바퀴에 바닥이 패어 진창이 되었다. 시민들이 길을 건너기가 무척 어려워진다. 마른 날에는 또 먼지가 골칫거리다. 나는 저지(Jersey) 시장 부근에 살았는데 여기서도 주민들이 장을 보러 나왔다가 진흙탕을 지나느라 곤욕을 치른다. 시장 한가운데부터는 벽돌이 깔려 있기에 일단 안으로 들어가면 괜찮았다. 하지만 시장 안까지 들어가려면 신발이 진흙투성이가 되었다.

나는 이 불편한 점을 자주 거론하고 신문에 글도 썼다. 그래서 시장 부근의 도로를 벽돌로 포장하고 시장 사이의 길을 돌로 포장하는 데 일조하였다. 덕분에 한동안 신발을 버리지 않고 시장에 다닐 수

50 1750년대 필라델피아는 미국 최대 도시였음에도 인구가 23,000명에 불과한 반면, 영국 런던은 인구 750,000명의 대도시였다.

있었다. 그러나 나머지 도로들은 여전히 비포장이어서 진흙탕을 지나온 마차가 포장도로로 들어서면 마차 바퀴에서 진흙이 떨어져 포장도로도 더러워졌다. 거리 미화원이 없던 때여서 청소할 사람도 없었다.

나는 이곳저곳 수소문하여 거리 청소를 맡길 가난하고 성실한 사람을 찾았다. 1주일에 2회씩 거리를 깨끗이 치우면 각 가정에서 월 6펜스씩 거두어주기로 하였다. 시민으로서는 이 적은 비용으로 적잖은 편익을 누릴 수 있으리라. 이런 내용을 종이에 인쇄해 설명하였다. 신발에 흙을 묻힌 채 귀가하지 않아 집이 지저분해지지 않으며, 시장에 편안하게 갈 수 있으니 상점에 손님이 많아질 것이며, 바람 부는 날에도 상점 물건에 먼지가 앉지 않을 것이라는 내용이었다. 이 인쇄물을 집집마다 배포하고 하루 이틀 후에 6펜스를 내겠다는 서약서를 받으러 다녔다. 단 1명도 빠짐없이 서명하였고 한동안 아무런 문제없이 청소가 진행되었다. 시민들은 시장 주변의 포장도로가 깨끗해져 좋아하였다. 모두가 편리해졌음을 알고는 다른 길도 포장되기를 기대하였다.

"이런 목적이라면 얼마든지 기부금을 내겠소!"

시민 여론이 이렇게 형성되었다. 얼마 후에 나는 '시가지 포장에 관한 법안'을 시 의회에 상정하였다. 그때가 1757년으로 내가 영국으로 가기 직전이었다. 법안은 내가 떠날 때까지 가결되지 않다가 과세 방법을 조금 고쳐 통과되었다. 내가 작성한 초안보다 별로 나아보이지 않았는데 그래도 도로포장뿐 아니라 가로등 설치 계획도 포함된 것은 획기적인 결과였다.

가로등이 설치된 계기는 고(故) 존 클리프턴(John Clifton) 씨 때문이었다. 그가 자기 집 대문 앞에 등을 달아놓았는데, 그 앞을 오가는 주민들이 주변이 훤해서 반색하였다. 주민들은 도시 전체에 가로등을 설치하자고 청원하였다. 가로등으로 시민에게 도움을 준 일도 나의 공적으로 꼽히지만 이는 오로지 존 클리프턴 씨 덕분이었다. 나는 그가 한 일을 그저 뒤따라 하였을 따름이었다. 내가 한 일이라곤 런던에서 들여온 둥그런 램프를 다른 모양으로 바꾼 것뿐이었다. 둥그런 램프는 여러모로 불편하였다. 아래에서 공기가 들어가지 못하므로 연기가 위로 잘 빠져나가지 못하고 램프 안에서 빙빙 맴돌았다. 램프에서 나와야 하는 빛이 이 연기에 가려져 희미하였다. 또 매일 램프를 닦는 일도 매우 번거로웠고 닦다가 아차하면 유리 램프가 깨져서 아예 못 쓰게 되었다.

이런 결점을 없애려고 램프를 개량하였다. 편편한 유리 네 장으로 램프를 둘러싼 다음에 위에 깔때기 모양의 통풍구를 달아 연기가 빠지도록 하였다. 밑에는 공기구멍을 만들어 연기가 위로 빨려 올라가도록 하였다. 이렇게 개량하니 램프는 늘 깨끗하였다. 런던의 둥근 램프는 몇 시간 지나지 않아 희미해졌다. 내가 고안한 램프는 이튿날 새벽까지도 밝게 빛났다. 혹시 잘못 건드려도 유리판 하나만 깨지기에 갈아 끼우기도 수월하였다.

런던의 복스홀(Vauxhall) 공원에 있는 둥근 램프는 아래에 구멍이 있어서 늘 청결하였다. 나는 그 램프를 보면서 런던 사람들이 가로등 램프에는 왜 아래에 구멍을 내지 않는지 의아하였다. 그런데 복스홀 공원의 램프 구멍은 다른 용도로 만든 것이었다. 그 구멍으로 가느다란 아마(亞麻) 끈을 늘어뜨려 심지에 불을 금방 붙이기 위한 것이었다. 그 구멍으로 공기를 들여보낸다는 착상은 하지 못한 듯하였다.

개량에 대해 여러 사례를 들다보니 또 한 가지 일화가 기억난다. 런던에 있을 때 숱한 공공사업을 추진한 명사(名士)인 포더길(Forthergill) 박사에게 청소에 관해 제안한 적이 있다. 런던 시가지를 보니 청소를 하지 않아 맑은 날이면 흙 찌꺼기 먼지가 흩날렸다. 그러다 비가 오면 먼지 덩어리가 진흙으로 변하였고 그렇게 며칠이 지나면 진흙이 쌓여 나중엔 다니기 어려울 정도가 되었다. 빗자루로 쓸어놓은 길로만 겨우 다닐 뿐이었다. 비가 그치고 날이 맑아지면 진흙을 치워야 하는데 이는 매우 어려운 작업이었다. 진흙을 긁어내 뚜껑이 없는 손수레에 싣고 옮기다 보면 수레가 흔들리면서 진흙이 양쪽 길로 떨어졌다. 어떤 때는 행인에게 진흙이 튀어 그들이 짜증을 내기도 하였다. 길거리의 흙 찌꺼기 먼지를 쓸지 않은 이유는 먼지가 가게나 주택 창문 안으로 날아들기 때문이라 하였다.

나는 아주 우연히 삽시간에 빗자루질을 하는 방법을 알아냈다. 어느 날 아침에 남루한 차림의 여성이 크레이븐(Craven) 가에 있는 내 집 앞길을 자작나무 빗자루로 쓸고 있었다. 그녀는 병상에서 막 일어난 사람처럼 핏기 없는 얼굴에 몸이 휘청거렸다.

"누가 시켜서 청소를 하나요?"

"아뇨. 자발적으로 해요. 동전 한 푼도 없는데다 일자리를 구할 수도 없어 지체 높은 어르신들 집 앞을 청소하면 혹시 몇 푼이라도 받을 수 있을까 해서요."

"그래요? 그럼 이 앞거리를 다 청소하면 내가 1실링을 주겠소."

그때가 오전 9시였는데 그녀는 낮 12시쯤 와서 1실링을 달라고 하였다. 워낙 굼뜨게 비질을 하는 그녀가 일을 그렇게 일찍 끝냈다니 믿을 수 없었다. 하인을 보내 부근 거리를 돌아다니며 청소 여부를 확인하게 하였다.

"길 전체가 아주 깨끗해졌더군요. 먼지는 길 가운데 하수구에 모두 쌓여 있고요."

이 먼지는 나중에 비가 내릴 때 빗물에 쓸려 내려갔다. 이렇게 하니 길도, 하수구도 깨끗해졌다. 그렇게 허약한 여성이 3시간 만에 거리 청소를 마쳤다면 건장한 남자는 시간이 절반밖에 걸리지 않을 터였다. 좁은 도로에는 하수구를 길 양쪽에 만드는 것보다는 길 한가운데에 하나만 만드는 게 낫겠다. 거리에 떨어지는 빗물이 한가운데로 모이면 물살이 세어져 흙 찌꺼기를 모두 쓸어간다. 빗물이 양쪽 하수구로 갈리면 물살이 약해져 흙 찌꺼기를 쓸어가지 않고 오히려 뻘투성이로 만들어놓는다. 그러면 마차 바퀴와 말발굽에서 튄 진흙이 보도(步道)로 튀어 거리가 지저분해진다. 행인에게도 진흙이 튀어 옷을 버린다. 나는 포터길 박사에게 제안하였다.

"런던과 웨스트민스터 거리를 더욱 효율적으로 청소하고 청결을 유지하는 방안을 제시하겠습니다. 우선 관리인 몇을 고용해서 맑은 날에는 흙 찌꺼기를 쓸게 하고 비 오는 날에는 진흙을 긁게 합니다. 여러 도로, 골목길을 몇 구역으로 나누어 관리인 1명 당 1개 구역씩 배정합니다. 빗자루를 비롯한 청소 도구를 지급하고 관리인이 각자 재량으로 빈곤층 일꾼을 고용하는 겁니다.

메마른 여름철엔 가게와 가정에서 아침에 창문을 열기 전에 흙 찌꺼기를 각자 쓸어 적당한 간격으로 모아 놓도록 합니다. 그러면 거리 청소원들이 뚜껑 씌운 손수레에 실어가도록 하지요.

긁어낸 진흙을 한 군데에 모아두면 마차 바퀴나 말발굽에 짓이겨져 다시 퍼지므로 거리 미화원들의 수레를 좀 특이하게 만들어야 합니다. 수레 몸통을 바퀴 위로 높이 달지 말고 가급적 낮게 달아야 해요. 수레 바닥은 격자 철망으로 만들어 그 위에 짚을 깔지요. 이렇게 하면 진흙 더미를 넣어도 물기는 아래로 빠지고 흙만 남습니다. 무게의 대부분을 차지하는 수분이 빠지니 수레는 훨씬 가벼워지지요. 이런 수레를 거리 곳곳에 세워 놓고 미화원은 바퀴 하나짜리 손수레로 진흙을 옮겨 그 수레에 담아요. 수레의 물이 다 빠지면 말이 그 수레들을 끌어 옮기는 겁니다."

나중에 따져보니 마지막 부분의 수레 배치는 실행 가능성이 낮은 듯하였다. 좁은 길에 수레를 세워놓으면 통행에 방해가 될 수 있었다. 그러나 가게가 문을 열기 전에 흙 찌꺼기를 쓸어서 처리하는 게 낮이 긴 여름에는 이로운 제안이라고 지금도 확신한다. 어느 날 아침 7시에 스트랜드(Strand) 가, 플리트(Fleet) 가를 걸으면서 둘러보니 해가 솟고 3시간이 지나 날이 훤히 밝았는데도 문을 연 가게가 한 군데도 없었다. 런던 시민은 대체로 밤늦게까지 촛불을 켜놓고 활동하다가 동틀 무렵에 잠자리에 들었다. 자기들 습관이 그러면서도 양초세가 높다느니, 수지 값이 비싸다느니 하며 불평하였다.

이런 좀스런 일까지 들먹이는 것을 쓸데없는 참견이라 여기는 분도 계시리라. 그러나 바람이 불어 흙먼지가 어느 개인의 눈에 들어

가거나 어느 가게 안에 흩날리는 것은 그리 중요하지 않을지 몰라도 인구가 많은 대도시에서 이런 일이 빈번하다면 중요하게 다루어야 할 사안이다. 그러므로 사소하게 보이는 일에 나선다 해서 손가락질해서는 안 된다.

행복은 어쩌다 한두 번 있을까말까 한 횡재가 아니라 일상의 소소한 이익에서 느끼는 것이다. 가난한 청년에게 면도하는 방법과 면도칼을 벼르는 노하우를 가르쳐주는 것이 돈 1,000기니를 주는 것보다 더 큰 행복을 줄 수 있다. 돈은 금세 다 쓰고 나서 '바보처럼 낭비하였다!'는 후회를 남기지만 면도하는 방법을 배우면 이발소에 가지 않아도 된다. 이발소에 가면 오래 기다려야 하고 이발사의 불결한 손, 입 냄새, 무딘 면도날 때문에 짜증이 난다. 혼자서 집에서 면도하면 아무 때나 편한 시간에 할 수 있고 깨끗한 면도칼로 얼굴을 다듬는 즐거움을 누릴 수 있다. 내가 오랫동안 행복하게 살아온 사랑하는 런던과 미국의 여러 도시에 도움이 되기를 바라며 좀스럽게 보일 수도 있는 여러 사안에 대해 장황하게 늘어놓았다.

4.
식민지 연방 구상

나는 미국 체신장관 휘하에서 회계 감사인으로 근무하면서 여러 우체국을 관리하고 책임자와 직원을 감독하였다. 1753년 체신장관이 타계하자 윌리엄 헌터(William Hunter) 씨와 함께 나는 체신장관 후임으로 공동 발령을 받았다. 발령자는 영국 체신장관이었다. 그때까지 미국 우체국은 영국 우체국에 이익금을 전혀 보내지 못하였다. 우리가 우체국에서 이익을 내면 연간 600파운드를 받기로 되어 있었다. 이익을 내려면 갖가지 개선 활동이 필요하였다. 그러려면 초기 투자가 있어야 하므로 처음 4년간 900파운드의 부채를 끌어썼다. 이 부채는 모두 갚았고 우리는 아일랜드 우체국의 3배가 넘는 수입을 올렸다.

그런데 영국 정부가 어느 날 아무런 이유도 없이 나를 돌연 해임하였다. 이 사안에 대해서는 나중에 언급하겠다. 영국 우체국은 이런 경솔한 인사 결정 때문에 내가 떠난 이후 이익금을 한 푼도 못 받았다.

그해에 우체국 업무 때문에 뉴잉글랜드에 갔다가 그곳 케임브리지 대학에서 수여하는 석사 학위를 받았다. 그 전에도 코네티컷 주의 예일 대학에서도 비슷한 학위를 받았다. 나는 어느 대학에서도 공부한 적이 없지만 그런 영예를 누렸다. 자연과학의 전기 분야에서 나의 성과와 발명을 공인받았기 때문이다.

1754년 영국과 프랑스가 전쟁을 벌이자 각 식민지 대표들은 상무장관의 명령을 받아 올버니(Albany) 시에서 회담을 열었다. 6개 종족의 인디언 추장들을 소집해 인디언 지역 및 식민지 수비 계획을 함께 세우기 위해서였다. 이 명령을 받은 해밀턴 주지사는 주 의회에 이를 알리고 참석 인디언에게 줄 선물을 준비해줄 것을 요청하였다. 주지사는 회담의 펜실베이니아 주 대표로 나와 의장인 노리스 씨, 토머스 펜(윌리엄 펜 경의 차남), 피터스 비서관 등을 임명하였다. 주 의회는 회담 대표 임명안을 가결하고 선물 준비안도 승인하였으나 펜실베이니아 주 밖에서 회담이 열린다는 사실을 달가워하지 않았다. 우리는 6월 중순경 올버니에서 다른 주 대표들을 만났다.

올버니로 가면서 나는 국방을 비롯해 중요한 공동 목표를 이루기 위해 여러 식민지들이 하나의 정부로 뭉치는 계획을 구상하였다. 이 계획을 문서로 만들어 뉴욕을 지나면서 만난 제임스 알렉산더(James Alexander) 씨와 케네디(Kennedy) 씨에게 건네주었다. 공공사업에 관심이 많던 두 사람은 나의 계획안에 적극 찬동하였다. 나는 그들의 반응에 용기를 얻어 계획안을 주 의회에 상정하였다. 나중에 보니 다른 주 대표 가운데서도 이와 비슷한 구상을 하는 분이 여럿 있었다.

회담에서 연방 정부 결성 여부를 먼저 논의하였다. 결성하자는 안이 만장일치로 가결되었다. 다음엔 각 주에서 1명씩 위원을 뽑아 위원회를 구성하여 몇 개 계획안을 검토하기로 하였다. 뜻밖에도 내 계획안이 채택되어 몇 가지 조항을 고친 다음 보고되었다.

이 계획안에 따르면 영국 국왕이 임명하는 총독이 연방 정부를 지휘하고 각 주 대표자들이 모인 최고 위원회를 별도로 결성하기로 되어 있었다. 올버니 회담에서 각 주 대표는 인디언 문제와 함께 연방 정부에 관한 안건을 집중 토의하였다. 치열한 찬반 공방 끝에 계획안은 만장일치로 가결되었다. 이 계획안의 복사본은 영국 상무부와 미국 각주 주 의회에 전달되었다. 이 계획안의 운명이 기이하게 흔들렸다. 각 주 의회는 "연방 정부에 권력이 편중된다"면서 반대하였고, 영국에서는 "지나치게 민주적이어서 곤란하다"는 반응이었다.

영국 상무부는 이 계획안을 승인하지 않았고 국왕에게 올리지도 않았다. 영국 상부무는 대신에 효과적으로 목표를 이룰 대안(代案)을 내놓았다. 미국 각 주지사는 주 의회의 일부 의원들과 회의를 열어 모병(募兵), 요새 축조 등을 의결하고 소요 예산은 영국 국고에서 차입한다는 내용이었다. 상환 방식은 영국 의회의 미국 과세법에 따른다는 것이다. 이때 내가 제출한 계획안과 지지 이유는 나의 정치 논문에 수록되어 있다. 그 겨울에 보스턴에 체류하면서 2개 안건에 대해 셜리(William Shirley) 주지사와 깊은 대화를 나누었다. 그 대화의 일부도 그 정치 논문에 실려 있다.

영국 정부와 미국 각 주가 상반되는 이유로 내 계획안에 반대하는 양상을 보면서 나는 '나의 계획안이야말로 진정으로 중립적인

가?' 하고 생각하였다. 나의 계획안이 실행되었다면 양쪽 모두가 만족하였으리라는 믿음은 지금도 변함이 없다. 미국 여러 주들이 연방으로 똘똘 뭉쳤더라면 자주 국방이 가능할 만큼 강력해졌으리라. 그렇게 되면 영국 군대가 올 필요도 없고 영국이 미국에 과세할 이유도 없으리라. 물론 유혈 전쟁도 피할 수 있었으리라. 이런 실책은 언제나 있었다. 역사에는 국가와 국왕의 판단 오류가 수두룩하다.

"세상을 둘러보라, 자기 행복을 아는 이는 극소수.
알아도 행복을 추구하는 이는 또 극소수!"

대체로 통치자들은 주체하지 못할 만큼 많은 현안 때문에 새로운 계획을 구상하고 실행하려는 노력엔 소홀하다. 중요한 법안이 예지력에 의해 채택되기보다는 상황에 밀려 억지로 채택되기도 한다.

펜실베이니아 주지사는 나의 계획안을 주 의회에 상정하면서 찬성 의견을 첨부하였다.

'매우 명확하고 실현 가능한 안건이라 판단합니다. 정밀하고 신중하게 검토해주시길 앙청(仰請) 드립니다.'

그러나 어느 의원이 꼼수를 부렸다. 주 의회는 내가 출석하지 못하는 날에 나의 계획안을 상정해 검토하지도 않고 부결시켰다. 이런 불공정한 처사를 보니 분통이 터졌다.

5.
모리스 주지사…
토론이 취미

그해에 나는 보스턴으로 가다 뉴욕에 들러 모리스(Robert Hunter Morris) 신임 펜실베이니아 주지사를 만났다. 그는 영국을 떠나 막 뉴욕에 도착한 참이었다. 우리는 오래 전부터 잘 아는 사이였다. 전임 해밀턴 주지사는 영주들이 온갖 훈령을 내려 보내며 시시콜콜 간섭하자 견디지 못하고 사임하였다. 모리스 주지사는 걱정스런 표정으로 나에게 물었다.

"제 앞날도 험난하겠지요?"

"아닙니다. 오히려 아주 순탄할 수 있습니다. 주 의회와 충돌하지만 않는다면요."

"허허허! 어떻게 나에게 논쟁을 피하라는 겁니까? 내가 논쟁가라는 사실을 귀하도 잘 알지 않습니까? 논쟁은 나의 손꼽는 취미입니다. 그래도 귀하의 조언을 존중하여 가능한 한 논쟁을 벌이지 않겠다고 다짐합니다."

모리스 주지사가 논쟁을 즐기는 데는 그럴 만한 이유가 있었다. 그는 워낙 달변인데다 궤변에도 능숙해서 누구와 입씨름을 벌여도 밀리는 경우가 거의 없었다.

"옛날에 제 아버지께서 저녁밥을 먹고 난 후에 아이들을 앉혀놓고 형제간 논쟁판을 벌여 그걸 즐기셨답니다. 저는 어릴 때부터 말싸움에 익숙하였지요."

나의 견해로는 논쟁 취미는 별로 현명하지 못한 처사이다. 미주알고주알 따져 상대방을 궁지에 몰아넣는 토론가 치고 대성하는 사람을 보지 못하였다. 논쟁에서 이기면 일시적 쾌감은 누리겠지만 상대방의 호감을 얻지는 못한다. 다른 사람이 나에게 호감을 갖는 것은 삶에서 매우 중요한데 말이다. 우리는 헤어져 모리스 주지사는 필라델피아로, 나는 보스턴으로 향하였다.

돌아올 때 뉴욕 시에서 펜실베이니아 주 의회 의사록을 볼 기회가 있었다. 그것을 보니 모리스 주지사가 내 앞에서 한 다짐과는 달리 벌써 의회와 한판 뜨거운 싸움을 벌인 모양이었다. 싸움은 그가 주지사 자리를 떠날 때까지 이어졌다. 나도 그 다툼에 끼어들지 않을 수 없었다. 주 의회에 돌아가자마자 나는 여러 위원회에 불려 다니며 모리스 주지사의 연설과 교서에 맞서는 답변을 해야 하였다. 동료 의원은 나에게 초안을 작성하라고 다그쳤다. 모리스 주지사의 교서, 이에 맞서는 우리의 답변은 모두 날카로웠다. 종종 점잖지 못한 욕설이 난무하기도 하였다.

모리스 주지사와 내가 만나면 서로 으르렁거릴 거라고 주위 사람들은 짐작하였으리라. 내가 주 의회를 대변해서 글을 쓴다는 사실을 주지사가 잘 알기 때문이다. 그러나 주지사는 평소엔 매우 호인이어서 우리 둘이 서로가 반대편에 서 있어도 얼굴을 붉히는 경우가 없었다. 우리는 가끔 함께 밥을 먹으며 좋은 관계를 유지하였다.

양쪽의 다툼이 정점에 이르렀을 때인 어느 날 오후에 우리는 길에서 우연히 만났다.

"프랭클린 씨! 우리 집에 가서 함께 저녁 식사나 합시다. 귀하가 좋아하실 만한 손님들이 오신답니다."

모리스 주지사는 내 팔을 붙잡고 자기 집으로 데려갔다. 만찬 후에 와인을 마시며 담소하던 중에 주지사는 『돈키호테』에 나오는 산초 판자 이야기를 꺼냈다.

"나는 산초 판자의 생각이 아주 멋지다고 봅니다. 주인인 돈키호테가 나라를 하나 주겠다고 하자 산초 판자는 이왕이면 '흑인들의 나라'를 달라고 하였다는군요. 국민들이 탐탁찮으면 노예처럼 팔아버릴 수 있기 때문에 그랬다나요."

주지사 옆에 앉은 그의 친구가 나에게 물었다.

"프랭클린 씨! 귀하는 어째서 언제나 주 의회에서 고약한 퀘이커 신자 편을 드십니까? 그자들은 팔아버리는 게 낫지 않습니까? 영주들은 귀하에게 후한 값을 쳐줄 테지요."

"주지사가 그들을 팔아버릴 만큼 검게 만들지는 못하였습니다."

사실상 주지사는 교서를 낼 때마다 주 의회를 먹칠하려고 용을 썼다. 그러나 주 의회는 먹칠을 당한 직후 깨끗이 씻고 자신들이 받은 먹칠보다 더 시커멓게 주지사의 얼굴을 먹칠하였다. 모리스 주지사는 마침내 흑인이 되는 쪽은 자신일 것이라 판단하였는지 해밀턴 씨처럼 싸움에 환멸을 느끼면서 사임하였다.

이런 논쟁은 세습 권력자인 영주 때문에 빚어졌다. 영주들은 자신의 지역 주에 방위비가 거론될 때마다 갖은 비열한 수단을 통해 대리인인 주지사에게 훈령을 내린다. 자기 땅이 과세 대상에서 빠지도록 하라고. 심지어 어떤 영주는 지사에게 '훈령대로 따르겠습니다!'라는 각서까지 받았다. 주 의회는 3년 동안 이런 부당성에 맞섰다. 영주들은 강압적으로 굴복을 종용하였다. 모리스 주지사의 후임 데니(William Denny) 대위는 이 훈령에 불복하기도 하였다. 이 사연은 나중에 소개하겠다.

내가 이야기를 너무 다급하게 전개하는 것 같구나. 모리스 주지사 시절 일화를 좀 더 털어놓으며 한숨을 돌려보자. 그 무렵에 프랑스와의 전쟁이 터졌다. 매사추세츠 주 정부는 크라운 포인트(Crown Point)를 공격할 참이었는데 퀸시(Josiah Quincy) 씨를 펜실베이니아로, 훗날 주지사가 된 포우널(Thomas Pownall) 씨를 뉴욕으로 보내 도움을 요청하였다. 당시에 내가 주 의회에 있어 사정을 잘 아는데다 퀸시 씨와 보스턴 동향(同鄕)이어서 퀸시 씨는 나에게 "주 의회의 도움을 받도록 힘써 주시오!"라며 부탁하였다. 나는 의회에 매사추세츠 주 정부의 지원 요청을 전달하였다. 주 의회는 이를 수용하여 군량(軍糧) 구입 예산 10,000파운드를 지원하기로 의결하였다. 그런데 모리스 주지사가 다음과 같은 이유를 내세워 반대하였다.

"비록 필요한 세금이라 할지라도 영주 소유지를 과세 대상에서 제외한다는 조항을 넣지 않으면 이 지원안에 동의할 수 없소."

주 의회는 뉴잉글랜드 지역에 원조하는 지원안을 통과시키고 싶었으나 주지사가 이렇게 나오니 갈팡질팡하였다. 퀸시 씨도 주지사의 동의를 얻으려 애걸복걸하였으나 주지사는 여전히 벽창호였다.

나는 주지사와 무관하게 이 사안을 해결할 방안을 내놓았다. 공채 사무소 (Loan Office)의 신탁 위원들이 채무자 형식인 공채를 발행하는 방법이었다. 주 의회는 법률에 따라 공채 발행 권한을 가졌다. 그때 공채 사무소에는 현금 보유액이 거의 없었기에 나는 1년 기한, 5% 이자의 공채를 발행하자고 제안하였다. 이 공채로 군량을 어렵잖게 조달할 것으로 예상하였다. 주 의회는 거의 머뭇거림 없이 나의 제안을 채택하였다. 곧 공채는 발행되었고 나는 공채 신탁위원으로 뽑혀 공채에 서명하였다. 다른 지역에 빌려준 유통 지폐에 대한 이자, 소비세 세입 등으로 공채를 상환할 계획이었다. 이런 수입만으로도 상환 능력이 충분하다는 사실이 알려지면서 공채의 신용도는 더욱 높아졌다. 군량을 구매할 때 공채를 내면 되었고 현금 부자는 이 공채를 인수하기 시작하였다. 이 채권(債券)은 갖고만 있어도 이자가 붙고 언제든지 현금처럼 사용할 수 있기에 여러모로 이익이라고 판단한 것이다. 공채는 몇 주 사이에 모두 팔렸다. 이렇게 하여 나의 제안으로 중요한 사안이 해결되었다. 퀸시 씨는 주 의회에 정중한 문체의 감사 서한을 보냈고 성공적인 임무 완수에 기뻐하며 귀향하였다. 그 후 그는 나에 대해 매우 친밀하고 애정 어린 우정을 간직하였다.

6.
오만한 브래덕 장군의 패전

영국 정부는 올버니 회담에서 제안된 식민지 연방안을 반대하였다. 또 식민지 연방이 독자적인 국방 체제를 갖추는 것도 인정하지 않았다. 식민지 연방이 자주 국방력을 가지면 영국에 대항하지 않을까 우려한 것이다. 이런 의심과 질투심 때문에 영국 정부는 브래덕(Edward Braddock) 장군에게 영국군 정규 부대 2개 연대를 주어 미국에 보냈다. 브래덕 장군은 버지니아 주 알렉산드리아에 상륙해 메릴랜드 주 프레데릭타운(Frederictown)까지 진군해서는 마차 정비를 위해 잠시 머물렀다.

주 의회는 브래덕 장군이 주 의회에 심각한 편견을 품고 있다는 정보를 입수하였다. 브래덕 장군과 영국 군대를 주 의회가 푸대접하기 때문이란다. 주 의회는 나에게 주 의회 대표가 아니라 체신장관 자격으로 브래덕 장관을 만나보라고 종용하였다. 브래덕 장군이 각 지역 주지사와 서한을 주고받아야 하니 체신장관이 서한들을 신속 정확하게 배달하는 방안을 의논하러 온 척하라는 것이다. 내가 브래덕 장군을 만나러 오며가며 드는 비용은 주 의회에서 부담하겠단다. 나는 아들을 데리고 출장에 나섰다.

내가 프레데릭타운에서 브래덕 장군을 만날 때, 그는 메릴랜드와 버지니아 벽지로 마차를 징발하러 보낸 부하를 기다리느라 초조하였다. 나는 며칠간 장군과 함께 어울려 지내며 밥도 같이 먹으면서 그의 적대감을 줄일 기회를 잡았다. 나는 그의 작전이 수월하게 이행되도록 지금까지 주 의회가 추진한 일을 설명하였다. 내가 설명을 마치고 막 출발하려는데 마차 징벌대가 돌아왔다. 마차는 모두 합쳐도 25대밖에 되지 않고 그나마도 서너 대는 고장이 난 상태였다. 적어도 150대는 필요하기에 장군과 지휘관들은 당혹감을 드러냈다. 장군은 분기탱천하였다.

"더 이상 진군은 불가하다. 그러니 여기서 중단하겠노라. 식량, 무기를 운반할 마차조차 제대로 없는 촌 동네 미국에 우리 정예 부대를 보내다니!"

나는 장군의 발언에 은근히 부아가 치솟아 슬쩍 말문을 열었다.

"펜실베이니아에는 거의 모든 농가에 마차 한 대씩은 있는데 왜 이곳으로 오지 않았을까요? 참 안타깝네요."

"프랭클린 장관님! 그 지역의 유력자이시니 지역민에게 얘기해서 마차를 빌리도록 해주십시오. 간곡히 부탁합니다!"

"그래요? 그렇다면 공짜로 빌릴 수는 없겠고 마차 주인에게 어떤 보상 조건을 제시하겠습니까?"

"그건 이 지역 사정을 잘 아시는 장관님께서 제시하십시오."

내가 제시한 조건에 브래덕 장군이 동의하였다. 이에 따라 곧바로 위임장과 지시 사항들이 마련되었다. 이 조건들은 내가 랭카스터(Lancaster)에 도착한 후 발표한 공고문에 나타나 있다. 이 공고가 곧바로 반응을 부른 것이 나로서는 의아하였다. 그 전문을 적어본다.

공고(Advertisement)

1755년 4월 26, 랭카스터에서

말 네 마리가 끄는 마차 150대, 마차용 및 승마용 말을 합쳐 1,500마리가 필요하다. 이 마차와 말들은 윌스 크릭(Will's Creek)에 집결할 영국 국왕의 군대가 이용한다. 이들 마차와 말들을 임차할 권한을 브래덕 장군 각하께서 나에게 위임하셨다. 그 권한에 의해 다음과 같이 공고한다. 오늘부터 오는 수요일 저녁까지는 랭카스터에서, 오는 목요일 아침부터 금요일 저녁까지는 요크에서 아래 조건에 따라 마차 및 말들에 대한 임차 계약을 진행할 것이다.

1. 튼튼한 말 3두와 마부 1인을 갖춘 마차 1대는 하루 15실링, 짐 싣는 안장 또는 타는 안장과 마구가 딸린 보통 말은 하루 2실링, 안장 없는 보통 말 1두는 하루 18펜스를 지급한다.

2. 임차료 지급은 윌스 크릭에서 군대와 만난 때부터 시작한다. 만나는 날짜는 5월 20일이며 윌스 크릭까지 가는 시간과 나중에 집으로 돌아가는 시간에 대해서도 적절한 금액을 지급한다.

3. 각 마차와 이에 딸린 말, 승마용 말, 짐 싣는 말 등에 대한 가치 평가

는 말 주인과 내가 선택하는 중립적인 사람이 맡는다. 공무 중에 마차나 말을 잃어버릴 경우엔 이 평가에 따라 보상한다.

4. 주인이 요구하면 말이나 마차에 대해 1주일치 임차료를 내가 즉시 지불하겠다. 잔금은 브래덕 장군 또는 군 당국이 계약 만료 이후나 정한 시기에 지급한다.

5. 마부 또는 임차마 관리자는 어떤 경우에도 군 업무를 강요당하지 않으며 말, 마차 관리 업무 이외 일은 하지 않는다.

6. 마차와 말이 진지(陳地)로 운반한 귀리, 옥수수, 여물 등은 말을 먹이고 남으면 군대가 적정가격으로 사들인다.

*참고

내 아들 윌리엄 프랭클린도 이와 같은 권한을 위임 받아 컴벌랜드(Cumberland) 카운티에서 누구와도 계약을 이행할 수 있다.

벤저민 프랭클린

랭카스터, 요크, 컴벌랜드 카운티 주민에게 고(告)함

친구와 동포 여러분!

나는 우연히 프레데릭 진지에 며칠 전에 들렀다가 장군과 장교들이 말과 마차를 구하지 못해 매우 애태우는 모습을 목도하였습니다. 그들은 이 지역에서 말과 마차를 필요량만큼 조달 받을 것이라 믿었습니다만 주지사와 주 의회 사이의 이견 때문에 자금도 마련하지 못하였고 다른 어떤 조치도 취하지 못하였습니다.

무장 군대를 곧장 각 지역으로 보내 가장 좋은 말과 마차를 필요량만큼 징발하고 이것들을 관리할 인력을 징용하자는 의견도 제기되었습니다. 불편한 마음을 가진 영국 군대가 우리에게 반감을 품고 말과 마차를 징발하러 이 지역을 휘젓고 돌아다니면 혹시 우리 주민에게 해를 끼치지 않을까 우려됩니다. 그러하오니 다소 불편하시더라도 평화롭고 공정한 방법으로 이 사안을 해결하려고 합니다. 변두리 지역민은 최근 화폐 부족 현상을 주 의회에 호소한 바 있습니다. 여러분은 이제 적잖은 현금을 받고 서로 나눌 수 있는 기회를 가지게 되었습니다. 이번 원정이 120일 이상 계속될 것이기에 마차, 말의 임대료는 3만 파운드 이상일 겁니다. 여러분은 이 금액을 영국 금화나 은화로 받습니다.

군대는 하루에 12마일 이상은 행군하지 않으며 필수 군수품만을 운반하는 마차와 말도 행군 속도에 맞추어야 하기에 일 자체는 편할 듯합니다. 행군, 야영 때 군대 자체를 위해서도 말과 마부는 안전한 곳에 배치될 겁니다.

여러분이 내가 믿는 것처럼 진정 선량하고 충성스런 신민이라면 바로 지금이 충성심을 보일 때입니다. 이는 여러분을 위한 일이기도 합니다. 농장 일 때문에 한 집에서 마차, 말, 마부를 모두 내놓기 어려우면 서너 집이 뭉쳐 한 집에서는 마차, 다른 집에서는 말 1-2마리, 또 다른 집에서는 마부를 내고 수익금은 알아서 나누어도 됩니다. 이렇게 넉넉한 수익금과 좋은 조건이 제시되었는데도 국왕과 국가를 위해 자발적으로 헌신하지 않는다면 여러분의 충성심은 강하게 의심받을 것입니다. 국왕의 과업은 꼭 수행되어야 합니다. 용감한 대군이 여러분을 지키려 이렇게 먼 곳까지 왔는데 여러분의 게으름과 비협조 탓에 아무것도 못한 채 허송세월을 보내게 해서는 안 됩니다. 마차와 말은 필수품입니다. 여러분이 지원하지 않으면 강제 수단이 동원될 겁니다. 그러면 여러분은 배상을 받으려 여기저기 발품을 팔아야 합니다. 하지만 어느 누구도 여러분에게 동정심과 관심을 갖지 않을 겁니다.

나는 이 일에서 이득을 보지 않습니다. 좋은 일을 한다는 만족감 때문에 힘든 일을 할 뿐입니다. 만약 이 방법으로 마차와 말을 마련하지 못하면 나는 14일 이내에 장군에게 사유를 보고해야 합니다. 그러면 경기병 출신인 존 세인트 클레어(John St. Clair) 경이 병사들을 데리고 즉시 이 동네 저 동네를 돌아다니며 말과 마차를 징발할 겁니다. 여러분의 신실한 친구이며 여러분의 행복을 기원하는 저로서는 그런 일을 전해 듣지 않기를 소망합니다.

벤저민 프랭클린

나는 마차 주인에게 지급할 선금 800파운드를 장군으로부터 받았다. 이 돈만으로는 모자라서 내 개인 돈 200파운드를 보탰다. 드디어 2주일 후에 마차 150대와 짐말 259마리가 윌스 크릭 진지를 향해 출발하였다. 공고문에는 마차나 말을 잃어버리면 평가 가치에 따라 배상한다고 명기하였다. 주민들은 한결 같이 나에게 요청하였다.

"브래덕 장군을 알지 못하고 그의 약속을 어디까지 믿어야 할지 모르겠으니 프랭클린 씨가 보증인이 되어 주십시오!"

나는 이 요청을 받아들였다. 진지에 머물던 어느 날 나는 던바

(Thomas Dunbar) 대령 연대의 장교들과 함께 저녁밥을 먹었다. 대령은 나에게 딱한 사정을 하소연하였다.

"하급 장교들이 황야를 오랫동안 진군하려면 여러 물품이 필요하오. 그러나 모두들 빈곤해서 그걸 마련하기가 어렵소. 더욱이 미국은 물가가 비싸서 살 엄두가 나지 않소."

그들의 처지가 딱해 보여서 필요한 물품을 대주기로 하였다. 대령에게는 아무 귀띔도 하지 않고 다음 날 아침에 주 의회 의원들에게 다음과 같은 요지의 편지를 보냈다.

'영국 군대의 하급 장교들이 필수품을 마련하지 못할 만큼 곤궁합니다. 주 의회에 공금이 얼마 있으니 이 돈으로 생필품과 음식물을 구입해서 선물로 주면 좋겠습니다.'

군대 체험을 한 아들에게 필수품 목록을 적어 달라 해서 이 목록을 의원에게 보내는 편지에 동봉하였다. 주 의회가 나의 제안을 수용하고 빠르게 대응한 덕분에 그 물품은 내 아들의 지휘에 따라 마차와 거의 동시에 진지에 도착하였다. 모두 20개 꾸러미였는데 각 꾸러미에 든 내용물은 다음과 같다.

▲설탕 덩어리 6파운드
▲무스코바도 흑설탕 6파운드
▲고급 녹차 1파운드
▲고급 홍차 1파운드
▲자메이카 럼주 2갤런
▲겨자 가루 1병
▲글로스터 치즈 1덩어리
▲고급 버터 20파운드 들이 1통
▲고급 마데이라 포도주 2다스
▲고급 가루커피 6파운드
▲초콜릿 6파운드
▲최고급 흰색 비스킷 50파운드

▲양질의 훈제 햄 2개 ▲후추 0.5파운드
▲말린 우설(牛舌) 6개 ▲쌀 6파운드
▲최고급 백포도주 식초 1쿼트(1.14리터) ▲건포도 6파운드

20개의 꾸러미를 각각 단단히 꾸려 말 한 마리에 한 꾸러미씩 실었다. 장교 1인당 말 1두와 선물 한 꾸러미씩 받았다.

그들은 이 선물에 무척 고마워하였다. 연대장 둘은 나에게 갖은 미사여구를 쓴 감사 편지를 보내왔다. 장군도 마차와 물품 지원에 매우 만족해하였다. 장군은 내가 쓴 200파운드를 즉시 갚아주며 말하였다.

"정말 고맙소! 내가 떠난 후에도 원조를 지속해주시면 더욱 고맙겠소!"

나는 군사 지원 업무를 맡아 여기저기 부지런히 다녔는데 이런 나의 활동은 장군의 패전 소식이 들려올 때까지 계속되었다. 이러는 동안 나는 1,000파운드 이상 썼고 계산서를 장군에게 보냈다. 개전 직전에 계산서를 받아본 장군은 나에게 짧은 편지를 보내왔다.

'프랭클린 씨에게 1,000파운드를 지급하라는 명령서를 회계 담당자에게 즉시 보냈습니다. 나머지 금액은 다음 회계 때 드리겠습니다.'

1,000파운드는 받았지만 나머지 금액은 한 푼도 받지 못하였다. 그래도 그 와중에 그 정도라도 받았으니 다행이었다. 이 일에 대해서는 나중에 더 언급하겠다.

내 생각엔 브래덕 장군은 용감한 인물이었다. 만약 유럽 지역에

서의 전쟁이라면 그는 훌륭한 지휘관으로서 이름을 날렸으리라. 그러나 그는 자신감이 지나쳐 영국 정규군의 능력을 과대평가한 반면에 미국인과 인디언을 허접하다고 여겼다. 인디언과의 통역을 맡은 조지 크로건(George Croghan)은 인디언 100명을 이끌고 영국 군대와 함께 진군하였다. 장군이 좀 친절하였더라면 안내와 정찰에 큰 도움을 받았을 것이다. 그러나 장군이 무시하고 소홀히 하는 바람에 인디언은 하나둘씩 장군 곁을 떠났다.

어느 날 장군과 함께 대화를 나누다 장군이 나에게 앞으로의 진군 계획을 말하였다.

"듀케인 요새(Fort Duquesne)를 점령한 후 나이아가라(Niagara) 쪽으로 갈 예정이오. 그런 후에 날씨가 허락한다면 프런트낵(Frontenac)으로 가려는데 내 짐작으론 가능하리라 본다오. 듀케인에서 프런트낵까지 사나흘 정도 걸릴 것이오. 나이아가라까지 진군할 때는 방해 요인이 없으니까요."

나는 장군의 진군 계획이 믿기 어렵고 불안하였다. 가시덤불과 숲을 헤쳐가야 하고 길이 좁아 행군 때 줄이 길어질 것이기 때문이다. 이전에 프랑스 군대가 1,500명이나 참전하였는데도 이로쿼이(Iroquois) 지역 인디언을 공격하다가 패배하기도 했다. 나는 이렇게만 대답하였다.

"듀케인은 방어가 허술하고 요새도 강하지 않다니까 무장한 정예 부대가 무사히 도착하면 별 저항 없이 점령할 수 있을 겁니다. 그러나 한 가지 위험은 행군 도중에 있을지 모르는 인디언의 기습입니다. 인디언들은 매복하고 있다가 급습하는 공격에 능합니다. 4마일이나 되는 좁은 길에서 기다란 행렬을 이루어 가다가 측면 기습을 받으면 전열이 실처럼 끊어질 수도 있지요. 이렇게 끊어지면 서로 돕지도 못합니다."

장군은 싱긋 웃으며 내가 뭘 모르면서 참견한다는 듯이 대꾸하였다.

"훈련이 제대로 되지 않은 미국 군대에겐 야만인들의 공격이 위협적이겠지만 국왕 폐하의 훈련된 정규군에겐 아무 소용이 없어요."

군인과 군사 작전을 놓고 토론하는 것이 부질없기에 나는 더 말하지 않았다. 나의 염려와는 달리 적군은 영국군의 긴 행렬에 아무런 공격을 하지 않았고 요새에서 9마일 앞둔 지점까지 들어오도록 방관하였다. 선두 부대가 강을 건너고 숲속 빈터에서 후진 부대를 기다리느라 잠시 멈추었을 때 적군은 나무와 덤불 뒤에서 집중 포격하였다. 그때서야 장군은 적군이 지척의 거리에 있음을 깨달았다. 화들짝 놀란 선두 부대가 갈팡질팡하자 장군은 얼른 구원병들을 보냈다. 그러나 구원병마저 마차, 짐짝, 가축 등과 뒤엉키면서 난리법석이 빚어졌다. 이번엔 옆쪽에서 적군의 포격이 쏟아졌다. 말을 탄 장교들은 적군의 시야에 잘 들어와 순식간에 총탄을 맞고 말에서 떨어졌다. 지휘관을 잃은 병사들은 엉거주춤 섰다가 적의 총탄을 맞았다. 병사들 가운데 3분의 2는 그렇게 허무하게 숨졌고 나머지는 겁에 질려 혼비백산하여 도망쳤다.

마부들은 마차에서 말을 풀어내 말 등에 타고 도주하였다. 이를 본 다른 군인들도 너도 나도 말을 풀었다. 마침내 마차, 식량, 대포, 군수품 등이 모두 적군의 수중으로 들어갔다. 장군은 부상을 당하고 가까스로 목숨을 건졌지만 그의 부관 셜리는 장군 옆에서 숨졌다. 이 전투로 장교 86명 가운데 63명의 사상자가 나왔고 사병 1,100명 가운데 전사자만도 714명이었다. 이들 사병은 브래덕 장군 휘하의 전체 부대원에서 선발된 병력이었다. 나머지는 던바 대령의 지휘 아래에 후방에 있었다. 이들은 무거운 군수품, 식량, 짐짝 등을 싣고 장군의 선봉대 뒤를 따르기로 되어 있었다.

전투에서 후퇴한 군인들은 추격을 당하지는 않았는데 모두 던바 대령의 후방진지로 갔다. 패잔병들이 공포에 사로잡혀 덜덜 떠니 던바 대령과 휘하 부하들까지 전염되었다. 던바 대령은 1,000명이 넘는 병력을 지휘하고 있었다. 브래덕 장군 선봉대를 격파한 프랑스군과 인디언 부대는 통틀어 400명 남짓이었다. 던바 대령은 반격하여 명예를 회복하려 하지는 않고 엉뚱한 명령을 내렸다.

"군수품과 탄약을 버려라!"

식민지 정착 지역으로 퇴각하려면 말이 가능한 한 많이 필요하였고 짐을 줄여야 하기 때문이다. 후퇴하는 길에 던바 대령은 버지니아, 메릴랜드, 펜실베이니아 주지사들로부터 간곡한 요청을 받았다.

"국경에 부대를 배치해 주민을 보호해 주시오!"

그러나 대령은 필라델피아에 도착할 때까지는 자신들이 안전하지 않다고 생각해 주지사들의 요청을 묵살하고 내빼기에 바빴다. 우리는 영국 정규군이 용맹하고 강력하다고 믿었으나 이 모든 사태를 지켜보면서 의심하기 시작하였다.

던바 대령 부대는 식민지 정착 지역을 지나면서 심지어 주민을 약탈하였다. 허름한 집 몇 개를 뭉개었고 저항하는 주민을 윽박지르며 감금까지 하였다. 우리는 지켜줄 군대가 필요하였지만 이 일을 목격하면서 영국 군대에게는 환멸을 느꼈다.

적군인 프랑스 군대는 영국군과 전혀 달랐다. 프랑스 군대는 1781년 로드아일랜드에서 버지니아까지 700마일이 넘는 거리를 행군하면서 주민 밀집 지역인데도 돼지 한 마리, 닭 한 마리, 사과 한 알도 뺏는 일이 없었다.

브래덕 장군의 부관 옴(Robert Orme) 대위는 전투에서 중상을 입고 장군과 함께 퇴각하였다. 장군도 중상을 입었는데 옴 대위와 나란히 병상에 누워 있다가 며칠 후 별세하였다. 옴 대위는 나에게 이렇게 말하였다.

"브래덕 장군께서는 첫날엔 아무 말씀도 하지 않으셨지요. 밤이 되자 장군께서는 '이렇게 되리라고 누가 상상이라도 하였겠나?'라고 딱 한 말씀을 하시더군요. 이튿날도 내내 침묵을 지키시다가 '기회가 한 번만 더 생기면 적들을 어떻게 물리칠지 알겠는데…'라고 말씀하신 뒤 몇 분 후에 숨을 거두셨지요."

나중에 알고 보니 장군의 명령, 지시, 통신 내용 등은 모두 프랑스 군의 손에 들어갔다. 적군은 그 가운데 몇 개는 프랑스어로 번역하고 인쇄하였다. 영국 정부가 선전 포고를 하기 전에 이미 전쟁을 벌일 의사가 있었음을 보여주기 위해서였다. 그 글 가운데는 브래덕 장군이 내각에 보낸 편지도 있었는데, 내가 군대에 기여한 공을 높이 평가한다는 내용이었다.

'프랭클린 씨가 영국군에게 큰 도움을 주었으니 브래덕 장군께서도 프랭클린 씨를 잘 봐주십시오!'

브래덕 장군은 나의 공적을 극찬하는 편지를 여러 사람에게 보낸 모양인데 데이비드 흄(David Hume)[51]도 관청 서류 뭉치에서 그 편지를 봤다고 말하였다. 데이비드 흄은 몇 년 뒤 프랑스 대사 허트퍼드(Hertford) 경의 비서, 그 후엔 국무장관을 맡은 콘웨이(Henry Seymour Conway) 장군의 비서를 역임하였다.

브래덕 장군의 원정은 실패하였기에 장군의 편지는 나에게 아무런 도움이 되지 않았고 나의 공적도 별 인정을 받지 못하였다. 나는 영국군을 돕는 대가로 장군에게 단 한 가지를 요구하였다.

"장군께서 부하 지휘관들에게 직접 명령을 내려 우리가 보낸 일꾼들이 더 이상 노역하지 않도록 해주십시오. 그리고 이들을 곧 돌려보내 주십시오."

장군은 나의 요구를 흔쾌히 들어주었다. 그래서 일꾼 여러 명이 주인에게 돌아갔다. 그러나 지휘권을 위임 받은 던바 대령은 전혀 관대하지 않았다. 던바 대령은 거의 도망치듯이 후퇴하면서 필라델피아에 들렀다. 나는 고인이 된 브래덕 장군의 명령을 던바 대령에게 상기시켰다.

"장군께서 징집한 랭커스터의 빈농 일꾼 셋을 주인집으로 보내주십시오."

"알겠소. 우리 부대가 뉴욕으로 가는 길에 트렌턴(Trenton)에서 며칠 머물 참이니 주인이 그곳에 찾아오면 일꾼들을 돌려주겠소."

그 말을 믿고 주인들은 자기 돈을 써가며 어렵게 트렌턴까지 갔

51 스코틀랜드 출신의 위대한 철학자(1711-1776)로 여러 관직도 맡았다.

지만, 대령은 약속을 지키지 않았다. 주인들은 큰 손해를 보았고 마음의 상처도 받았다. 마차와 말이 모두 적군에게 넘어갔다는 소식을 들은 마차 주인들은 나를 다그쳤다.

"프랭클린 씨를 믿고 빌려주었으니 프랭클린 씨가 당장 물어내시오!"

"진정하시오! 지금 내 호주머니에 돈이 있지도 않은데 이렇게 막무가내로 다그치면 어떡합니까?"

"그럼 우린 어떻게 해야 합니까?"

"회계 담당관에게 요청하면 언제든지 받을 수 있소. 그러려면 먼저 셜리 장군이 지급 명령을 내려야 하오."

"셜리 장군은 어디에 있습니까?"

"장군에게 편지를 이미 보냈소. 지급 명령을 내려달라고. 그러나 장군이 먼 지역에 있기에 답신이 늦는 모양이오. 그러니 조금만 기다려주시오."

"하루가 여삼추 같은데 언제까지 기다려 달라는 거요?"

주인들은 흥분을 가라앉히지 않았다. 어떤 열혈 주인은 나를 고소하기도 하였다. 다행히도 셜리 장군은 위원에게 내 청구서를 검토하게 하고 지급 명령을 내렸다. 배상금 20,000파운드가 즉시 지급되어 나는 그 끔찍한 상황에서 벗어났다. 내가 그 돈을 대신 물었다면 아마 파산하였으리라.

브래덕 장군의 패전 소식이 알려지기 전의 일이다. 필라델피아에 병원을 설립하겠다던 토머스 본드 의사와 물리학자 본드 박사가 기부금 약정서를 들고 나를 찾아왔다. 듀케인 요새 함락을 축하하는 대규모 불꽃 축제를 준비하며 그 비용을 모은다는 것이다.

"축하할 일이 확실해진 다음에 준비해도 충분하지 않겠습니까?"

내가 그들의 제안에 선뜻 찬성하지 않자 그들 중 하나가 뜻밖이라는 듯이 물었다.

"무슨 말씀이십니까? 그렇다면 요새를 점령하지 못한다고 보시는 겁니까?"

"요새 점령 여부를 제가 어떻게 알겠습니까? 전쟁이란 한 치 앞도 알 수 없는 거니까요."

나는 미심쩍어 하는 이유를 들먹였다. 결국 모금은 취소되었다. 그분들이 불꽃 축제를 추진하였다면 망신을 당할 뻔하였다. 이 일이 있은 후 본드 의사는 동네방네 돌아다니며 말하였다.

"프랭클린 씨의 직감은 대단해요. 무서울 정도라니까요."

5장

쉼 없는 공직

1.
땅 부자 영주들, 세금 안 내려 압력

모리스 지사는 브래덕 장군의 패전 이전에도 주 의회에 줄기차게 교서를 보내 '영주의 소유지를 과세 대상에서 제외할 것'이라는 조항이 포함된 방위비 징수 법안을 제정하라고 들볶았다. 이 조항이 없는 법안에 대해서는 거부권을 행사하였다. 장군의 패전으로 방위비 징수 법안의 필요성은 더욱 절실해졌다. 주지사는 이제 주 의회도 주지사 견해를 수용할 것이라 믿고 더욱 강하게 몰아붙였다. 그러나 주 의회는 한발도 물러서지 않았다. 의원들의 반대 의지는 확고하였다.

"지사가 조세 법안을 마음대로 고치도록 방임하면 의회의 기본권을 포기하는 셈이오!"

마침내 주 의회가 방위비 50,000파운드를 지원한다는 법안을 마련하였다. 주지사는 이 법안에서 단어 하나만 고치자고 제의하였다. 원안에는 '모든 동산, 부동산은 과세 대상이며 영주의 동산, 부동산도 제외되지 않는다'라고 되어 있었다. 주지사는 '제외되지 않는다'라는 부분을 '제외된다'라고 고치자고 하였다. 단어 하나만 고치자 하였지만 그 차이는 엄청났다. 나는 주지사의 교서에 대한 주 의회 답변을 영국에 있는 친구들에게 그대로 전하였다. 이번 일을 전해 들은 영국의 유력한 지인들은 영주들을 비판하였다.

"모리스 지사에게 그렇게 비열하고 부당한 청탁을 한 영주가 누군가요? 영주들이 미국의 방위를 방해한다면 오히려 재산을 잃을 것이오."

상황이 이렇게 돌아가자 영주들도 놀라면서 세입 징수관에게 새로운 제안을 내놓았다.

"방위비로 주 의회가 제시하는 금액이 얼마가 되든 거기에 우리 영주들의 돈 5,000파운드를 더하겠소이다."

이런 결정을 전달 받은 주 의회는 영주들이 일반 세금 대신에 5,000파운드를 내기로 하였으니 영주의 면세 조항을 포함한 새 법안을 가결하였다. 이 법안에 따라 나는 방위비 60,000파운드를 처리하는 위원회의 위원으로 선임되었다. 나는 이 법안을 제정하고 가결하는 과정에 적극 참여하였다. 이와 함께 민병대를 결성하고 훈련시키기 위한 법안도 만들었다. 퀘이커 신자들은 본인 뜻에 따라 거부할 수 있도록 하였다. 이런 배려 조항 덕분에 법안은 쉽게 가결되었다. 나는 민병대 조직을 추진하는 협회를 결성하기 위해 민병대와 관련해 제기될 수 있는 여러 반론과 이에 대한 답변을 대화 형식으로 작성하였다. 예상대로 이 글은 큰 효과를 나타냈다. 이 대화와 민병대 법안은 '젠틀멘스 매거진'(Gentlemen's Magazine) 1756년 3월호에 게

재되었다.

그 후 몇 개 중대가 편성되어 시가지 및 야외에서 훈련을 하였다. 주지사는 이와 관련해 나에게 부탁하였다.

“적군이 자주 나타나는 북서쪽 국경 지역에 민병대를 주둔시켜 주시오. 또 거기에 요새를 쌓아 주민을 보호해 주시오. 그 임무를 프랭클린 씨가 맡아주시면 고맙겠소.”

“그런 임무라면 군사 책임자인 셈인데, 제가 적임자가 아닌데요.”

“프랭클린 씨는 만능이잖소? 뭐든 맡기면 처리하시는 분이지요.”

“허허! 제가 적임자는 아니지만 최선을 다해 일을 처리하겠습니다.”

“전권을 가지는 위임장을 드리겠소. 그리고 휘하에 지휘관으로 쓸 만한 사람을 임명할 수 있는 권한 위임장도 드리지요.”

병력을 모으는 일은 그리 어렵지 않았다. 얼마 지나지 않아 내 휘하의 민병대 병력이 560명에 이르렀다. 내 아들은 캐나다와의 전쟁에서 장교로 활약하였는데 이제 나의 부관이 되어 나를 도왔다. 인디언들은 모라비아 교파 신자들이 살던 그나덴헛(Gnadenhut) 마을을 불태우고 주민을 학살하였다. 나는 그 마을에 요새를 구축하면 좋겠다고 판단하였다.

그나덴헛 마을까지 행군하려고 모라비아 신자의 집단 근거지인 베들레헴에 민병대 중대를 집합시켰다. 베들레헴에 가보니 의외로 튼튼한 방위 체제를 구축해놓고 있었다. 그나덴헛 마을이 파괴되자 불안감 때문에 그렇게 방비한 듯하였다. 주요 건물에는 빙 둘러 방책을 세웠고 뉴욕에서 무기, 군수 물자를 대량 매입해 놓았다. 높다란 석조 건물의 창문과 창문 사이 공간에는 도로 포장에 쓰이는 넓적한 판석(板石)을 쌓아놓고 인디언이 침입하면 부녀자들이 인디언 머리 위로 판석을 던질 수 있도록 하였다.

베들레헴에서는 다른 수비대 주둔지처럼 무장 병력이 질서정연하게 교대로 보초를 섰다. 나는 모라비아 종파의 스판겐버그(August Gottlieb Spangenberg) 주교와 이야기를 나누었다.

"모라비아 신자들이 무장을 하고 나선 것이 의아하네요. 영국 의회에서 제정된 법률에 의해서도 모라비아 신자는 병역이 면제되지 않나요? 신자가 무기를 들면 교리와 양심에 반하는 줄 알았는데요."

"전쟁에 반대하는 것은 확정된 교리가 아닙니다. 그 법안을 제정할 당시의 교리였을 뿐이지요."

그 법안 제정 당시에 신자들은 반전(反戰) 교리를 따르는 사람이 거의 없어 자신들도 놀랐다. 그들이 스스로를 기만하거나 영국 의회를 속이거나 둘 가운데 하나인 듯하였다. 눈앞의 위험을 당하면 상식이 변덕스런 신념을 이기곤 한다.

2.
요새를
구축하라!

우리는 1월 초순에 요새 축조에 나섰다. 나는 미니싱크(Minisink) 마을의 북쪽에 한 부대를 보내 요새를 쌓게 하였다. 마을의 남쪽에도 한 부대를 보내 같은 지시를 내렸다. 그러고 나서 나는 나머지 부대를 이끌고 요새 축조가 화급한 그나덴헛으로 출발하기로 하였다. 모라비아 신자들은 연장, 군량, 짐짝 등을 싣도록 우리에게 마차 5대를 빌려주었다.

베들레헴을 떠나기 직전에 인디언에게 습격 당해 농장을 뛰쳐나온 농민 11명이 나를 찾아왔다.

"농장에 돌아가 소를 데리고 나와야겠습니다. 그러려면 무기가 필요합니다."

"좋소. 그럼 1인당 총 한 자루와 실탄을 드리겠소."

그런 후 우리는 행군을 개시하였다. 얼마 가지 못해 비가 내리기 시작하더니 종일 그치지 않았다. 비를 피할 만한 집을 찾지 못해 허허벌판을 계속 걸어가다 거의 밤이 되어서야 독일인의 집 하나를 발견하였다. 우리는 빗물에 흠뻑 젖은 채 그 집 헛간에서 옹기종기 모여 앉아 밤을 보냈다. 행군 도중에 공격을 당하지 않은 것이 천만다행이었다. 우리가 지닌 무기는 그저 그런데다 비에 흠뻑 젖어있었기 때문이다. 인디언은 교묘한 계략을 가졌지만 우리에게는 그런 전략이 없었다. 그날 인디언은 앞서 소개한 농민 11명을 만나 10명을 살해하였다. 살아남은 농민 하나가 나중에 숨을 헐떡거리며 말하였다.

"총이 빗물에 흠뻑 젖어 총알이 나가지 않았어요."

이튿날엔 비가 그쳤다. 우리는 다시 행군을 시작해 마침내 황량한 그나덴헛에 도착하였다. 인근 제재소 주변에 나무판자가 쌓여 있었다. 우리는 나무판자로 얼른 임시 막사를 지었다. 추운 날씨여서 텐트 하나도 없는 우리로서는 막사 마련이 시급한 일이었다. 막사를 지은 후 서둘러 처리한 일은 마을 주민이 아무렇게나 묻어놓고 가버린 시체를 제대로 매장하는 것이었다.

그 다음날엔 아침에 요새를 설계하고 지을 위치를 잡았다. 둘레가 455피트 가량 되므로 직경 1피트짜리 말뚝 455개를 이어 울타리를 만들었다. 우리는 갖고 온 도끼 70자루로 나무를 찍기 시작하였다. 군인들은 도끼를 능숙하게 다루어 작업은 빠른 속도로 진행되었다. 나무가 금세 쓰러지는 광경을 보니 2인 1조가 나무 한 그루를 베는 데 시간이 얼마나 걸리는지 측정해보고 싶어졌다. 나무는 대개 6분 만에 땅에 쓰러졌다. 직경을 재어 보니 14인치였다. 소나무 한 그루로 끝이 뾰족한 길이 18피트짜리 말뚝 3개를 만들 수 있었다.

한쪽에서는 말뚝을 만들고 다른 쪽에서는 깊이 3피트 참호를 파서 말뚝 박을 자리를 만들었다. 마차 차체를 떼어내고 앞뒤 바퀴를 분리하여 2륜 마차 10대를 만들었다. 2륜 마차에 말 두 마리를 붙여 숲에서 요새 축조 지점까지 말뚝을 날랐다. 말뚝을 요새 주위에 빙 둘러 박은 다음에 목수들이 6피트 높이의 나무 발판을 만들어 말뚝 안쪽에 세웠다. 병사가 이 발판 위에 올라서서 총안 밖으로 총을 내밀어 쏘기 위해서였다. 요새 구축을 모두 마치고 회전식 대포를 한 구석에 설치하곤 시험 발사를 하였다. 혹시 부근에 있을지 모르는 인디언에게 우리가 그런 무기를 보유하고 있음을 과시하기 위해서였다. 이렇게 하여 우리는 요새(초라한 나무 울타리에 '요새'라는 거창한 이름을 붙여도 괜찮다면)를 1주일 만에 완공하였다. 그 1주일 사이에 이틀에 한 번씩 장대비가 쏟아져 작업을 중단해야 하였다.

요새를 구축하면서 나는 사람은 일을 할 때 가장 만족해 한다는 사실을 깨달았다. 일할 때는 모두가 친절하고 상쾌하였으며 하루 일과를 잘 마쳤다는 보람 때문에 저녁 시간도 즐겁게 보냈다. 그러나 일을 못하면 사나워져서 걸핏하면 서로 티격태격하고 고기나 빵을 두고 음식 투정을 하며 심통을 부렸다. 그런 광경을 목도하며 어느 선장의 말이 기억에 되살아났다.

"선원들에게 쉴 틈 없이 일을 시킨다오. 그래야 잡념이 생기지 않소. 어느 날 항해사가 와서 작업이 다 끝나 더 시킬 일이 없다고 하더이다. 그래서 다른 작업 지시를 내렸다오. 닻을 깨끗이 닦으라고…."

비록 초라한 요새이지만 대포가 없는 인디언을 막는 데엔 손색이 없었다. 병력도 안전하게 배치되었고 퇴각할 수 있는 후방도 생겼기에 소대를 편성하여 주변을 정찰하였다. 인디언을 만나지는 못하였지만 그들이 숨어서 우리 움직임을 염탐한 흔적을 부근 언덕에서 발견하였다. 그곳에 인디언이 사용한 독특한 방식이 있었다. 그때는 한겨울이어서 불이 필요하였다. 그러나 땅 위에서 불을 피우면 불빛 때문에 먼 거리에서도 위치가 들킬 가능성이 있었다. 그들은 직경 3피트, 깊이 4피트 가량의 구덩이를 팠다. 숲속을 보니 통나무 표면에 도끼 자국이 수두룩하였다. 나무를 떼어내어 숯을 만들고 이 숯을 구덩이에 넣어 불을 피운 듯하였다. 구덩이 주위의 잡초가 눌려 있는 것으로 보아 그들이 구덩이에 다리를 넣고 불을 쬐며 드러누웠던 것 같다. 그런 식으로 불을 피우면 불빛이 새어나가지 않고 불꽃도 튀지 않아 들킬 염려가 없었다. 거기에 있던 인디언은 인원이 그리 많지 않은 듯하였다. 우리 쪽 병력이 자기보다 훨씬 많다는 사실을 알고 공격해 봐야 승산이 없다고 판단한 듯하다.

우리 부대의 종군 목사 비티(Beatty) 씨는 매우 열성적인 장로교 성직자였다. 그는 나에게 안타까움을 털어놓았다.

"군인들이 예배 시간에 좀체 오지 않아요. 설교를 열심히 준비하였는데… 대책이 없을까요?"

"흠… 목사님의 품위를 떨어뜨릴지는 모르겠으나 묘책이 하나 떠오르네요."

"품위를 따질 만큼 한가하지 않습니다."

"럼주 배급을 목사님이 맡아서 하시면 됩니다."

군인들은 급료, 식량 외에 매일 럼주 2잔을 받는 조건으로 입대하였다. 술은 시간을 정확히 맞추어 아침에 1잔, 저녁에 1잔이 지급되었다. 군인들은 술을 배급하는 시간이면 제시간에 딱딱 맞게 줄지어 찾아왔다.

비티 목사는 예배가 끝난 후 2-3인의 도움을 받아 군인들에게 정량의 럼주를 배급하였다. 내 예상이 맞아 군인들은 전원이 예배에 참례하고 술을 받아갔다. 예배 불참자에게 참석을 강요하거나 군율로 옥죄는 것보다는 이 방법이 나았다. 요새를 구축하고 군량도 충분히 비축해 놓았을 무렵에 주지사에게서 편지 한 통이 왔다.

'주 의회를 소집하였습니다. 국경 방어 작업이 어느 정도 마무리되어 더 이상 체류하지 않아도 되면 의회에 참석해 주십시오.'

주 의회의 동료들도 나에게 의회로 돌아오라는 독촉 편지를 여러 통 보냈다. 당초 계획대로 요새 3개를 모두 구축하였고 주민들도 이젠 안심하고 농사를 지을 수 있게 되었기에 나는 돌아가기로 하였다. 마침 인디언과 싸운 경험이 있는 뉴잉글랜드의 클래펌(William Clapham) 대령이 우리 요새에 들렀다. 나는 사정을 설명하고 부대 지휘를 요청하였다. 그가 흔쾌히 수락하였기에 나는 떠나기로 결심하기에 수월하였다. 나는 대령에게 부대를 사열하도록 하고 부대원 앞에서 임명장을 주었다. 나는 부대원에게 짧게 고별 인사를 하였다.

"사정상 주 의회로 돌아가야 하오. 후임자인 클래펌 대령은 군사 전문가여서 나보다 훨씬 유능한 지휘관이 될 것이오."

사병들의 호위를 받으며 베들레헴까지 가서 며칠 머물며 휴식을 취하였다. 푹신한 침대에서 잠을 자려니 오히려 불편해 잠이 오지 않았다. 그나덴헛의 간이 막사 바닥에서 담요 한두 장 덮고 자던 버릇 때문에 새로운 환경이 어색하였던 것이다.

베들레헴에 있는 동안에 모라비아 신자의 행태를 살펴보았다.

모두 나에게 친절하였다. 몇몇 분은 나를 여기저기 데리고 다니며 견문을 넓혀주었다. 그들은 공동 작업, 재산 공유, 공동 식사, 공동 숙소 취침 등 독특한 생활 양식으로 살아갔다. 숙소의 천정 바로 아래에 일정한 간격으로 구멍이 뚫려 있는데 환기에 유용한 듯하였다. 교회에 가니 바이올린, 오보에, 플루트, 클라리넷 등과 파이프 오르간이 함께 멋진 음을 냈다. 모라비아 신자들은 우리처럼 남녀노소가 함께 예배를 보지 않고 어떤 때는 기혼 남성끼리, 기혼 여성끼리, 미혼 청년끼리, 젊은 여성끼리, 아이들끼리 등 다양한 구성원이 따로 설교를 들었다. 어느 날엔 아동 예배에 참석해 설교를 들었다. 어린이들은 입장 순서대로 줄을 지어 앉았다. 사내 어린이들은 젊은 남선생님이, 여자 어린이들은 젊은 여선생님이 가르쳤다. 설교는 어린이 눈높이에 맞는 내용이었다. 선생님은 친근한 말투와 다정한 태도로 설교하였다.

"부지런히 기도하고 노력하여 훌륭한 사람이 되세요!"

어린이들은 질서정연하게 움직이고 얌전하였지만 안색이 허옇고 왠지 허약해 보였다. 집에 너무 오래 틀어박혀 운동이 모자란 탓인 듯하였다.

"모라비아 신자는 배우자를 정할 때 제비뽑기를 한다는데 사실입니까?"

내가 목사에게 질문하였더니 빙그레 웃으며 대답한다.

"제비뽑기는 특별한 경우에만 한답니다."

"특별한 경우? 그럼 보통 때는 어떻게 합니까?"

"청년이 결혼하고 싶으면 자기 반(班) 담임 선생님격인 원로에게 고백을 합니다. 그러면 남자반 원로는 아가씨를 지도하는 여성 원로와 의논을 합니다. 남녀 원로는 자기가 맡은 젊은이의 성품을 잘 알기에 누구와 짝이 잘 맞을 거라 판단하지요. 대부분의 후보자는 원로의 판단을 따릅니다. 그런데 예를 들어 어느 청년에게 맞을 만한 규수 후보가 서너 명이라면 제비를 뽑지요."

"서너 명 가운데 청년이 선택하는 것이 아니고요?"

"당사자 청년은 제비를 뽑지 못합니다."

"그러면 청년은 자기가 원하는 상대를 고르지 못할 수도 있겠네요. 그러면 불행해질 수도 있잖아요?"

"자기 마음에 드는 상대를 스스로 고르고도 불행해지는 경우가 얼마나 많습니까?"

"그건 그러네요. 허허허!"

3.
민간인 출신의 연대장

필라델피아에 돌아와 보니 민병대 협회가 순조롭게 체제를 갖추어가고 있었다. 비(非) 퀘이커 신자 대부분은 이 협회에 가입해 중대를 결성하고 새 법률에 따라 대위, 중위, 소위 등 초급 장교를 임명하였다. 본드 박사가 나를 찾아왔다.

"주민이 새 법률에 익숙해지게 하느라 제가 고생깨나 했답니다."

나는 이렇게 순조로운 진전의 원인이 내가 쓴 『대화집』(Dialogue) 덕분이라는 자부심을 가졌다. 그러나 본드 박사의 발언이 맞을지도 모르기에 그가 마음대로 생각하도록 내버려 두었다. 그렇게 하는 것이 최선이라는 내 소신 때문이다.

장교들은 총회를 열어 나를 연대장으로 추대하기로 결정하였다. 이번에도 나는 흔쾌히 수락하였다. 그때 몇 개 중대였는지 지금 기억이 가물가물한데 건장한 체구의 용사 1,200명, 놋쇠 야전포 6문으로 무장한 포병 1개 중대를 사열하였다. 포병들은 1분에 대포 12발을 쏠

정도로 능수능란하였다. 내가 처음 연대를 사열하던 날에 부대원들은 우리 집까지 나를 수행하였다. 포병은 집 앞에서 나에 대한 경의의 표시로 예포를 몇 발 쏘았다.

쾅!

굉음과 진동 때문에 집에 있던 유리 전기 실험장치가 흔들렸고 일부는 깨졌다. 그 직후 새로 얻은 내 연대장 직함도 그렇게 깨졌다. 영국에서 이 법률이 폐지되면서 민간인이 민병대 연대장을 맡는 임무가 종료되었기 때문이다.

내가 잠시 연대장을 맡을 때의 일화이다. 버지니아에 갈 일이 생겼는데 내 휘하 연대의 장교들이 함께 모여 나를 도시 외곽인 로우어(Lower) 선착장까지 호위하기로 결정한 모양이었다. 출발일에 내가 말을 타고 막 떠나려는데 장교 30-40명이 제복 차림으로 집 앞에 나타났다. 나는 그들의 계획을 전혀 몰랐다. 알았다면 당연히 오지 못하게 하였으리라. 나는 고위직의 허세를 천성적으로 혐오하였다. 장교들이 나를 호위하며 따라오니 매우 불편하였지만 막을 수도 없었다. 더욱이 장교들은 칼을 뽑아 들고 줄곧 나를 호위해 난감하였다. 누군가 이 광경을 영주에게 편지로 고자질한 모양이었다. 영주는 심통이 나서 분통을 터뜨렸다 한다. 그곳에서 자신도, 주지사도 그런 예우를 받아본 적이 없었기 때문이다. 영주는 측근에게 이렇게 말하였단다.

"이런 예우는 영국에서도 왕족 가운데서도 왕자 정도는 되어야 받는 것이야."

그때나 지금이나 나는 궁중 예법을 전혀 모르니 그 영주의 말이 맞겠지. 사소한 일일지 모르는데 그때부터 영주는 나에게 더욱 강한 반감을 나타냈다. 나는 주 의회에서 영주 토지의 면세에 대해 극렬 반대하였고 영주의 로비를 부당하다고 비판해 왔다. 그러니 영주는 나를 싫어할 수밖에 없었다. 영주는 장관에게 나를 고발하였다.

'프랭클린 씨는 주 의회에서의 영향력을 악용해 현금 징수 법안의 통과를 방해함으로써 국왕의 통치에 막심한 지장을 주었습니다. 또한 휘하 장교들을 거느리고 행군한 것은 영주 권한을 무력으로 강탈하려는 야심을 보여주는 증거입니다.'

영주는 체신장관인 에버라드 포크너(Everard Fawkener) 경에게도 나의 지위를 박탈하라고 닦달하였다. 포크너 경은 나를 불러 충고하였다.

"사정을 알긴 하지만 아무튼 영주의 심기를 건드리지 않았으면 좋겠소."

주지사와 주 의회는 끊임없이 갈등을 빚었다. 주 의회에서 나는 주요 역할을 하지만 주지사와 나는 개인적으로는 다투지 않고 늘 서로 예의를 갖추며 지냈다. 주지사는 자신의 교서에 대한 답변 작성자가 나라는 사실을 알면서도 왜 내 면전에서는 얼굴을 붉히지 않을까. 아마 직업에서 비롯된 습관 때문이 아닐까. 변호사인 그는 영주를 위해, 나는 의회를 위해 각각 직분을 이행하려 싸운다고 생각하였으리라. 주지사는 골칫거리가 생기면 나를 찾아와 격의 없이 의논하기도 하였고 때로는 나의 조언을 따르기도 하였다.

주지사와 나는 브래덕 장군의 군대에 군량을 제공하는 일에는 합심 단결하였다. 나중에 충격적인 패전 소식이 알려졌을 때 주지사는 나에게 급히 사람을 보내 문의하였다.

"후방 경계를 어떻게 하면 좋겠소?"

당시에 내가 어떤 조언을 하였는지 기억나지 않는다. 아마 던바 대령에게 서한을 보내 이렇게 답변했으리라.

'전방에 병력을 배치해 경계하고 있다가 지원군이 도착하면 떠나는 게 좋겠습니다.'

내가 전방에서 돌아오자 모리스 지사는 뜻밖의 제안을 하였다.

"주 방위군을 이끌고 듀케인 요새를 탈환해 주시오."

"제가 진짜 군인이 되어 진두지휘하라는 말씀인가요?"

"그렇소. 던바 대령과 그 휘하 부대는 다른 전투에 가야 하오."

주지사는 거의 막무가내로 나를 듀케인 요새 탈환 원정대의 사령관으로 임명하였다. 나는 군사적 능력이 모자라 도저히 적임자가 아니었다. 주지사는 아마도 이런 사정을 뻔히 알면서도 나를 추켜세운 듯하였다. 내가 시민들에게서 지지를 많이 받으니 나를 앞세우면 민병대 모병에 도움이 될 것이고 내가 주 의회에 영향력이 있으니 방위비 예산을 확보하는 데도 이롭다고 판단하였으리라. 주 의회가 방위비 예산안을 통과시키지 않으면 주지사는 영주들에게 손을 벌려야 할 상황이었다.

나는 도저히 주지사의 일방적인 요구를 들어줄 수 없었다. 그러자 주지사는 제풀에 꺾여 나를 수장으로 하는 원정 계획을 취소하였고 자신도 곧 지사직에서 물러났다. 후임 주지사로는 데니 대위가 임명되었다. 데니 주지사의 재임 때 내가 벌인 공적 활동에 대해 설명하기 전에 내가 과학자로서 유명해진 사연을 털어놓겠다.

4.
번개는 전기의 일종

1746년 내가 보스턴에 있을 때 스코틀랜드에서 갓 도착한 스펜스 박사를 만났다. 그가 몇 가지 전기 실험을 보여주었는데, 그 자신도 별로 능숙하지 않아 실험이 엉성하게 진행되었다. 그래도 나는 그런 실험을 처음 보는 터라 놀랐고 흥미진진하였다. 얼마 후 필라델피아로 돌아오자 런던왕립학회 회원인 피터 콜린슨(Peter Collinson) 씨가 우리 회원제 도서관 앞으로 유리 시험관과 사용 설명서를 기증하였다. 좋은 기회였다. 나는 보스턴에서 봤던 그 실험을 유리 시험관으로 해봤다. 여러 번 되풀이하다 보니 설명서에 있는 실험뿐만 아니라 다른 실험들도 얼마든지 새로 할 수 있게 되었다. 실험을 벌일 때 우리 집은 구경꾼들로 북적거렸다.

구경꾼들의 시선은 부담스러웠지만 그래도 쾌감은 있었다. 나는 이 느낌을 지인에게도 느끼게 하고 싶었다. 유리 공장에 시험관을 여러 개 만들어 달라고 주문하여 지인에게 나누어 주고 실험을 하게 하였다. 이 가운데 이웃사촌 키너슬리(Ebenezer Kinnersley) 씨가 가장 능숙하게 실험을 하였다. 재주가 많은 사람인데 백수였다.

"키너슬리 씨! 유료 공개 실험을 하면 어떻겠소?"

"제가 손님에게서 돈을 받고 실험을 구경시킨다고요?"

"그렇소. 공연처럼!"

"멋진 아이디어입니다만…."

"제가 강의록 두 개를 드릴 테니 이대로 따라하시오. 실험 과정을 순서대로 나열하고 방법을 자세히 설명해 놓았소."

키너슬리 씨는 공개 실험을 준비하면서 실험 기구도 멋지게 만들었다. 내가 대충 만든 기구 대신에 전문가에게 맡겨 큼직하고 모양도 그럴듯하게 제작한 것이었다. 키너슬리 씨의 실험에는 늘 관객이 운집하였고 실험도 성공적으로 이루어졌다. 그는 전국 곳곳을 돌며 실험 공연을 하였고 돈도 제법 많이 벌었다. 해외 공연까지 나갔다. 서인도 제도에서는 습도가 높아 실험이 잘 이루어지지 않아 곤욕을 치렀다 한다.

이 모든 실험 성공 스토리는 콜린슨 씨가 시험관을 보내준 덕분이기에 이런 사실을 그에게 알리는 게 당연한 도리였다. 그는 나의 편지를 영국 왕립학회에 제출하였는데 회원 대부분은 회보에 실을 가치가 없다고 판단해 깔아뭉갰다. 그 편지 가운데 내가 키너슬리 씨에게 써준 강의록도 있었다. 번갯불은 전기의 일종이며 이를 증명하는 실험 방법을 적은 것이었다. 나는 이 내용을 영국 왕립학회 회원이며 나와 친분이 있는 미첼(Mitchel) 박사에게도 편지로 보냈다. 미첼 박사의 답신이 왔다.

'프랭클린 씨! 귀하의 논문을 다른 회원과 함께 읽었습니다. 전기 분야 전문가들은 터무니없는 발상이라고 코웃음을 터뜨리더군요.'

그러나 포더길 박사는 긍정적인 답신을 보내왔다.

'그냥 썩히기에는 너무도 아까운 논문입니다. 전문가의 평가를 받으려면 출판을 해야겠군요. 출판을 해보시길!'

포더길 박사가 콜린슨 씨에게도 내 논문의 출판 필요성을 역설한 모양이다. 콜린슨 씨는 '젠틀맨스 매거진'의 발행인 케이브(Edward Cave) 씨에게 내 원고를 넘겨주었다. 잡지 게재를 검토해 달라는 요청이었다. 케이브 씨는 잡지 게재 대신에 아예 별도의 소책자로 출판하였다. 서문에는 포더길 박사의 추천사를 실었다. 책자 출판이 돈벌이가 될 것이라는 케이브 씨의 촉은 들어맞았다. 이 소책자는 나중에 원고가 추가되어 그럴 듯한 4절판짜리 책자로 탄생하였으며 5쇄까지 찍었다. 케이브 씨가 들인 돈은 인쇄비와 종이 값이 전부였다.

이 논문은 영국에서는 꽤 오랜 시간이 흐른 뒤에야 주목을 받았다. 프랑스 파리에서도 프랑스어 판으로 출판되었다. 유럽 전역에서 이름을 날리던 과학자 뷔퐁(Buffon) 백작이 영문판 책자를 보고 달리바르(Dalibard) 씨에게 번역을 의뢰해 제작된 것이었다. 프랑스의 과학자 놀레(Nollet) 신부는 프랑스어판 책자를 보고 불쾌감을 터뜨렸다 한다. 그 무렵에 프랑스 왕실에서는 자연과학을 강의하였는데 당시 알려진 전기 이론의 권위자이며 실험가가 바로 놀레 신부였다.

놀레 신부는 번갯불이 전기의 일종이라는 실험이 미국에서 이루어졌다는 사실을 믿지 못하였다. 파리에 있는 반대자들이 놀레 신부의 이론에 흠집을 내려고 가짜 저자를 내세워 엉터리 이론서를 낸 것으로 여겼다. 시간이 흘러 신부의 의심과는 달리 미국 필라델피아에 프랭클린이라는 사람이 실제로 살고 있다는 사실을 알게 된 놀레 신부는 나에게 보내는 편지 형식으로 장문의 원고를 써서 책으로 출판하였다. 이 책에서 놀레 신부는 자신의 이론이 옳다고 주장하고 나의 실험과 그 실험에서 도출된 결론이 엉터리라고 지적하였다.

나도 놀레 신부에게 보내는 답장 형식으로 글을 쓰기로 작정하였다. 실제로 답장을 쓰기 시작하였다가 곧 그만두었다. 내 논문에 실험을 진행하는 방법이 서술되어 있으니 누구나 이대로 실험해 보면 나의 결론을 입증하지 않겠는가. 혹시 다른 결론이 나온다면 나의 논박이 무의미해지지 않겠는가. 내 이론은 관찰 결과를 바탕으로 세운 가설이다. 근거 없이 독단적으로 제시한 이론이 아니니 일일이 변명할 의무도 없다. 더욱이 놀레 신부와 서로 다른 언어로 논쟁을 벌이다간 번역상의 오류 때문에 상대의 진의(眞意)를 오해하여 엉뚱한 논쟁이 그치지 않을 수도 있다. 실제로 놀레 교수의 글 한편은 번역 오류 때문에 작성된 것이었다. 나는 놀레 교수와의 공방에 더 이상 신경을 쓰지 않기로 하였다. 공무로 엄청나게 바쁜 와중에 겨우 짬을 내 하는 실험이 아닌가? 더욱이 이미 끝난 실험을 두고 논쟁하며 시간을 낭비하느니 새로운 실험을 하는 게 낫지 않겠는가?

나는 놀레 신부에게 답신을 한 번도 보내지 않았다. 결과적으로 잘한 일이었다. 마침 프랑스 왕립과학협회 회원이자 나의 친구인 르로이(Le Roy) 씨가 나를 지지하며 놀레 신부의 이론에 반론을 펼쳐 주었다. 나의 책은 이탈리아어, 독일어, 라틴어로 번역 출판되었다.

내 책에 실린 이론이 서서히 놀레 신부의 학설을 누르고 유럽 대부분 과학자들에 의해 채택되었다. 놀레 신부의 이론은 그 자신과 직계 제자인 파리 시민 B씨만 지지하는 소수 학설로 쪼그라들고 말았다.

내 책이 유럽에서 빨리 전파된 배경에는 달리바르와 마를리(Marly) 주민 드 로르(De Lor) 두 사람이 책에 소개된 실험 하나를 멋지게 성공시킨 일이 있었다. 이들은 구름에서 번개를 일으키는 실험을 하였다. 이 실험은 어디에서 열리든 관객의 관심을 끌었다. 물리학 실험 기구를 다루어가며 강의를 하는 드 로르 씨는 '필라델피아 실험'이라고 명명해 이 실험을 여러 번 되풀이하였다. 그가 국왕, 귀족 앞에서 이 실험을 성공시키자 소문이 나서 나중에 다른 곳에서 실험을 할 때는 구경꾼이 구름처럼 몰려들었다 한다. 드 로르 씨의 실험 성공 소식은 나를 기쁘게 하였다. 얼마 후에 나도 필라델피아에서 연을 날려 번개 실험을 성공시켰다. 이때 느낀 무한한 희열은 여기서 재탕 삼탕하지 않겠다. 드 로르와 나의 실험 성공담은 전기 역사서에 기술돼 있다.

영국 내과의사인 라이트(Wright)는 파리에 머물 때 드 로르의 실험을 보고 영국 왕립학회 회원인 친구에게 편지를 보냈다.

'프랭클린 씨가 주장한 전기 이론 실험이 파리에서 성공적으로 이루어졌네. 프랑스에서는 지식인들이 이 이론을 매우 높이 평가하는데 왜 영국에서는 별로 주목을 받지 못하는지 이해하지 못하겠네.'

영국 왕립학회는 과거에 내가 보낸 편지를 다시 살펴보기로 하였다. 권위 있는 학자인 왓슨(Watson) 박사가 심의한 끝에 나의 논문 요약본과 찬사를 작성하여 학회 회보에 기고하였다. 재능이 풍부한 캔턴(Canton) 씨를 비롯한 여러 왕립학회 회원도 뾰족한 금속 막대를 이용해 구름에서 번개를 끌어내는 실험을 성공시켰다. 이 실험 결과를 학회에 보고하였다. 영국 왕립학회의 분위기가 확 바뀌었다. 과거의 홀대를 한꺼번에 만회하고도 넘칠 만큼 나를 예우해 주었다. 내가 가입 신청을 하지도 않았는데 영국 왕립학회 회원으로 선출하였고 회비 25기니도 면제해 주었다. 그 후 나에게 지금까지 회보를 무료로 꼬박꼬박 보내주고 있다.

5.
우유부단 끝판왕 라우던 경(卿)

영국 왕립학회는 1753년 갓프리 코플리(Godfrey Copley) 상을 나에게 주었다. 시상식 때 학회 회장인 맥클스필드(Macclesfield) 경이 몸소 참석해 매우 인상적인 축사를 해준 일은 나에게 엄청난 영광이었다. 내가 영국에 갈 수 없어 수상자 궐석으로 시상식이 진행되었다.

신임 주지사 데니 대위는 영국 왕립학회 관계자에게서 갓프리 코플리 상 메달을 받아 필라델피아 시청 주최의 연회에서 나에게 전달해 주었다. 데니 주지사는 축사를 덧붙였다.

“저는 오래 전부터 프랭클린 씨의 인품에 관한 찬사를 자주 들었습니다. 프랭클린 씨는 탁월한 능력까지 겸비한 분인데 이 메달이 바로 그 상징이지요.”

만찬이 끝나고 왁자지껄한 분위기의 술자리가 벌어졌다. 데니 주지사는 나에게 다가와 별도로 할 이야기가 있다면서 옆방으로 데리고 갔다.

"여러 영국 친구들이 제가 미국에 가면 프랭클린 씨를 잘 사귀라고 말하더군요. 주지사 업무를 잘 수행할 수 있도록 도움과 조언을 주실 분이라고…."

"과찬입니다."

"어떻게 해서라도 프랭클린 씨와 잘 지내고 싶습니다. 혹시 귀하에게 제가 도울 일이 있으면 힘이 닿는 한 돕겠습니다."

주지사가 먼저 그렇게 말하니 나로서는 감지덕지였다. 주지사는 이밖에도 여러 사안에 관해 언급하였다.

"영주가 펜실베이니아 주에 대해 좋은 감정을 갖고 있습니다. 그러니 영주에게 과세하겠다는 주장만 양보하신다면 우리 모두에게, 특히 프랭클린 씨에게 이롭게 될 겁니다. 주지사와 주민의 관계도 호전될 것이고요."

"……."

"이 일을 맡을 분은 프랭클린 씨밖에 없습니다. 귀하가 일을 잘 처리하신다면 충분한 사례와 보상을 받을 겁니다."

주지사와 나의 대화가 길어지자 밖에서 술판을 벌이는 사람들이 우리 방으로 마데이라 주 한 병을 들여보내 주었다. 데니 주지사는 줄기차게 술을 마셨고 취기가 오를수록 나를 회유하는 수위가 높아졌다. 나는 정신 줄을 놓지 않고 그 자리에서 대답하였다.

"다행스럽게도 저는 영주에게 잘 보여야 할 처지에 있지 않습니다. 제가 주 의회의 구성원이어서 의원들의 호의를 받을 수도 없습니다. 그렇다 해서 제가 영주에게 개인적인 반감을 품고 있지는 않습니다. 지사께서 제안하는 공공 정책이 시민들에게 이롭다면 누구보다 열렬히 지지하고 협조하겠습니다. 제가 영주 면세 법안을 반대한 것은 이것이 영주에게만 득이 될 뿐이고 시민에게는 큰 손해이기 때문입니다."

"……."

"지사께서 저를 높이 평가하신 것은 감사하게 느낍니다. 암튼 지사님이 업무를 원활하게 처리하시도록 최선을 다해 돕겠습니다. 전임 지사들처럼 영주를 위한 훈령을 다시는 강요하지 않으시길 바랍니다."

"……."

데니 주지사는 만취하였는데도 경청하였고 대꾸하지 않았다. 그가 본격적으로 지사 업무를 개시하자 영주 면세 문제로 의회와 격렬한 마찰을 일으켰다. 나는 여전히 완강하게 영주 면세를 반대하였다. 나는 서기로 활동하며 지사의 훈령을 공개하라고 요구하였다. 공개된 훈령에 대해 날카롭게 비판하는 문서는 주로 내가 작성하였다. 이와 관련한 기록은 당시 의사록이나 그 후 내가 출간한 『역사 리뷰』(Historical Review)에 수록되어 있다. 그렇더라도 나와 데니 주지사 사이에 개인적 원한은 전혀 없었다. 우리 둘은 자주 만나 담소를 나누었다. 데니 주지사는 박식하였고 세상 물정에도 밝아 대화를 나누면 유익하고 즐거웠다. 어느 날 데니 주지사가 나의 옛 친구 제임스 랠프에 대한 뜻밖의 근황을 알려주었다. 내가 소년 시절에 필라델피아에서 영국으로 갈 때 함께 갔다가 거기 눌러 산 그 친구 말이다.

"제임스 랠프 씨는 요즘 영국에서 최고의 정치 평론가로 맹활약하고 있습니다. 프레데릭 왕자와 국왕 사이의 갈등을 중재하기도 하였지요. 1년에 받는 연금만도 300파운드나 되니 풍족한 생활을 누리시지요."

"시인 지망생이었는데 혹시 시인 활동도 한다던가요?"

"시인이긴 하지만 시인으로서는 호평을 받지 못하는 모양입니다. 알렉산더 포프가 『바보 열전』(Dunciad)에서 제임스 랠프 시인을 혹평하였지요. 그러나 산문으로는 좋은 평가를 받는 모양입니다."

주 의회는 마침내 영주를 고발하는 탄원서를 영국 국왕에게 올리기로 결정하였다. 영주들이 주민 이익에 반하고 국왕의 국정 수행에도 걸림돌이 되는 훈령을 역대 주지사에게 끊임없이 내려 보내기 때문이다. 주 의회는 탄원서를 제출하는 사절단을 영국으로 보내기로 하였는데 사절단 대표로 내가 선출되었다. 그 직전에 주 의회는 60,000파운드를 영국 왕실에 헌납하는 법안을 주지사에게 통고하였다. 60,000파운드 가운데 10,000파운드는 당시 미국 주재 장군인 라우던(Loudoun) 경의 재량으로 집행하도록 되어 있었다. 데니 주지사는 이 법안을 받아보곤 즉시 거부권을 행사하였다. 영주들이 헌금을 거부하고 지사에게 반대하는 훈령을 이미 내렸기 때문이다.

뉴욕에서 모리스 선장과 함께 영국행 우편선을 타기로 하고 배에 실을 짐을 보냈다. 그때 영국 국왕의 특사 라우던 경이 필라델피아에 도착해서 나를 불렀다.

"주지사와 주 의회 사이의 분쟁 때문에 국왕 폐하의 국정이 방해받으면 안 되겠지요? 양측을 화해시키려 왔소이다!"

라우던 경은 3자 대면을 요구하였다. 그래서 라우던 경, 주지사,

나, 이렇게 3인이 만났다. 이 자리에서 나는 주 의회를 대표해서 공문서에 기록된 여러 문제점을 지적하였다. 그 공문서는 내가 작성한 것이었는데 의회 의사록과 함께 인쇄하였다. 주지사는 영주의 훈령을 두둔하였다.

"본인에게는 영주 훈령을 지킬 의무가 있습니다. 만약 이를 이행하지 않으면 파멸이 불가피합니다."

라우던 경이 주지사에게 훈령을 거부하라고 하면, 주지사는 고분고분 따르지 않을 기세였다. 그래도 나는 라우던 경이 주지사에게 훈령 거부를 권유할 것으로 기대하였다. 하지만 라우던 경은 나의 기대와는 달리 발언하였다.

"주 의회가 영주 훈령을 따르시오!"

"……."

"프랭클린 씨가 의원들을 잘 설득해서 영주 훈령을 따르도록 해주시오!"

"……."

"그리고 이 지역 전방의 방위 업무에 국왕 군대가 더 이상 동원되지 않을 것이오. 펜실베이니아 주가 계속해서 방위비를 부담하지 않으면 전방이 적군에게 노출되고 말 것이오."

나는 라우던 경의 결정을 주 의회에 알렸다. 이 결정을 이행하려면 새로운 결의안이 필요하였기에 나는 결의안을 작성해 의회에 제출하였다. 이 결의안에서 나는 우리의 권리를 천명하면서 아래 글을 덧붙였다.

'우리는 권리 주장을 영원히 포기하는 게 아니라 외압 때문에 권

리 행사를 잠시 유보한다.'

주 의회는 이전의 법안을 폐기하고 영주 훈령을 수용하는 새 법안을 만들어야 하였다. 주지사는 새 법안을 당연히 받아들였다. 이 문제는 이렇게 결말이 나고 나는 여행을 떠날 수 있게 되었다. 그런데 그 사이에 그 우편선은 내 짐을 싣고 영국으로 떠나 버렸다. 나중에 짐을 되돌려 받느라 번거로운 절차를 밟아야 하였고 운임도 치러야 하였다. 내가 얻은 것은 '수고해 주셔서 고맙소이다'라는 라우던 경의 인사가 전부였다. 주지사와 주 의회 사이의 갈등을 해결한 공적은 모두 라우던 경에게 돌아갔다.

라우던 경은 나보다 먼저 뉴욕으로 출발하였다. 뉴욕에서 영국행 우편선의 출항일을 결정하는 권한이 라우던 경에게 있었다. 그 무렵 뉴욕에는 우편선 2척이 있었는데 그 가운데 하나가 곧 출항할 것이라고 라우던 경이 말하였다.

"제가 혹시 뉴욕에 늦게 도착하면 배를 놓칠 것 아니겠습니까? 그러니 몇 월, 며칠, 몇 시에 떠나는지 정확한 때를 알려주시겠습니까?"

"다음 토요일에 출항하도록 명령을 내렸소. 그러나 프랭클린 씨, '우리 사이'이니까 귀하에게만 특별히 귀띔하지요. 월요일 아침까지만 오시면 배를 탈 수 있소. 그러나 더 늦으면 안 되오."

내가 필라델피아 항에서 탄 작은 범선이 뉴욕으로 가다가 고장이 나는 바람에 수리를 해서 뒤늦게 뉴욕에 도착하니 월요일 오후였다. 그날은 바람이 불지 않아 항구가 평온하였다. 영국행 우편선이 아마 월요일 오전에 떠났을 것으로 보여 속이 탔다. 그러나 알아보니 우편선은 여전히 항구에 정박해 있었다. 화요일에 떠난다 하니 안도의 한숨을 쉬었다. 나는 당연히 이튿날이면 뉴욕을 떠나 얼마 후 런던에 갈 것이라 예상하였다. 그러나 이는 내가 라우던 경의 성격을 잘 몰라 품었던 망상이었다. 라우던 경은 한 마디로 '우유부단의 극치'인 인물이었다. 몇 가지 사례를 들어보겠다.

내가 그때 뉴욕에 도착한 날은 4월초였다. 그 이튿날에 떠난다던 우편선은 차일피일 출항일을 미루다가 6월말이 되어서야 출발하였다. 뉴욕 항구에 오래 정박한 우편선 2척은 라우던 경의 출항 명령을 받지 못해 발이 묶였다. 라우던 경은 '편지를 다 쓰지 못하였다'는 이유로 자꾸 출항일을 늦추었다. 그러는 사이에 영국에서 제3의 우편선이 뉴욕에 도착해 우편선 3척이 나란히 뉴욕 항에 정박하였다. 이제 곧 제4의 우편선도 도착할 참이었다. 내가 타고 떠날 제1 우편선이 뉴욕 항에 가장 오래 머물렀기에 곧 떠나야 하였다. 승객들은 승선 예약을 한 지 오래였고 출발만 기다리고 있었다. 여러 승객들이 배가 빨리 떠나지 않아 노심초사 심정이었다. 상인들은 거래 요청서, 보험 증권(전쟁 중이어서 기한이 중요한 증권이 많음), 가을용 상품 등이 실렸기에 속을 태웠다. 승객, 상인들이 이렇게 애간장을 태우는데도 라우던 경은 천하태평이었다. 그의 편지 집필은 끝날 줄을 몰랐다. 누구라도 그를 찾아가면 늘 책상 앞에 앉아 펜을 쥐고 뭘 쓰고 있었다. 방문객은 당연히 라우던 경이 공문서 작성의 격무에 시달리는 것으로 여겼다.

어느 날 아침에 나는 라우던 경을 만나러 갔다가 필라델피아에서 본 적이 있는 사람을 대기실에서 만났다.

"프랭클린 씨! 반갑습니다. 이니스(Innis)입니다."

"웬일이오?"

"데니 지사님이 라우던 경에게 보내는 편지를 전달하러 급히 심부름을 왔습니다. 마침 잘 만났네요. 그렇잖아도 찾아뵐 참이었습니다. 필라델피아의 여러 인사가 프랭클린 씨에게 보내는 편지를 제게 주셨답니다."

그 전령이 주는 편지 몇 통을 받으니 반가웠다. 답장을 보내야겠기에 그에게 물었다.

"언제 필라델피아로 돌아가시오? 그리고 지금 어디서 묵고 계시오?"

"방금 라우던 경께 데니 지사 편지를 전달하였더니 내일 아침 9시에 답신을 받으러 오라 하더군요. 그래서 저는 내일 답신을 받자마자 필라델피아로 떠날 작정입니다."

"그래요? 그럼 나도 답장을 얼른 써야겠네요."

나는 그날 하루 꼼짝도 하지 않고 답장 여러 통을 써서 이니스에게 건네주었다. 우편선은 여전히 뉴욕 항에 있었다. 2주일 후에 라우던 경 집무실에 갔더니 이니스 전령이 보였다.

"벌써 필라델피아에 갔다가 돌아왔소?"

"다녀왔냐고요? 아직 떠나지도 못하였는뎁쇼."

"무슨 소리요? 2주일이나 흘렀는데…."

"라우던 경의 답신을 받으려고 2주일째 이렇게 매일 아침에 왔답니다. 아직 쓰지 못하였다고 하시네요."

"글을 엄청나게 많이 쓰시는 것 같은데… 그럴 리가 있겠소? 언제나 책상머리에 앉아 문서를 작성하시던데….”

“그렇긴 하지요. 헌데 그분은 그림 속의 세인트 조지(Saint George) 같지요. 늘 말을 타고 있지만 결코 달리지 않으니까요.”

이 전령의 말에 일리가 있었다. 그때 문득 내가 영국에 있을 때 들었던 일화 하나가 떠올랐다. 피트(William Pitt) 총리가 라우던 장군을 해임하고 후임에 앰허스트(Jeffery Amherst) 장군, 울프(James Wolfe) 장군을 임명할 때의 이야기다. 피트 총리가 측근에게 인사 배경을 털어놓았단다.

“라우던 장군에게서 단 한 번도 보고를 받은 적이 없소. 그 양반이 도대체 무슨 일을 하는지 도무지 알 수가 없었지.”

매일 출항을 눈이 빠지게 기다리던 우편선 3척은 인근 샌디(Sandy) 곶으로 가서 거기 정박 중인 영국 함대와 합류하였다. 승객들은 샌디 곶에서 배 밖으로 나가지 않았다. 언제 갑자기 출항 명령이 떨어지면 배를 놓치므로 배 안에서 옴짝달싹도 못하고 기다렸다. 내 기억이 정확하다면 배 안에서 무려 6주일이나 머물렀다. 선박에 실은 식량이 다 떨어져 새로 사기도 하였다. 마침내 영국 함대는 라우던 경과 군대를 태우고 요새를 탈환하려고 루이스버그로 출발하였다. 출항하기 전에 라우던 경은 우편선 3척에 대해 그가 탄 배를 따라다니다가 ‘편지가 완성되면 받아가라’고 명령을 내렸다. 그래서 내가 탄 우편선은 또 5일을 더 기다리고 나서야 편지 1통과 출항 허가증을 받고 함대를 떠나 영국으로 항해하였다. 나머지 우편선 2척은 여전히 떠나지 못하고 라우던 경을 따라 핼리팩스까지 갔다.

라우던 경은 핼리팩스에서 한동안 머물며 군인들에게 가상 요새를 공격하는 훈련을 시켰다. 그러다 루이스버그를 기습하려던 작전 계획을 취소하고 함대와 우편선 2척을 모두 이끌고 뉴욕으로 돌아왔다. 라우던 경이 뉴욕을 비운 사이에 프랑스 군대와 인디언이 최전방 조지 요새를 함락하였다. 또 인디언은 투항한 영국 군인들을 학살하였다. 그때 떠나지 못한 우편선 가운데 하나인 선박의 보넬(Bonnell) 선장을 훗날 런던에서 만난 적이 있다.

"그때를 생각하면 지금도 치가 떨립니다. 한 달 넘게 배가 서 있다 보니 배 밑바닥에 이물질이 달라붙어 엉망이 되었지요. 그래서는 속도를 낼 수 없어요. 우편선의 생명은 속력 아닙니까? 배 밑바닥을 청소할 시간을 달라고 라우던 경에게 요청하였지요. 시간이 얼마나 걸리느냐고 묻기에 사흘이라 대답하였더니 라우던 경은 하루 만에 끝낸다면 허락하겠다고 하더군요. 모레 당장 떠난다고요. 그 말에 따라 청소를 하지 못하였지요. 그랬는데 아 글쎄, 출항을 또 미루고 미루더니 결국 석 달을 끌었지요."

보넬 선장의 우편선에 탔던 승객도 런던에서 조우하였다.

"프랭클린 씨! 제 억울한 사연을 들어보세요. 뉴욕에서 그렇게 오래 붙잡힌 것도 모자라 핼리팩스까지 끌려갔지 않습니까? 손해가 막심합니다. 라우던 경을 상대로 손해배상 청구 소송을 낼 겁니다."

그 승객이 소송을 냈는지는 모르지만 그의 손해와 심적 타격은 내가 봐도 충분히 알 수 있었다. 이 일련의 과정을 지켜보면서 나는 라우던 경 같은 인물이 어떻게 그런 대규모 병력을 지휘하는 막중한 임무를 맡았는지 이해하기 어려웠다. 하지만 세상을 더 살다보니 용렬한 인물이 주요 보직을 어떻게 차지하는지, 어떤 배경으로 그런 자리에 앉는지가 더 이상 궁금하지 않게 되었다. 내 판단에는 브래덕 장군의 전사 이후에 군대를 지휘한 셜리 장군이 오래 있었다면 라우던 경보다 훨씬 나았으리라.

1757년 라우던 경은 경솔한 판단으로 공격을 시도해 혈세를 낭비하였고 엄청난 치욕을 국가에 안겼다. 셜리 장군은 직업 군인이 아닌데도 군사적 판단력에 탁월하고 타인의 좋은 충고에 귀를 활짝 연 인물이었다. 셜리 장군은 면밀하게 작전을 세워 과감하게 실천하였다. 라우던 경은 막강한 병력을 가졌으면서도 미국 땅을 지킬 뜻이 없었는지 핼리팩스에서 허송세월을 보내다가 조지 요새를 적의 손에 넘겨주고 말았다. 라우던 경은 또 미국의 농산물을 영국으로 수출하는 일을 오랫동안 금지하는 등 상업 활동 및 무역을 방해하였다. 농산물 수출 금지의 명분은 적군에게 식량을 탈취당하는 것을 막기 위해서라 하였다. 식량 수출이 금지되니 미국의 농산물 가격이 폭락하였다. 나중에 영국의 수입상인은 헐값에 미국 농산물을 사들여 막대한 이익을 챙겼다. 의혹일 뿐이지만 라우던 경은 영국 업자가 챙기는 이익의 일부를 헌납 받는다는 소문도 나돌았다. 수출 금지가 해제된 이후에도 이 사실을 여러 항구에 제대로 알리지 않아 캐롤라이나 함대는 3개월이나 더 정박하기도 하였다. 캐롤라이나 함대의 일부 선박은 이 때문에 밑바닥이 썩어 영국으로 돌아가다 침몰하였다.

셜리 장군은 익숙하지 않은 군무(軍務)에서 벗어나자 진심으로 기뻐하는 듯하였다. 내가 라우던 경의 취임 축하연에 참석하였을 때의 이야기다. 전임자 셜리 장군도 거기에 참석하였다. 그 자리엔 장교, 시민, 하객 등이 몰려와 부근에서 의자를 빌려 와야 하였다. 그 가운데 유난히 낮은 의자가 있었는데 공교롭게도 셜리 장군이 그 의자에 앉게 되었다. 내가 그 옆자리에 앉았다.

"셜리 장군님! 의자가 너무 낮네요."

"괜찮습니다. 저는 낮은 의자가 편하답니다."

앞서 말하였듯이 나는 라우던 경의 결정 장애 때문에 뉴욕에 오래 묶여 있었다. 그때 브래덕 장군에게 공급하였던 식량, 물품에 관한 회계 보고서를 받았다. 내가 보급 업무를 떠맡으면서 담당자를 여럿 채용하였기에 그들의 급료도 새로 청구해야 하였다. 나는 회계 보고서를 라우던 경에게 넘겨주었다.

"잔금을 조속히 지급해 주십시오."

"회계 보고서를 경리 장교에게 넘겨 검토하도록 지시하겠소."

경리 장교는 모든 품목과 영수증을 일일이 맞추어본 뒤 틀림없다고 확인하였다. 라우던 경은 선심을 쓰듯 나에게 말하였다.

"경리부에 잔금 지급 명령을 내리겠소."

그러나 지급은 차일피일 미루어졌다. 나는 몇 번이나 라우던 경을 찾아가 독촉하였으나 사정은 마찬가지였다. 그러더니 내가 뉴욕을 떠나기 직전에 라우던 경은 엉뚱한 말을 하였다.

"내가 곰곰이 생각해 보니 전임자들이 쓴 비용을 내가 낼 필요가 없지 않소?"

"영국 정부를 믿고 군수품을 공급하였는데요."

"걱정 마시오. 영국 재무부에 이 회계 보고서를 제출하면 즉시 지급받을 수 있을 것이오."

"장군님! 저는 예상 밖으로 뉴욕에 너무 오래 체류하였습니다. 이 또한 저에겐 엄청난 비용 부담이 생겼습니다. 하루가 급하니 지급해 주십시오."

애걸복걸해도 소용없었다. 다음에 찾아가서 통사정하는 과정에서 황당한 이야기를 들었다.

"왜 또 찾아와서 안달이오?"

"제가 수고비를 바라는 것도 아니고 제 호주머니 돈으로 영국 군수품을 공급하였는데, 이 대금을 제때 받지 못하니 심히 부당하지 않습니까?"

"아하! 전혀 이익을 보지 않았다고 말하지 마시오! 이 바닥 사정이 어떤지 나도 훤히 알고 있소. 군납 사업을 하면서 개인업자가 자기 주머니를 채우는 방법은 누구나 다 알지 않소?"

"무슨 말씀입니까? 저는 개인 이익을 한 푼도 챙기지 않았습니다. 분명히 말씀 드립니다."

그러나 그는 내 말을 믿지 않는 눈치였다. 나는 나중에 군납 업무에 끼어들어 막대한 사익을 챙기는 업자들이 수두룩하다는 사실을 알았다. 군납품 잔금은 지금까지도 받지 못하였다. 이 사안은 나중에 다시 언급하겠다.

6. 시속 13노트의 빠른 배

"이 우편선 속력이 엄청나요. 다른 배들이 따라오지 못할 거요."

내가 탄 우편선의 러트위지(Lutwidge) 선장이 큰소리를 탕탕 쳤다. 그런데 막상 망망대해에 나가자 우리 배는 맥을 추지 못하였다. 96척 가운데 거의 꼴찌였다. 선장은 얼굴이 벌겋게 상기되었다. 우리 배와 어금버금 느린 배가 있었는데 이제 그 배마저 우리를 앞질러 갔다. 선장은 고개를 갸우뚱거리며 느린 원인을 찾았다.

"승객 여러분! 모두 배 뒤쪽으로 가서 돛대 옆에 바짝 붙어 서 있으시오!"

승객과 선원은 모두 40여 명이었다. 뱃머리에 놓인 물통들을 모두 뒤로 옮겼다. 사람들이 돛대 옆에 모이자 배가 조금 빨라지더니 부근의 배를 따돌리고 앞서 나가기 시작하였다. 선장의 짐작대로 무게가 너무 앞에 쏠려 속력을 내지 못한 것이다.

"우리 배가 한때는 시속 13노트, 그러니까 1시간에 15마일 속도로 달렸다오."

승객인 해군 대령 케네디가 선장의 이 말을 듣고 대꾸하였다.

"이런 배가 어떻게 그리 빨리 달리겠소? 측정기 눈금이 잘못되었거나 속도 측정을 엉터리로 하였을 거요."

"대령님! 말씀이 지나치네요. 제가 허풍을 친다는 말씀입니까?"

"허허! 너무 흥분하지 마시오. 내기를 합시다. 바람이 충분히 불 때 측정해 봅시다."

케네디 대령은 측정기를 꼼꼼히 살피더니 이상이 없음을 확인하였다.

"내가 직접 측정하겠소. 해군에서 이런 업무는 기본이오."

며칠 후 날씨가 맑고 순풍이 불었다. 선장은 뱃머리에 서서 눈대중으로 속도를 어림하였다.

"지금 13노트 속도로 달리고 있소!"

선장의 목소리를 들은 케네디 대령은 측정기 눈금을 살폈다.

"음… 선장 말이 맞소. 지금 속도는 13노트…."

케네디 대령이 내기에서 졌다. 내가 새삼 이 일화를 들먹이는 이유는 나름대로 느낀 점이 있어서 그렇다. 선박 기술자나 선장은 흔히 이렇게 말한다.

"새 배를 진수할 때 속도가 빠를지 느릴지는 타보기 전에는 알 수 없소. 건조 기술은 불완전하오."

빠른 배 모양을 똑같이 본떠서 새 배를 만들어도 매우 느린 경우도 있다. 내 판단으로는 화물 적재, 정비, 항해 방법 등에 따라 속도가 달라지는 것 같다. 선장에 따라 배를 다루는 방법이 다르다. 한 사람이 선박 건조, 진수, 항해까지 모두 맡는 경우는 거의 없으리라. 모두 따로 진행하므로 다른 사람의 경험을 다 알 수 없다. 전체를 모두 아울러 결론을 내리기가 그만큼 어렵다.

항해할 때 돛을 놀리는 간단한 업무에서도 같은 풍향 상황에서 항해사마다 다른 판단을 내려 선원에게 다른 지시를 내리는 사례를 나는 여러 번 목격하였다. 어떤 항해사는 팽팽하게 당기고 또 어떤 사람은 느슨하게 푸는 것으로 봐서 정해진 규칙은 없는 것 같았다. 나는 다양한 실험을 통해 최선책을 찾아내야 한다고 생각하였다.

첫째, 가장 빨리 달리는 선체의 모양을 결정한다.

둘째, 돛대의 가장 적합한 크기와 돛을 다는 위치를 찾는다.

셋째, 돛의 모양과 수를 정하고 풍향에 따른 위치를 결정한다.

넷째, 짐 싣는 위치와 방법을 정한다.

지금은 '실험의 시대'다. 다양한 실험을 정확하게 한 다음 그 결과를 체계적으로 정리하면 매우 유용하리라. 이른 시일 안에 유능한 과학자가 이 실험을 하리라 믿는다. 그가 꼭 성공하기를 기원한다.

우리 배는 항해 도중에 여러 차례 적함의 추격을 받았으나 그때마다 적절히 따돌렸다. 마침내 30일 만에 바다 바닥이 희미하게 보일 만큼 육지에 가까워졌다. 선장은 주위를 둘러보더니 외쳤다.

"팔머스(Falmouth)[52] 항 부근까지 왔소! 밤새 순조롭게 운항하면 내일 아침에는 기항하겠소! 야간 항해가 민간 선박으로 위장하기에

52 영국 남해안의 항구 도시로, 수심이 깊어 2차 세계대전 당시 노르망디 상륙 작전에서 미 해군 기지로 활용되었다.

도 좋고 해협 입구에서 자주 출현하는 적함을 피하기에도 유리하오!"

우리 배는 돛을 끝까지 올리고 순풍을 탔다. 배는 쾌속 항진하였다. 선장은 꼼꼼하게 살피더니 실리(Scilly) 군도에서는 암초를 피해 우회하였다. 세인트 조지 해협에 이르자 물살이 거칠어졌다. 이곳에서는 배가 자주 좌초된다고 한다. 클라우드슬리 쇼블(Cloudesley Shovel) 경의 함대도 바로 여기서 침몰되었다고 한다. 우리 배도 심하게 흔들렸다.

선원 하나가 뱃머리에서 망을 보았다. 다른 선원들은 망보는 선원에게 간헐적으로 소리쳤다.

"앞을 잘 살펴!"

"알았소! 알았다니까요!"

그러다가 망을 보는 선원이 깜박 졸았던 모양이다. 대답만 '알았다'고 해놓고는 눈꺼풀을 닫았기에 우리 배 바로 앞에 다른 배가 떠가는 모습을 보지 못하였다. 조타수와 다른 선원들도 보조 돛에 시야가 가려져 앞 배의 불빛을 보지 못했다. 우리 배가 흔들리며 선원들은 바로 코앞에 나타난 배를 발견하곤 혼비백산하였다. 나도 앞 배의 불빛을 봤는데 거의 닿을 만큼 가까이 다가왔기에 내 눈엔 수레바퀴만큼 크게 보였다. 자정 무렵이어서 선장은 잠들어 있었다. 마침 케네디 대령이 갑판으로 뛰어나오며 진두지휘하였다. 급박한 상황이었다.

"돛은 모두 그대로 두고 뱃머리를 바람 부는 쪽으로 돌려라!"

급선회하다가는 돛대가 부러질 위험도 있었지만 다행히 충돌은

면하였다. 우리 배는 등대 불빛 덕을 톡톡히 보았다. 이 일을 겪고 나는 등대의 필요성을 절실히 깨달았다. 살아서 미국에 돌아가면 등대를 많이 세우겠다고 다짐하였다.

이튿날 아침에 수심을 재어보고는 항구가 가까워졌음을 알았다. 그러나 안개가 너무 짙어 육지는 보이지 않았다. 오전 9시경 안개가 걷히기 시작하였다. 극장에서 커튼이 올라가듯이 안개가 물 위에서 하늘로 올라갔다. 팔머스 항, 항구에 정박한 여러 선박, 도시 주변의 들판이 모습을 드러냈다. 오랫동안 바다에서 단조로운 풍경만 보다가 육지를 보니 황홀하였다. 전쟁 상황에서 느끼는 긴장감에서 벗어나니 무엇보다 홀가분해졌다.

7.
미국을 깔보는 영국 귀족

나는 아들과 함께 런던으로 출발하였다. 가는 도중에 솔즈베리(Salisbury) 평원에 있는 스톤헨지(Stonehenge), 윌턴(Wilton)에 있는 펨브로크(Pembroke) 경의 저택과 정원 및 진귀한 고미술품을 구경하였다. 우리는 1757년 7월 27일 런던에 도착하였다. 찰스 씨가 구해 놓은 숙소에 여장을 풀고 곧장 포더길 박사를 찾아갔다. 런던에 간다니까 주변의 지인들이 이구동성으로 말하였다.

"포더길 박사를 만나 조언을 구해보시오."

포더길 박사는 우리 부자를 환대하였다.

"프랭클린 씨! 영국 정부와 직접 맞서기보다는 먼저 영주들을 만나 타협하고 설득하여 문제를 원만하게 처리하면 좋겠습니다."

포더길 박사의 조언을 듣고 나와 오랫동안 서로 편지를 주고받는 친구 피터 클린스 씨를 만났다.

"버지니아 주의 거상(巨商)인 존 핸베리(John Hanbury) 씨가 자네를 만나고 싶어한다네. 런던에 자네가 오면 꼭 알려 달라 하더군. 핸베리 씨는 자네와 함께 영국 의회 의장인 그랜빌(Granville) 경을 알현하려 갈 것이라더군. 그랜빌 경이 자네를 보고 싶어 한다는 거야."

"내일 아침에 그렇게 하세!"

다음날 아침에 핸베리 씨가 나의 숙소에 찾아왔다. 나는 핸베리 씨의 마차를 타고 그랜빌 경의 저택으로 갔다.

"프랭클린 씨! 어서 오시오!"

그랜빌 경은 나를 정중하게 맞아주었다. 그는 나에게 미국 정세에 대해 이것저것 물어보고 말을 이었다.

"미국 사람들은 법의 본질을 잘못 알고 있소. 국왕이 주지사에게 내리는 훈령은 법이 아니라고 주장한다면서요? 그러니 그 훈령을 따르지 않을 자유가 있다고 생각한다면서요? 훈령은 자그마한 기념식 같은 데에서 국왕이 외교 사절에게 내리는 이런저런 근무 지침과는 다르오. 훈령이 어떻게 내려지는지 아시오? 먼저 법률 전문가인 판사가 초안을 작성하고 이를 의회에서 심의, 토론, 수정하여 국왕의 서명을 받아 작성한다오. 그러니 영국 국왕의 훈령은 당신네들에겐 국법이오. 국왕은 당신네 나라의 입법자 아니오?"

"그랜빌 각하! 제가 과문한 탓이겠지만 처음 듣는 이론인데요. 우리의 법률은 의회에서 제정하고 국왕에게 재가를 받는데 재가 받은 법률은 국왕이라 하더라도 폐기, 변경할 수 없는 것으로 압니다. 의회가 국왕의 재가 없이 법률을 제정할 수 없듯이 국왕도 의회 동의 없이 법률을 만들 수 없지 않습니까?"

“무슨 소리요? 프랭클린 씨가 완전히 잘못 알고 있소.”

나는 그랜빌 경의 견해에 동의할 수 없었다. 나는 그와 대화를 나누면서 영국 조정이 아메리카 식민지를 어떤 관점으로 보는지 깨닫고 경악하였다. 나는 그날 숙소에 돌아오자마자 그날 대화 내용을 기록해 두었다. 그 20년쯤 전의 일이 기억났다. 당시 영국 정부는 국왕 훈령을 식민지의 법률로 삼자는 법안을 의회에 제출하였으나 하원에서 부결되었다. 그 일 때문에 우리는 영국 하원의원을 우리의 친구, 자유 수호자라고 칭송하였다. 그러나 1765년 인지세법을 통과시키는 과정을 보니 하원 의원들이 국왕 특권을 제지한 이유가 사실은 자신들의 특권을 지키기 위한 것임을 알았다.

며칠 후에 나는 포더길 박사의 주선으로 스프링 가든에 있는 토머스 펜(Thomas Penn) 씨의 저택에서 여러 영주들을 만났다. 처음엔 서로가 ‘합리적인 선’에서 타협하자며 뜻이 맞는 듯하였으나 나중에 보니 ‘합리적’이라는 의미를 각자 따로 해석하고 있었다. 나는 몇 가지 쟁점을 열거하였고 그들은 이를 하나씩 검토하였다. 영주들은 자기주장을 정당화하는 데 열을 올렸고 나는 나대로 펜실베이니아 주 의회 입장을 내세웠다. 의견 차이가 너무 커서 ‘합리’를 기대할 수 없었다.

“우리 측 불만 사항을 다시 정리해서 서면으로 제출하겠습니다.”

“그렇게 하시오. 우리도 그 서면을 보고 숙고하겠소.”

나는 서둘러 서면을 작성해 제출하였다. 영주들은 이를 페르디난드 존 패리스(Ferdinand John Paris) 변호사에게 넘겼다. 그 무렵에 펜실베이니아와 메릴랜드는 경계선 문제로 70년 동안이나 소송을 벌이고 있었다. 패리스 변호사는 영주들을 대리하여 이 소송을 진행하였으며 법률 문제뿐 아니라 주 의회에 대한 논쟁에서도 영주들을 대신해서 문서를 작성하였다. 패리스 변호사는 오만한 자세에 까다로운 성품을 지닌 인물이었다. 그가 작성한 문서를 보면 논점은 불분명하고 표현은 무례하였다. 그래서 나는 의회에서 답변할 때 패리스 변호사에 대해 통렬하게 비판하곤 하였다. 그러니 그는 나에게 모진 앙심을 품었고 나를 만날 때마다 그런 심기를 드러냈다.

주 의회의 불만 사항을 패리스 변호사와 논의하자는 영주들의 제안을 거절할 수밖에 없었다.

"영주들이 아닌 다른 누구와도 상의할 수 없습니다."

나는 단호하게 의사를 밝혔다. 그러자 영주들은 패리스 변호사의 조언에 따라 법무장관, 법무차관에게 서류를 보내 의견을 구하기로 하였다. 그러나 1년에서 8일이 모자란 357일이 지나도록 아무런 응답이 없었다. 나는 영주들에게 여러 차례 독촉하였지만 그때마다 '법무장관, 법무차관에게서 답신을 받지 못하였다'라는 회신만 받을 뿐이었다. 그러나 영주들이 그들에게서 의견을 받았다 하더라도 나에게 알려주지 않으면 나로서는 알 길이 없었다.

어느 날 패리스 변호사가 초안을 마련해 서명한 장문의 교서가 주 의회로 넘어왔다. 나의 서류에 대해 언급한 내용은 다음과 같다.

'프랭클린 씨의 문서는 무례하게도 형식도 제대로 갖추지 않았다. 더욱이 프랭클린 씨는 자기주장이 강해 타협 가능성이 낮은 성품을 지녔다. 주 의회가 공명정대한 다른 인물을 보낸다면 다시 협상할 수도 있다.'

문서 형식이 미비하거나 무례하다는 지적은 내가 문서에 '펜실베이니아의 진정한 영주들'이라는 호칭을 붙이지 않았기에 그런 듯하다. 나는 문서 제출 목적이 스프링 가든에서 한 나의 발언을 정확하게 기록하려는 것이었기에 굳이 그런 장황한 호칭이 필요 없다고 여겼다.

일이 이처럼 지연되는 사이에 주 의회는 데니 주지사를 설득해 영주 토지에도 일반 주민의 토지처럼 과세하는 법안을 가결하였다. 논쟁의 알맹이가 해결되었기에 주 의회에서는 더 이상 교서에 답신하지 않았다.

이 법안이 통과하자 영주들은 패리스 변호사의 조언을 받아 국왕이 이 법안을 재가하지 못하도록 공작을 펼쳤다. 영주들은 추밀원에 진정서를 냈고 얼마 후 이를 심의하는 청문회가 열렸다. 이 청문회에 영주를 대변하는 변호사 2명, 우리 쪽 변호사 2명이 나섰다. 영주 측 변호사는 다음과 같이 주장하였다.

"이 법안은 주민 부담을 덜기 위해 영주 토지에 과중하게 과세하는 내용입니다. 법안이 강행된다면 주민과 비우호적인 영주는 세금 폭탄을 맞아 파산하고 말 것입니다."

이에 대해 우리 쪽 변호사는 반론을 펼쳤다.

"이 법안에 그런 의도는 전혀 없습니다. 그런 결과도 결코 나타나지 않을 것입니다. 과세 평가원은 정직하고 신중한 공복이며 공정무사하게 평가한다고 서약하고 근무합니다. 자신들의 세금 부담을 줄이고 영주에게 과세해서 사익을 추구할 사람이 결코 아닙니다. 그들은 서약을 어길 비양심자가 아닙니다."

나는 우리 쪽 변호사에게 이 법안이 무산될 경우에 생길지 모르는 폐해도 알려주면서 이를 청문회에서 밝히라고 촉구하였다.

"국왕이 사용한다는 명분으로 발행된 화폐 10만 파운드가 군사비로 지출되지 않았습니까? 이 화폐는 지금 주민에게 흘러 들어왔습니다. 이 법안이 철회되면 화폐 가치가 폭락해 수많은 파산자가 나타날 겁니다. 그러면 앞으로 조세는 어떻게 할 것입니까? 영주들은 자신들에게 과세되지나 않을까 하는 걱정만 할 뿐, 일반 주민이 겪을 엄청난 곤경 따위는 나 몰라라 하지 않습니까?"

변호사들의 공방이 이어지는 사이에 추밀원 고문 중 한 분인 맨스필드(Mansfield) 경이 손짓으로 나를 불러 서기실로 데려갔다.

"프랭클린 씨! 이 법안이 시행되어도 영주들의 토지에 아무런 피해가 없겠소?"

"분명히 그렇습니다. 소액 세금을 내는 일일 뿐입니다."

"그러면 그 점을 보증하는 각서를 작성하면 되겠네요. 이의 없소?"

"당연히 이의 없습니다."

맨스필드 경은 이번엔 패리스 변호사를 불렀다. 둘이서 잠시 얘기를 나누더니 패리스도 고개를 끄덕였다. 양측 모두 맨스필드 경의 제안을 받아들여 각서를 작성하기로 한 것이다. 주 의회 서기가 각서 문안을 써왔고 아메리카 식민지를 대표해 통상 업무를 맡은 찰스 씨와 내가 서명하였다. 그런 후 맨스필드 경은 회의실로 돌아가 그 법안을 가결시켰다. 몇 개 조항을 수정해 달라기에 우리는 법안 개정 때 반영하겠다고 약속하였다.

추밀원의 수정 요구가 오기 전에 주 의회는 이 법에 따라 한 해 세금을 징수하였다. 과세 평가원의 활동을 감시하는 위원회를 발족하고 영주들의 지인 몇몇을 위원으로 위촉하였다. 위원들은 꼼꼼한 조사 끝에 '세금이 공정하게 매겨졌다'는 보고서를 만장일치로 채택하였다.

주 의회는 내가 그 각서에 서명함으로써 우리 펜실베이니아 주에 공헌하였다고 평가하였다. 이 법안이 시행됨에 따라 나라 전체에 통용되던 화폐의 신용을 지킬 수 있었다. 펜실베이니아 주 의회에서도 내가 미국으로 돌아오자 감사장을 주었다. 영주들은 데니 지사에게 울화통을 터뜨렸다 한다.

"주지사가 마땅히 지켜야 할 훈령을 어겼으므로 고소하겠소!"

데니 주지사는 이에 맞서며 꿈쩍도 하지 않았다.

"국왕에게 충성을 바치려 그렇게 하였소!"

데니 주지사를 성원하는 유력 인사들이 영국 궁정에 다수 있었기에 주지사는 느긋하였다. 영주들은 협박을 실현하지는 못하였다.... (미완성)

오늘날 한국 청년에게도 멘토가 될 인물!

미국의 고액권 100달러 지폐에 그려진 역사 인물은 누구인가? '미국 건국의 아버지' 가운데 하나인 벤저민 프랭클린(Benjamin Franklin, 1706~1790)이다.

미국 하버드(Harvard) 대학교의 총장 찰스 윌리엄 엘리엇(Charles William Eliott, 1834~1926)은 1909년 총장 퇴임을 앞두고 미국인에게 불멸(不滅)의 교양 도서로 읽힐 『하버드 클래식스』(Harvard Classics)를 펴냈다. 50권으로 이루어진 이 전집에서 제 1권은 누구의 저서일까? 바로 벤저민 프랭클린의 자서전이다.

미국인은 미국 역사상 가장 존경하는 인물로 벤저민 프랭클린을 꼽는 경우가 많다. 그가 이렇게 존경받고 미국인들에게 큰 영향을 미치는 것은 그의 생애가 성실, 혁신으로 가득 찼기 때문이리라. 거의 300년 전 인물이지만 오늘날에도 여러 미국인들에게 싱싱한 활력을 준다.

그는 '흙수저' 출신이었다. 어릴 때 정규 교육이라곤 2년밖에 받지 못하였다. 소년 시절에 인쇄소에서 도제로 일하며 끊임없이 공부하였다. 시간을 허투루 낭비하지 않으려 세밀한 일정표를 만들었고 성숙한 인격을 갖추려 13개 실천 덕목을 마련하였다. 가히 '자기 계발'의 선구자라 하겠다. 그는 프랑스어, 이탈리아어, 라틴어 등 외국어를 독학으로 익혀 외교관으로 활동할 때 활용하였다. 번개가 전기의 일종이라는 것을 규명하고 피뢰침을 발명하였다. 연료를 효율적으로 쓰는 난로, 청결하고 밝은 가로등, 2중 초점 렌즈, 수영용 오리발 등 100여 개 발명품을 만들기도 하였다.

벤저민 프랭클린은 미국 건국 초기에 공익사업 부문에서도 선구자였다. 의용 소방대, 회원제 도서관 등을 창설하였다. 빈민 병원을 설립하는 과정에서 민간이 조성한 기금만큼 공공 예산을 지원하는 '매칭펀드'(Matching Fund) 아이디어도 그의 머리에서 나왔다.

'하늘은 스스로 돕는 자를 돕는다'(Heaven helps those who help themselves)

이 속담에 가장 어울리는 인물이 벤저민 프랭클린이 아닐까. 그는 운(運)이 좋다거나 복(福)이 많은 편이라기보다 스스로 노력해서 행운을 얻었다.

그는 '소통(communication)의 달인'이기도 하였다. 상대를 설득하기 위해 먼저 상대의 발언을 경청하고 이견을 좁혀 나갔다. 영주, 고관 등 권력층의 압력에 단호하게 맞서는 배짱도 지녔다. 흔히 위인전이나 회고록, 자서전을 보면 주인은 무결점, 무오류 인물로 묘사된다. 이런 인물은 천상계(天上界) 사람으로 보여 공감하기 어렵다.

그러나 벤저민 프랭클린은 자서전에서 자신의 부끄러운 과오도 과감하게 털어놓았다. 남의 돈을 주인 허락 없이 유용한 점, 친구 애인에게 흑심을 품고 덮치려 한 사례 등이다. 이런 면에서 그도 보통 사람과 마찬가지라는 느낌이 든다. 천부(天賦)적인 비범함, 신성함을 지닌 위인이 아니라 평범한 인간인데도 노력에 의해 훌륭한 인물로 부상한 사례이다.

이 자서전에는 온갖 허풍쟁이 정치인, 탐욕스런 귀족, 사기꾼 사업가, 사이비 시인, 어수룩한 장군 등 반면교사(反面敎師)로 삼을 인물들이 등장한다. 반면에 스스로 담금질하는 성실하고 열정적인 인물들도 적잖이 나타난다. 당대 인물들이 빚어내는 거대한 인간 드라마 같아 기록 문학으로서의 가치도 탁월하다.

벤저민 프랭클린은 정치가, 외교관, 발명가, 출판인, 언론인, 기업인 등 여러 방면에서 활약하였다. 미국 독립 선언문을 기초할 때도 크게 기여하였다. 미국의 초대 대통령 조지 워싱턴(George Washington, 1732-1799)은 대통령 취임 후 필라델피아를 방문하였을 때 첫 공식 일정으로 벤저민 프랭클린 예방(禮訪)을 잡았다. 대통령이 '큰 어른'으로 모시는 원로였던 것이다. 이런 화려한 현실적인 경력에도 프랭클린은 자기를 남에게 소개할 때엔 으레 '인쇄쟁이 벤저민'이라 겸손하게 말하였다.

오늘날 한국에는 수많은 '흙수저' 청소년들이 불투명한 미래 때문에 고민하고 있다. 벤저민 프랭클린의 삶에서 용기를 얻어 힘차게 전진하기 바란다.

이 자서전에서 미흡한 점을 찾는다면 49세인 1757년까지의 삶에 대해서만 기술하였다는 것이다. 그 후 84세로 별세할 때까지의 생애에 대해서는 기록하지 않아 후세 독자로서 아쉬움이 크다.

번역 작업을 진행하면서 오래 된 영어 표기법을 오늘날 한국인 독자들이 쉽게 이해할 수 있도록 노력하였다. 만연체 간접 화법을 드라마 대사처럼 직접 화법으로 바꾼 대목도 많다. 저자가 교유한 명사 가운데 현대인에겐 생소한 인물이 많아 일일이 검색하여 각주로 처리하였다. 각 장(章)의 큰 제목과 각 절(節)의 작은 제목은 옮긴이가 임의로 붙였다.

말미에 붙은 프랭클린의 연보(年譜)는 자서전에 나타난 내용을 옮긴이가 보완하여 정리하였다.

<벤저민 프랭클린 연보>

*1706년= 1월 17일 미국 보스턴에서 출생, 올드 사우스 교회에서 세례 받음

*1714년= 보스턴 라틴어 문법학교에 다님

*1715년= 브라우넬 학교에 잠시 다님

*1716년= 아버지의 양초 공장에서 심부름꾼으로 일함

*1718년= 형 제임스의 인쇄소에서 도제로 일하기 시작

*1721년= '등대의 비극'(The Lighthouse Tragedy)등 2편의 시사 민요를 창작, '뉴잉글랜드 커런트' 신문에 익명으로 시사 논평 게재, 채식 시작

*1723년= 제임스 형의 인쇄소를 나와 필라델피아로 가서 키머 인쇄소에 근무, 채식 포기

*1724년= 인쇄소 설립 준비차 영국 런던으로 감

*1725년= 런던 인쇄소에 근무하며 소논문을 발표

*1726년= 필라델피아로 돌아와 상점 관리인으로 일하다 키머 인쇄소에 재취업

*1727년= '전토 클럽'을 창립

*1728년= 휴 메데리스와 동업으로 인쇄소 창업

*1729년= '펜실베이니아 가제트' 인수, 경영자 겸 편집자

*1730년= 데보라 리드 양과 혼인, 장남 윌리엄 탄생

*1731년= 회원제 도서관 설립

*1732년= 『가난한 리처드의 일력』을 리처드 손더스라는 필명으로 첫 발간, 차남 프랜시스 출생

*1733년= 프랑스어, 이탈리아어, 스페인어, 라틴어 등 외국어 학습

*1736년= 펜실베이니아 주 의회 서기 피선, 차남 프랜시스 사망, 의용 소방대 창설
*1737년= 필라델피아 우체국장 취임
*1739년= 복음 전도사 화이트필드 목사와 친교
*1742년= 프랭클린 난로 제작
*1743년= 장녀 새라 출생, 대학 설립 구상
*1744년= 미국 철학협회 발족
*1746년= 벼락 전기 실험 시작, 국방 당위성을 주장한 논문 '평범한 진리'(Plain Truth)를 발표하고 의용군 모집
*1748년= 인쇄소를 처분하고 인쇄업에서 은퇴
*1749년= 인디언과의 협상 위원회 위원으로 참여
*1751년= 전기 논문이 런던에서 출판됨, 펜실베이니아 주 의회 의원 피선
*1752년= 연을 날려 벼락 전기를 입증하는 실험 성공, 피뢰침 발명
*1753년= 식민지 아메리카 체신장관 임명됨, 전기 실험 공적으로 코플리 메달 받음, 예일 대학교 및 하버드 대학교에서 명예 학위 받음
*1754년= 프랑스 및 인디언과의 전쟁 발발, 올버니 회담에서 연방 정부를 제안
*1755년= 브래덕 장군 지휘 군대에 군수품 공급, 의용군 조직을 위한 법안 통과
*1756년= 야경대 결성 및 가로등 설치 법안 가결
*1757년= 영주 토지에 대한 과세권을 주장하려 영국 런던으로 감, '부(富)에 이르는 길'(Way to Wealth)이란 소논문 작성, 『가난한 리처드의 일력』 최종판 발간
*1758년= 아들 윌리엄과 함께 조상들의 고향인 영국 엑턴 방문
*1759년= 잉글랜드 북부와 스코틀랜드 방문
*1761년= 아들 윌리엄과 함께 네덜란드 여행
*1762년= 옥스퍼드 대학교에서 명예학위 받음, 5년 가까이 영국에서 체류하다 필라델피아 귀환

*1763년= 마켓 가(街)의 새 집 입주, 우편 업무 감독차 버지니아 등 북부 식민지 지역을 5개월 동안 시찰, 프랑스 및 인디언과의 전쟁 종결

*1764년= 주 의회 의원 선거에서 낙선, 펜실베이니아 주 대표로 영국 런던에 감

*1765년= 인지 조례 저지를 위해 노력

*1766년= 인지 조례와 관련해 하원에 출석, 독일 괴팅겐 대학교 방문

*1767년= 프랑스에 가 국왕 루이 16세 알현

*1769년= 하버드 대학에 망원경 기증

*1771년= 『자서전』 집필 시작, 아일랜드 및 스코틀랜드 방문, 사위 바흐(Bache)를 맞음

*1772년= '아카데미 프랑세즈'(프랑스 학술원)의 외국인 회원으로 추대 받음

*1774년= 체신장관에서 퇴임, 영국의 이상주의자 토머스 페인(Thomas Paine)을 미국으로 이민 오도록 주선함, 아내 데보라 별세

*1775년= 필라델피아로 귀환, 제 2차 대륙회의 대표로 선출됨

*1776년= 미국 독립선언서 기초 위원회 위원으로 선출됨, 식민지 아메리카 대표 외교 사절 자격으로 프랑스에 감

*1777년= 파리의 파시 지역에 거주

*1778년= 프랑스와 국방 동맹 및 친선 통상 조약 체결

*1779년= 프랑스 전권 공사로 취임

*1785년= 필라델피아로 귀환

*1787년= 미국 제헌 헌법 기초에 참여

*1788년= 모든 공직에서 사임

*1790년= 4월 17일 84세로 별세(묘소는 필라델피아 아치 가의 교회 안)